生態人類学は挑む
MONOGRAPH 2

ウェルビーイングを植える島

ソロモン諸島の「生態系ボーナス」

古澤拓郎 著
FURUSAWA TAKURO

京都大学学術出版会

様々な有用樹木が生まれる島

祖先からの「ボーナス」が息づく島

ソロモン諸島には、祖先から培われた伝統的生活による森との調和がある。人の手が入ることによって自然の植生よりも多様で有益な森が生まれ、人々はその祖先からの「ボーナス」を享けながら暮らしている。

豊かな森が汀まで広がる

ロヴィアナ地域の島々、遠景

汀の家。カヌーが彼らの重要な生業と移動の手段となる

ロヴィアナの人々の暮らし

ロヴィアナの伝統的泳法トゥパトゥパラは、
現代クロールのもととなる

切り取った木性ツル植物の幹から樹液を飲む

村のバザー。作物や作品をもつ人々

村の遠景

島の子どもたち

カヌーでマングローブ林の汽水を行く村人

貯木場。グローバル化とともに森林伐採は加速している

湿地に育つスワンプタロ。救荒食となる

木登り。マレーフトモモの果実を取る。
手前は嗜好品になるビンロウ

景観のドメスティケーション

森林伐採をしたあとに植えることで森を保全してきた暮らし。しかしグローバル化による発展と経済生活の変化によって「破壊」が「植える」を上回りつつある。これからのウェルビーイング(幸福)はどこにあるのか? 森と人の関係の結び直しが問われる。

農耕に精を出す住民

祖先時代からのギャップダイナミクスが森をつくる

集落は便利な汀にかたまっている

汀につどう人々

伝統的な追い込み漁であるクワラオ漁

戦闘カヌー「トモコ」。祭事に戦士に扮した人々が乗り込む

[左]マングローブ林で貝をさがす
[右]獲ったワニ。その肉はかつて大儀礼「ハエ」に用いられた

混迷する21世紀の荒野へ

地球という自然のなかで人類は長い時間をかけて多様な文化や社会を創りあげてきた。その長い歴史は、人類が自然の一部としての生物的存在から離陸して自然から乖離していく過程でもあった。その結果、現在の人類は地球という自然そのものを滅亡させてしまうかもしれない危険な存在になっている。世界がその危険性にやっと気づきはじめ、資本主義グローバリズムに変わるべき未来像を模索している。

そのような中で生態人類学は自然と文化という人間存在の二つの基盤にしっかり立脚し、人間の諸活動のすべての要素を含みながら、しかも具体的で説得力ある研究を目指すユニークな学問的営為として研究活動を続けてきた。現在地球上で急激に減少している多様な人類文化に着目し、そうした民族文化や地域文化の奥深さを描き出すため志のある研究者が実直で妥協のないフィールドワークを続けている。研究者たちはそこで得られたデータによって描かれる論文や現場に密着したモノグラフ等の作品以外に、この多様な人類のありかたを示す方法はないことを確信してきた。

生態人類学は、一九七三年五月に東京大学と京都大学の若手の人類学関係者が集まり第一回の生態人類学研究会を開催したのが始まりであった。この生態人類学研究会は二三回続き、一九九六年の生態人類学研究会を第一回の生態人類学会研究大会とすることで新たな学会となった。今年度（二〇二〇年）第二五回の生態人類学会研究大会を開催し今日に及んでいる。今や生態人類学を標榜する研究者も数多くなり、さまざまな大学や研究機関に所属している。

生態人類学会は二〇〇二年度に『講座・生態人類学』（京都大学学術出版会）八巻を発刊して、それまでの生態人類学の成果を世に問うている。この講座は、アフリカの狩猟採集民二巻、東アフリカの遊牧民、アフリカの農耕民、ニューギニアの諸集団、沖縄の諸論考のそれぞれに一巻をあて、さまざまな地域のさまざまな生業や生活を対象にした論文集という形のシリーズであった。また、エスノ・サイエンスや霊長類学と人類学をつなぐホミニゼーションに焦点をあてた領域にもそれぞれ一巻をあてている。

この『講座・生態人類学』発刊からすでに二〇年近く経過し、研究分野も対象とする地域ももはや生態人類学という名称では覆いきれない領域にまで広がっている。そして本学会発足以降、多くのすぐれた若手研究者も育ってきている。そうしたことを鑑みるならば、このたびの『生態人類学は挑む』一六巻の発刊は機が熟したというべきである。このシリーズはひとりの著者が長期の調査に基づいて描き出したモノグラフ一〇巻と従来の生態人類学の分野を超えた、領域横断的な研究分野も包摂した六巻の論集からなる。共通するのはいずれもひとりひとりの研究者が対象と向き合い、思索する中で問題を発見し、そして個別の問題を解くと同時にそれを普遍的な問題にまで還元して考究するスタイルをとっていることである。生態人類学が出発してほぼ五〇年が経つ。今回の『生態人類学は挑む』シリーズが、混迷する21世紀の荒野に、緑の風を呼び込み、希望の明りをともす新たな試みとなることを確信する。

日本の生態人類学の先導者は東京大学の渡辺仁先生、鈴木継美先生そして京都大学の伊谷純一郎先生であったが、生態人類学の草創期の研究を実質的に押し進めてきたのは六年前に逝去した掛谷誠氏や今回の論集の編者のひとりである大塚柳太郎氏である。

掛谷誠氏の夫人・掛谷英子さんより掛谷誠の遺志として本学会へのご寄進があり、本出版計画はこの資金で進められた。学会員一同、故人に出版のご報告を申し上げるとともに、掛谷英子さんの御厚意に深く謝意を捧げたい。

『生態人類学は挑む』編集委員会

目次

はじめに

1……将来を予測した行動とは

いつのころからか、私は将来を予測しながら、生きるようになっていた。お小遣いは、欲しいものにすぐに使ってしまうよりも、貯めて将来使った方が、大きくて良いものに変えることができる。遊ぶのを我慢して、普段から少しでも勉強しておくことは、将来テストの準備を楽にしてくれる。いま研究に真剣に取り組むことは、業績に繋がり、将来のキャリアにつながる。わがままばかり言っていると、やがて周囲の人たちからの信頼を失う。貯金をしておかないと、やがて子供の教育費用に困るようになる。

このように将来を考えて計画を立てる、というのは知らず知らずのうちに、私の中ではある種の規範的な行動になっている。

世の中には将来の地球温暖化を抑制するために、二酸化炭素の排出を減らそう、森林を増やそう、経済開発だけを推し進めては危険だ、という意見があり、私はあまり疑いを持たずにそれらの意見に賛同するのであるが、ひょっとしたら自分の中にある規範が、そうさせているのかもしれない。

ところで世の中には、目先の欲しいもののために、パーッとお金を使えるような人もいる。貯金しないで、そんなにお金を使ってしまって大丈夫なのか、と私は余計な心配をするが、「将来」になっても、特に困っている様子もなかったりする。

二〇二〇年七月時点で、アメリカ合衆国のトランプ政権は地球温暖化対策よりも、経済が優先であるという。経済発展ばかり目指すことは、将来の地球環境に負の影響をもたらし、人類が滅亡するのではないか、などと私は心配する。しかし、ひょっとすると将来になっても、そのような破滅は起こらないのかもしれない。

イソップ寓話にアリとキリギリスがある。キリギリスは、将来に備えることもなく、夏に今を楽しむ享楽的生活を送り、冬を迎えると死ぬ。しかし、そもそも卵で越冬する年一化性の昆虫であるキリギリスが、成虫の間に楽しい人生を送って短い寿命を全うすることは、不幸なのであろうか？

オセアニア（大洋州）にまつわる話で、イースター島では人口が増えて、人々は自然を濫獲したのちに資源枯渇に苦しんだのに対し、ティコピア島では、人々は人口管理と資源ガバナンスを徹底して行い持続的な社会を築いた、という教訓めいたものがある。しかし、ティコピア島では、人口増加を抑えるために、嬰児殺しが行われたり、成人自殺率が非常に高かったりした、ともいわれている。資源利用を我慢し、人口増加を抑えたティコピア島の人々と、資源をたくさん使って枯渇を招いたイースター島の人々と、個人としてはどちらが幸せだったのであろうか。

2……保全と将来

将来を予測して行動することが、果たして常に幸福（ウェルビーイング）をもたらすのであろうか。

ソロモン諸島の村で調査をしていたとき、人々が新しく森林伐採企業を誘致したと聞くと、私は冷や冷やした。私から見れば、とても素晴らしい自然、つまり豊かな熱帯雨林がそこにあるのに、それが近い将来に破壊されてしまうというのである。人々は企業から一時的に現金を得ることができるであろうが、そのために自然が失われてしまうのである。伝統的な社会の人々が「目先の利益」のために、自然を破壊してしまう、というのは、環境保護活動家が人々の将来を考えて、これまでにも問題提起してきたことである。

しかし、ソロモン諸島の熱帯雨林を調べたティモシー・C・ホイットモア博士らは、この島々のいまの自然、いまの生物多様性は、過去の人々による大きな攪乱によって作られたと結論付けた。かつて人々によって森林が切り開かれたところは、新たに生態学的なニッチとなり、「自然」ではそこに生長しえなかった樹木が侵入して育ち、そして人々がよそから持ち込んで植えた樹木も、今の「自然」の一部をなしているというのである。「かつての人々は、自分たちの破壊が、将来の生物多様性につながるとは、予測していなかったであろう」というのは、外部の研究者がこの結果を聞いたときの、一つの感想であろう。しかし、果たしてそうであろうか。森林を切り開くと、開けた土地に新たに植物が侵入して、やがてかつてとは違う森林になる、ということは、そこに暮らす人々にとっては、容易に観察したり経験したりできることであって、基礎的な知識なのではないであろうか。

かつての人々は、自分たちが今必要なだけ森林を切り開いても、将来そこは再び森林になるということを、知っていたのではないであろうか、と私は考える。

さて本書の着眼点の第一は、伝統的な「保全倫理（conservation ethics）」についてである。

自然にまつわる調査をしている研究者の間には、伝統的な社会は、自然のことを良く理解し、保護してきたという意見がある。その一方で、同じく研究者の間には、伝統的な社会こそは、自らの利益のために自然を利用し、資源を濫獲してきたのであり、そこに保全倫理はない、という逆の意見もある。

私はソロモン諸島で調査をはじめてから、そこに暮らす人々が、自然を賢く使い、そこには多様な生物が生きていることを確認してきたが、同時に人々が躊躇なく自然を破壊する場面にも出会ってきた。この「保全のパラドクス」とでもいうべき場面を、私はどう理解すればよいのであろうかとずっと考え、いつか答えを出したいと考えてきた。

本書の着眼点の第二は、このような保全や、伝統的な社会にとっての自然を、Landesque Capital 論から分析することである。Landesque Capital には定まった和訳はなく、「土地様資本」または「土地風資本」と直訳することもできるが、本書ではカタカナ表記でランデスクキャピタルとする。

自給自足的な社会であったり、自然資源から現金を得ている社会であったりでは、土地は資本である。そのような中で、たとえばアジアの傾斜地形にみられる稲作の棚田群は、土地に不可逆的で、大規模な地形変化が施されたものである。このような大規模な土地改変は、大きな労働力や資源を投入する必要があるが、ひとたび改変してしまうと、次の世代からは、すでに生産性が高い土地を受け継いで、生業を営んでいくことができる。

ソロモン諸島をはじめとするオセアニアには、そのような大規模な棚田はない。しかし、ランデスクキャピタルを研究した先駆けであったティム・ベイリス＝スミスは、ホイットモアらとともに行った研究で、かつての人々が人為的に攪乱した森林は、今の世代に恵みをもたらす有用樹木を多く含む豊かな森林となっていることを見出した（Bayliss-Smith 1997）。

保全倫理とランデスクキャピタルの視点からすれば、今の人々の生活・生業・文化や、そこにある自然ないし生物多様性を知るためには、過去から現在まで、そして将来への時間経過の概念を取り入れることになる。それから第三の着眼点は、ウェルビーイングについてである。ウェルビーイングはwell-beingすなわち良い状態である。幸福や福祉と訳すこともある。健康と言い換えても良いが、日本語における狭義の健康よりも広い概念である。

ヒトや社会の進化と適応を研究してきた生態人類学者は、伝統的な社会の人々が自然と向き合い、そこから恩恵をえる様を研究するときに、食料の生産性のように生存に直結する損得や経済的効率に目を奪われてしまうことがある。しかし、自然の恩恵には、生死にかかわるほどではないが生活を豊かにしてくれるもの、そして目に見えないものや、測ったり、数えたりできないものもたくさんある。本書では、生存に直結するものから、そうでないものまで、人間にとっての良いことを、包括的にウェルビーイングと呼び、人々の適応と進化を多角的に調べていくものである。

このように本書は、保全倫理、ランデスクキャピタル、ウェルビーイングという着眼点を、横断しながら、ソロモン諸島の人々と自然について分析を進めていくが、最終的にそこから新たな法則を見出すことを試みる。それは結局のところ、「人間にとっての自然とは何か」ということに収斂していくのである。いま目の前にある自然は、人間の活動によって将来失われてしまうという。しかしその自然は、人間活動の過去の積み重ねによって豊かになったのだともいう。そうすると「豊かな自然」というのは、過去から未来へと続く時間の中で、一時的に人間に大きな恵みをもたらすボーナスのようなものではなかろうか。

3……本書の構成

本書は、ソロモン諸島における二〇〇一年から二〇二〇年まで約二〇年間の、調査・研究の知見に基づいている。また、本書で用いられるデータの一部は、Springer-Nature社から二〇一六年に英語で出版された『Living with Biodiversity in an Island Ecosystem: Cultural Adaptation in the Solomon Islands』が元になっている。

先行書では、ソロモン諸島には生物学的な多様性があるだけでなく、そこに暮らす人間と自然との関係性も多様であり、さらに自然の利用や保全のあり方における個人の違い、すなわち「内なる多様性」に目を向ける必要性を指摘した。

一方、本書は、時間経過の概念を分析に導入し、特に自然認知や土地利用について新たな情報を追加し、さらにウェルビーイングという側面にも踏み込んだ。

本書は、人々による自然への働きかけを、漠然と「植える」という単語で表現することとしている。たとえば自家消費用の果樹を植えるならば「農業」、輸出用の樹木を植えるならば「林業」といった言葉で表現されるが、これらの表現は将来食べる、将来売るといった目的とセットになった単語である。

しかし将来になってみると、売るつもりだった樹木が売れなかったとか、果樹には鳥が飛んでくるようになったとか、人々が植えるときに考えた主な目的とは異なる結果が、人々にも、自然にも、もたらされることがあるのである。

そのため本書は、人々による自然への働きかけ（「植える」）を、必ずしも目的と結果によってのみ分析せず、将来に広がりを持つものとして捉えている。

第1章「ソロモン諸島——島に植える人々」では、ソロモン諸島についての説明と、ここで行われてきた生態人類学的研究のいくつかを引用し、本書が目的とする保全倫理とランデスクキャピタルを、ウェルビーイングと絡めて分析することの研究意義について論じる。

第2章「畑に植える」では、人々の生存を成り立たせる、食料生産と栄養摂取のバランスについて、人類生態学的なアプローチから分析する。特に、ソロモン諸島では、人々が地理条件の異なる複数の島・地域を使い分けることが適応となるが、その適応メカニズムを論じる。

第3章「森に植える」では、植物利用調査と植生調査を組み合わせた、定量的民族植物学研究から森林環境と生態系サービスを分析する。ここでも人々が異なる島・地域を使い分け、景観をダイナミックにつかうことが一つのカギである。それから、都市化や土地所有権の現代化によって、人々がそういう恩恵が受けられなくなることについて論じる。

第4章「動物たちが植える」では、人々が生態系をどのように認識しているかを明らかにする。このためには、認識人類学の中でもフォークエコロジー（folkecology）とよばれるモデルを取り入れる。ロヴィアナ地域で伝統的に認識されてきた、植物と動物の生態学的連鎖についての研究である。

第5章「経験に植える」では、人々がもつ自然についての知識や、経験によって得られた知識が、適応の中でどのように変わるかを、村から町までを調べた結果から推測する。さらに、第4章の状況から一八年後に、人々の認識にみられた変化を論じる。これらを元に、ロヴィアナ地域における保全倫理とランデスクキャピタルについてのまとめをする。

第6章「植えるウェルビーイング」では、そのような保全倫理とランデスクキャピタルがウェルビーイングとどのように関係するかを分析する。そして、その関係を理論化する中で、生態系ボーナスという概念を示し、自然について再考し、生態人類学における未来の展開について論じる。

第1章が序論の部、第2章と第3章が生産の部、第4章と第5章が認識の部、第6章が理論の部、というように理解していただきたい。

4……本書における表記等

最後に本書における、表記について説明をする。

現地語はすべてカタカナで表記している。ソロモン諸島に七〇以上ある言語のうち、本書で主に取り上げるのはロヴィアナ語（*Zinama Roviana*）である。ロヴィアナ語を体系的にアルファベット表記した唯一のものとして、一九二八年にキリスト教宣教師J・H・L・ウォーターハウスによってつくられ、一九四九年にL・M・ジョーンズによって拡充された『A Roviana and English Dictionary』がある（Waterhouse 1928）。

ロヴィアナ語のアルファベット表記は、ローマ字で日本語を表記する場合と似ているが、日本語ローマ字表記にない音として、次がある。

まずbとvの音が区別されるため、本書はそれぞれバ行とヴァ行を当てはめる。またlとrの音が区別されるが、本書では読みやすさのために、いずれもラ行で表記する。それからgをガ行で表記し、軟口蓋鼻音ŋ（ngやŋと表記する文献もある）と前鼻音化子音q（nggと表記する文献もある）はいずれもンガ行として表記する。それから、bとdも前鼻音化子音であり、語頭以外ではbはンバ行、dはンダ行で表記する。

本書の植物名は、主に『熱帯植物要覧』（熱帯植物研究会 一九八四）に基づき、できるかぎり和名で表記するが、ソロモン諸島の植物の多くには標準和名やそれに準ずるものが無い。適切な和名が無い場合には、学名のカタカナ表記を充てる。ただし、本書で頻繁に用いられるにも関わらず、決まった和名が無いものについては、以下のように便宜的な和名またはロヴィアナ語名のカタカナ表記とする。

固有種である *Canarium salomonense*（カンラン科）はソロモンカナリウムとし、より広域にみられる *Canarium indicum* はカナリアノキとして区別しつつ、両方をまとめてカナリウムと総称する。また、固有種で陰樹である *Dillenia salomonense*（ビワモドキ科）はソロモンビワモドキとし、広域にみられる陽樹の *Dillenia ingens* はインゲンスビワモドキとする。また、ロヴィアナの人々にとって、きわめて重要な樹木である *Gmelina moluccana*（シソ科）はロヴィアナ名のゴリティと表記する。なお学名は、初出の時点にのみ記される。

植物は、ソロモン諸島の植物学者マイニー・グサ・シリコロ氏（現・ソロモン諸島植物園・標本庫館長兼ソロモン諸島国立大学講師）の協力を得て同定した。

第1章

ソロモン諸島——島に植える人々

1 「植える」

1……植林の中で

南太平洋の強い日差しを背中に感じながら、等間隔に地面にさされた杭の横に座りこみ、村人にやりかたを教えてもらいながら、私がユーカリの一種であるレインボーユーカリ（*Eucalyptus deglupta*）の苗木を丁寧に植えたとき、見守っていた人々からはどっと歓声があがった。二〇〇一年一月のこと、私がソロモン諸島ウェスタン州ニュージョージア島西部のロヴィアナ地域にある村で暮らし始めてから、ほんの数日目のことであった（図1―1）。

ソロモン諸島は、世界有数の高い森林被覆率と生物多様性で知られる。私は「熱帯雨林とともにある伝統的な社会」について調査をするつもりでここに来たのであった。人々の主要な生業は、伝統的な農耕と漁撈である。ここでいう農耕は、サツマイモ（*Ipomoea batatas*）、キャッサバ（*Manihot esculenta*）、タロイモ（*Colocasia esculenta*）、ヤムイモ（*Dioscorea* spp.）などのイモ類を主作物として、熱帯島嶼部でみられる移動耕作によって栽培するものである（古澤 二〇二〇）。

ところが、調査を始めたとき、そのイモ類よりも、人々に人気がある「植える」ものがあった。それがレインボーユーカリ、チーク（*Tectona grandis*）、オオバマホガニー（*Swietenia macrophylla*）、アカシア・マンギウム（*Acacia mangium*）であった。いずれもパルプや紙の原料であったり、高級家具材であったりと、日本人にも関わり深い樹木である。

植えられる土地は、七〜八年前にマレーシア系企業により商業的森林伐採（ロギング）がされたところである。天然樹木が伐採され搬出された跡に、人々が植林するというのは、一見、自然環境に良いことのように思われる。

しかし、もともと政府や企業は森林伐採による破壊に無頓着ではなかった。森林伐採による熱帯雨林の消失は、すでに世界的な環境問題として認識され、政府は林業法制を整えており、企業もそれに従うようになって

図1-1　畑のサツマイモが繁茂するところに、杭をうち、その横に植えられたレインボーユーカリの苗木（オリヴェ村の畑にて：著者撮影）

いた。そのため森林伐採は、そこにある樹木をことごとく切り出して、木一本残さない「皆伐」というわけではない。森林の中から、輸出用に商品価値がある樹種だけが伐採されるのである。しかも、住民との事前合意が義務付けられており、ここでの伐採は伝統文化で価値が高い樹種は対象外とし、未成熟な樹木も残すものであった。このような伐採方法は、選択的伐採とか、略されて「択伐」と呼ばれる。

その一方、人々が植林で植えるレインボーユーカリ、チーク、オオバマホガニー、アカシアは、いずれもソロモン諸島には自生していなかった、外来種である。つまり実は村の人々は、森林が択伐された後、企業が残したたくさんの樹種

や幼木を切り払って、開いた土地に外来種の植林をしていたのである。

人々は「森林伐採されたあとに、植林するのです」、「一〇年もすれば、今植えた苗木が大きく育ち、とても大きなお金になるそうです」と語った。しかし、この植林活動が始まったのは、私が来る二年前であり、これほど大規模に行うのは今回が初めてだという。近隣の村でも、まだ輸出された例はないということであった。

同じ州にあるコロンバンガラ島には、ソロモン諸島がイギリス領であったころから、イギリス企業がオックスフォード大学の森林科学者らとともに行ってきた植林がある。そこでは、半世紀にわたり植林と輸出が続けられてきたが、この企業は肥料・農薬の使用をはじめとして、造林管理にコストをかけてきた。

一方、村で行われている植林は、政府の林業局から奨励されて行われてはいるものの、村の人々はまだ経験は少なく、将来の管理についてなど、専門的な知識はあまりないのであった。

植林を商業的に成功させるためには、ただ木を植えるだけで良いものではない。苗木がお互いに干渉して、日照を奪い合わないように、間隔をあけて植えられなければならないし、生長したら枝打ちがされなければならないし、さらに生長が劣る個体は間引かれなければならない。それに加えて、輸出用の質になるためには、肥料が必要であるとも聞く。

また、これらの樹種の植林については、ソロモン諸島よりも遥かに大きな国土面積をもつインドネシアの島々でも植林がされている。一カ所で大量生産されるほうが、価格は抑えられるし、そこに投入する労働や肥料なども効率的である。一方、小さな島々に住民によって作られた小規模な植林は、生産でも、輸送でもコストが大きくなるのではないか。

私は、「ひょっとすると択伐による森林伐採よりも、この植林のほうが、地域の森林生態系を大きく攪乱するのではなかろうか。そして、この植林は将来になっても買い手の関心を惹かず、人々にとって安定した収入にもならないのではなかろうか?」と、悲観的な将来を予測した。その時から一九年が、経過した。

2 環境と幸福をつなぐ研究

1……ソロモン諸島の人々は自然を保全してきたか

本書は、ソロモン諸島における総滞在期間三年近いフィールドワークに基づいて、人間と生態環境のかかわりを描きだすものである。冒頭に書いたように、私は調査を始めたときに、ロヴィアナ地域の人々が自然の森林よりも、商業的な森林にあこがれる様子をみて、それまで一方的に描いていた、「熱帯雨林とともにある伝統的な社会」というイメージとのギャップに直面したのであった。それ以来、「人々は自然と森林をどのように考えているのであろうか」、「人々は自分たちやその子孫の将来をどう考えているのであろうか」、そして「将来の人々の暮らしや自然環境はどうなっているのであろうか」という疑問を持つようになった。

このような漠然とした問いを、より理論的に分析するために、本書はこれまでの生態人類学にはあまりなかった、いくつかの新しい視点を取り入れている。まず、それらの視点について紹介して、本書の目的を示したい。

生態学、生物学、人類学、保全学、様々な分野において、各地の自然や伝統文化に惹かれる研究者は多い。

そして伝統的な社会と自然とのかかわりを調べた研究者の間には、相反する二つの意見が存在する。それは伝統的な社会は、それを取り巻く自然を保全（conservation）してきたという意見と、いやむしろ逆に伝統的な社会こそが自然を破壊してきたという意見である。

伝統的な社会は、ピュアで、たくましく、自然と共に暮らして来たというのは、ある種のステレオタイプな認識である。そして伝統的な社会が、よろこんで自然を守ってきたという視点は、先進国の人々の理想が投影された、ロマン主義的な認識であり「生態学的な『高貴なる野蛮人』神話（myth of the ecologically noble savage）」であると批判されることすらある（古澤二〇一九）。

エリック・アルデン・スミスとマーク・ウィシュニーは、世界の伝統的な社会についての数多くの先行研究を子細に検討した（Smith and Wishnie 2000）。彼らは、各地で伝統的な社会による自然の利用や管理を記録した民族誌の中に、人々が獲物を得たり収穫したりすることをあえて抑制すること、生物種を自主的に保護すること、生息地を悪化させないようにすること、資源に合わせて人口を抑えることが記録されてきたことを指摘した。これらの事例は、表面的には伝統的な社会が種の絶滅を回避し、むしろ様々な生物の種がその地域に棲息できるようにしているのであり、つまり「生物多様性の保全」であるかのようである。

しかし二人は、これらの事例は、保全というよりも経済的合理性で説明できると分析した。どのような社会であれ、人々がわざわざ労力をかけて、不必要なものまで狩ったりはしない。また人々が漁期を定めて、それ以外の期間を禁漁にすることは、成長した獲物を持続的に得るためである。同様に、人々がある場所で獲物をとりすぎずに、別の場所に移動するとすれば、それは単に獲れなくなった場所から、獲れる場所に移動して、成果を向上させるためである。

スミスとウィシュニーは、人為的な自然攪乱が、生物多様性の高いモザイク状の生息地を創り上げてきたことについても論じた。例の一つとして、アマゾンのカヤポ人が、ハチミツ採取のために大木を切り倒したとき、それによって密林の中に小規模に開けたギャップが生まれ、そこにはギャップにのみ生息する生き物による新たなニッチ生態系になったという研究がある（Posey 1998: 105）。また焼畑のために火入れをすることが、あらたな植物がそこに侵入することを可能にするという研究や、人間が農地に樹木を植えて農業と林業を両立させるアグロフォレストリーが、そこにそれまでいなかった動物も呼び込み、生物多様性をもたらした研究もある（Balee 1993: 248）。

しかし、このようにしてもたらされた生物多様性は、人々が生物多様性を創造するためにデザインしたものではなく、あくまで人々が自給的であれ、商業的であれ、経済活動としての生業を行った結果の「偶発的（incidental）」なものであると、二人は結論付けた。

ソロモン諸島テモツ州にはティコピア島という島がある。ここでは、人々が面積わずか五平方キロメートル足らずの島を多種多様な有用樹種で埋め尽くすことで、八〇〇年もの長きにわたり、一二〇〇〜一三〇〇人もの人々が暮らしてきており、ごく限られた面積の中で持続可能な社会を築いた、世界でも珍しい例として、様々な本や論文で取り上げられてきた（例：ダイアモンド 二〇〇五）。しかし、スミスとウィシュニーは、ティコピア島の人々は生産性が高い有用樹木の森林を作るために、生産性の低い天然の植生を皆無にしてしまったことを指摘した。たしかにティコピア島は持続的な社会であるし、数多くの植物種が生えており、見かけ上は人間と生物が共生する社会であるが、そこに天然な自然は存在しないのである。

スミスとウィシュニーはこれらの分析を通して、伝統的な社会が生物を持続的に管理して利用することは、各地に普遍的に見られ、それが結果として生物多様性をもたらしたことは認めつつ、純粋な自然を守ってきたという意味での「生物多様性の保全」はどこにもなかったと結論付けた。

また伝統的な社会の「持続的な利用」についてすらも同様に、「意識的な持続的利用」は存在しないという指摘がある（井上 二〇〇二）。つまり、持続的な利用というものは、人々の無意識な行為が結果的にそうなっているという「偶発的な持続的利用」や、別の目的をもったある一定の意識的な行為が、結果的に持続的になっている「副産物としての持続的利用」なのであるという（篠原 二〇〇四）。たとえば、ザンビアのベンバ社会を研究した掛谷（一九九四）は、伝統的な焼畑農耕とその生産分配において、それが持続的になる仕組みとしての「過少生産」と「平準化機構」の存在を見出したが、その直接の目的は社会での妬みを避けることや、霊力や権威への畏れがあることであった（篠原 二〇〇四）。

ソロモン諸島の多くの地域において、地元の人々による資源の共同利用・共同管理が慣習であるとしてコモンズ論で取り上げられることがある一方で（宮内 二〇〇一）、実は地元土地所有者が一方的に経済開発を希求して外部による環境保護活動を阻害することが、環境保護活動の現場で問題となってきた（Foale 2001）。

たしかに、伝統的な保全倫理（traditional conservation ethics）は存在しないという説は、論理的である。ただし、これらの説に共通しているのは、保全は（1）人々が将来の結果を意識したもの、ないし将来をデザインしたものであり、（2）人々の実践が実際の効力を発揮したもの、でなければならないと定義されていることである。

しかし、この「保全」の定義は妥当なのであろうか。これらの研究は、人々の目先の目的が経済性や社会性であることをもってして、「保全を意識していない」ことの根拠としているが、「将来を意識していない」ことそのものを証明したものはない。知識、意識、実践にいたる間には、人々の中で様々な判断が働いているものである（Furusawa 2016）。

また、人々が将来を正確に予測し、その通りの結果にならなければならないとされるが、どのような社会の、どのような場面であれ正確な予測というのは困難なものである。高度な科学・技術と多額の予算をもって行われた堤防でも、津波や洪水を完全には防ぐことができないことは、日本人が経験してきたとおりである。

このような背景を受けて、本書の特徴の一つ目はソロモン諸島を舞台に、保全倫理とは何かを考え直すことである。

2……生態系サービスとウェルビーイング

それから、伝統的な社会の人々は、地域の生態系の中で生きている。それはソロモン諸島のように、島という比較的限られた陸地で暮らす人々において、より明らかである。

生態系は、様々な植物と動物と微生物がかかわりあう生物群集と、日照・水・地形といった無機的環境からなる。そして生態系から得られる恩恵を表す概念として、生態系サービスというものがある。この概念によれば、生態系は人々に供給サービス、調整サービス、文化的サービス、基盤サービスをもたらしている。

供給サービスは、食料をはじめとして、人間が生きていくために必要なものを提供してくれるものであり、狭義の自然資源ということもできる。

調整サービスは、生態系が空気や水を提供し、気候を調整し、自然災害が起こらないように環境を調整するものである。

また、文化的サービスは、生態系が地域の伝統や娯楽などの文化に欠かせないものをもたらすことである。最後に基盤サービスは、そこの生態系の中で、光合成や食物網（食物連鎖）、物質循環などが行われることで、上記の供給、調整、文化の基盤を維持することである（Millennium Ecosystem Assessment Panel 2005）。

生態系サービスは、さまざまな地球規模の環境問題の解決に、国際社会が取り組むときに「生態系サービスへの支払い（Payment for Ecosystem Services：略称ＰＥＳ）」という形で、生態系を守ることに、経済的インセンティヴを与えるという試みを通して、名前が知られるようになった。

しかし生態系サービスは、経済性だけで評価されるものではない。この用語は、生態系の公益的機能と訳される場合もある。さらに、それを享受する人々からみた訳として、生態系からの「恵み」というものもある（竹門 二〇一八）。生態系から人間が得られるものは、生存上不可欠なものに限らず、非常に幅広い恵みであるからである。

ところで、人間にとっての恵みに関していえば、世界保健機関（ＷＨＯ）はその憲章において、健康（health）とは、「完全な肉体的、精神的及び社会的ウェルビーイング（well-being）の状態であり、単に疾病又は病弱の存在しないことではない」としている。ウェルビーイングという用語は、日本語に訳す場合には、福祉または幸福、あるいは単に「良い状態」とされる場合もある。生態系からの恵みは、人間のウェルビーイングの諸側面にあらわれてくるものである。

類似の概念に、ベーシックヒューマンニーズ（basic human needs）があり、こちらは人間が生きていくために、基礎として必要なものと、そのようなニーズが充足されているかを問題視するものである（山内 二〇〇四）。一

図1-2　ソロモン諸島の村の子供たち（著者撮影）

九七六年の国際労働機関（ＩＬＯ）会議で、貧困層への所得再配分の手段として打ち出された。

山内・大塚は、伝統社会におけるベーシックヒューマンニーズを、生物学的ニーズと社会・文化的ニーズに分けている（山内・大塚二〇〇〇）。前者は、平均余命、各種感染症の罹患率、栄養不良、乳児死亡率などといった医学的観点によるものである。後者は、食料生産や経済的収入などの生活水準、識字や教育などの知識、安全な水や医療サービスへのアクセスという衛生、男女平等や社会的公正などによるものである。

このような基礎的な欲求は、ウェルビーイングの基礎と言い換えることができるが、伝統的な社会がこれらを満たすためには、自然環境すなわち生態系サービスが大きくかかわってくる。

また山内は、ソロモン諸島などにおける農村開発を論じるなかで、開発の最終目標が「人間の幸せ」であったとしても、その幸せが客観的でかつ公共的であるならば「福祉」であるが、その幸せが主観的で個人的な「幸福」であるならば生活の質(クオリティ・オブ・ライフ:QOL)の範疇になるというシュナイダー(一九九六:五三―五四)を引用し、開発におけるQOLの重要性を指摘している。

生態人類学においては、人々による生産が、人々の生存を維持するに十分であるか、社会を持続させることができるかどうかに注目した研究が行われることが多くある。このような研究は、主に生物学的ニーズに注目した研究ということができる。しかし人間は、単に生存していれば良いのではなく、生態系からの恵みを得ながら、社会的ニーズを満たし、高いQOLの生活をして、豊かに生きていこうとする生き物である。

そのため、生態系サービスが、豊かな人生に貢献するかどうかを知るために、ウェルビーイングを包括的にみていく必要があるのである。そこで本書の特徴の二つ目は、自然を人間のウェルビーイングと関連付けることである。

3……先祖から受け継ぐ「ランデスクキャピタル」

人間が作物を植えてから、健康を維持するに十分な収穫を得るまでに時間がかかるように、環境とウェルビーイングとの関係には、時間差があることを無視できない。開発が進むにしたがって、ウェルビーイングが変化することにも時間差がある。

また保全倫理についても、人々が自然を利用・保全する実践が、将来どのような生物多様性になって現れるか、という時間差を抜きには考えられない。

しかし、生態人類学においては、時間経過は、限定的にしか扱われてこなかった。畑に植えた作物が、将来どのような収穫になるかということは、フィールドワークの時間経過の中でも調査することができる。しかし、人々による自然への働きかけが、幅広いウェルビーイングや生物多様性にもたらす影響は、非常に長い時間がかかって明らかになるものである。なぜならば大きな樹木が生長するには何十年もかかり、そして森林が完成するには、百年単位の時間がかかってくるからである。

また逆にみれば、現在の人間社会と生物多様性があるのは、そのように過去の長い時間経過において、環境が変動して、それに応じて人口と人間社会が変動した結果でもある（Ohtsuka 1986）。

このように生態人類学に時間経過の概念を取り入れるために、本書はランデスクキャピタル（Landesque Capital、土地様資本）に着目する。

ランデスクキャピタルという用語は、レイバレスクキャピタル（Laboresque Capital、労働様資本）とともに、アマルティア・センが一九五九年に、農業技術について論じたときに初出した（Sen 1959）。しかし、この単語は、その後しばらく使われることはなく、一九八〇年代以降に生態人類学的な文脈で、再び用いられるようになった。今のランデスクキャピタルは、かならずしもセンのオリジナルな定義をひかなくても、理解できる。

ハロルド・ブルックフィールドは、次の定義を示した。ランデスクキャピタルとは、いったん生み出されると、必要な手入れさえ行われれば存続する資本であり（Brookfield 1984）、いまある作物の生命時間や、耕作サイクルの期間をはるかに超える時間にむけて投資されたものである（Blaikie and Brookfield 1987; Widgren 2007; Håkansson and Widgren 2016）。わかりやすい例は、アジア各地でみられる棚田である。山の斜面に段々のテラス

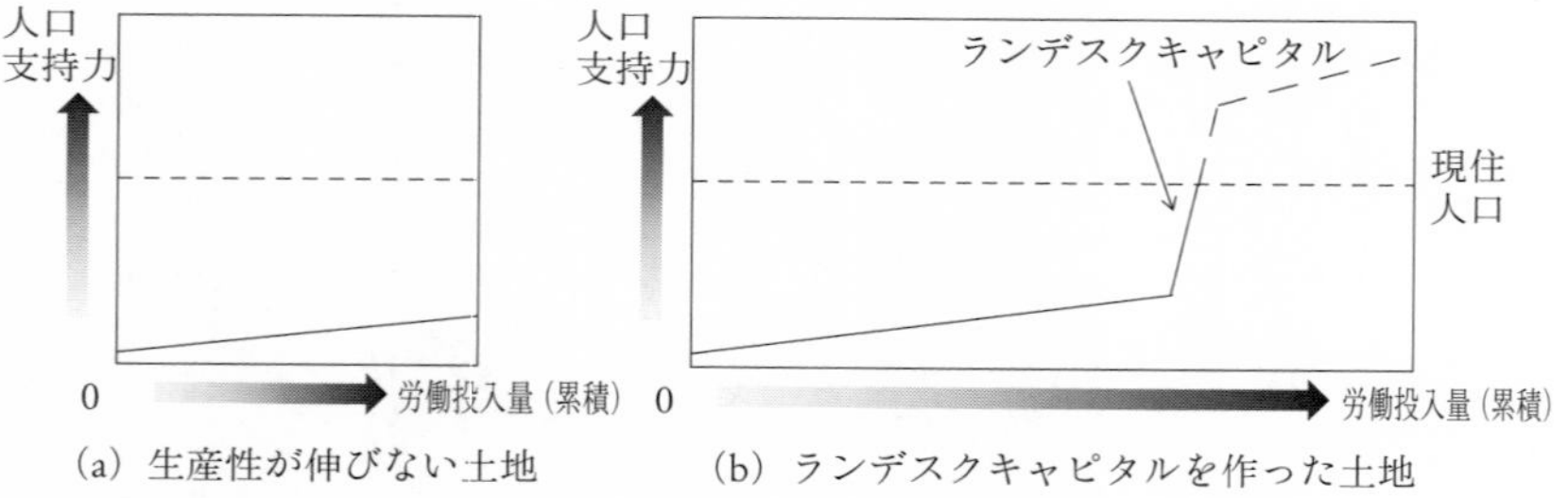

図1-3　ランデスクキャピタルの概念図

を築くという、棚田を生み出すためには、祖先は大きな労働力を投資したが、いったん棚田ができると、その後の世代は生まれながらにして、自然状態よりも生産性が高い土地を持つのである（図1―3）。

オセアニアのいくつかの島でみられるタロイモ水田（湿田）は、アジアの稲作水田に似た、典型的なランデスクキャピタルである（図1―4）。人々は在地の土木技術によって畔を作り、水平にした土地に水をひき、そこにタロイモを栽培するのである。傾斜地のタロイモ田は、階段状に水平な面が続くものであり、アジアの稲作棚田に比べると小規模なものの棚田景観をなす。タロイモ田は、それを営む社会と、そうではない社会がある。このような灌漑農耕を行う社会は労働力を集中できる階級制社会であるといわれてきたが、実はそうではない平等的社会でも作られたことが分かっている（Sheehan et al. 2018）。

オセアニアのランデスクキャピタルについて研究した中に、人類生態学者のティム・ベイリス＝スミスがいる。彼はヨーロッパ人接触以前のオセアニアの「資本」を、次のように論じている。人々は自分が生きているときに、生存、楽しみ、家庭生活、信仰などのために時間と空間を使うだけでなく、実は将来の生業を守るため、あるいは何らかの危機に対して安全装置をつくるための投資をする（Bayliss-Smith 1997）。人々が、狩猟器具、漁網、籠、敷

図1-4　パラオ共和国のタロイモ水田(バベルダオブ島にて：著者撮影)

物などのさまざまな道具を、自然から作り出す技術を得て、次の世代に伝えてきたことは、西洋社会の資本とは大きく異なるが、オセアニア社会においてはまるでそれが「生産資本」のようである。

かつて文化人類学者のレイモンド・ファースは、ティコピア島においてココヤシの実が生産者への「報酬」になる、タコノキ（*Pandanus* spp.）の葉の敷物が船建造の「支払い」に充てられることなどを欧米社会の経済活動になぞらえた（Firth 1939）。過去の時点で食料とか敷物とかにしようと植えられた植物が、将来になってもともとの目的を超えた、大きな経済価値になったのである。逆に、生業に使う漁網などの経済性の高いモノが、西洋人から見れば経済性のない儀礼用具になることもあった。ここから得られる教訓は、何がその社会で経済活動にあたるかは、外部の経済学的観察だけでは評価できないということである（Bayliss-Smith 1997）。

そのことからするとオセアニアの土地は、外部の人間が評価できる土地としての価値があるだけでなく、地域社会にとってはさらに別の価値がある可能性がある。

ベイリス＝スミスは、パプアニューギニア高地のサツマイモ農耕についても論じた。ここのサツマイモ農耕は、生産性が高く、多くの人口を賄ってきた。歴史的にみると人口が増加するにともない、まず人々は農地面積を拡大したが、やがて面積拡大に限界がくると、面積当たりの収量を増やした。これは、必要に迫られて「しぶしぶ対応してきた」結果であるという見方である（Bayliss-Smith 1997）。エスター・ボザラップによる農業集約化説の一例として知られるところである（Boserup 1965）。

しかし、パプアニューギニア高地の人々は、森林を無くして農地を最大化した一方で、長持ちする畔を作り、排水路を作り、さらに生産性を上げる効果があるというモクマオウ（*Casuarina* spp.）を農地に植えたといわれる。こうしてできた農地や、植えられた樹木は、次世代に残されてきており、これは棚田ほど明確ではないが、土地を介して将来に残されたランデスクキャピタルとしてみなされ得る。

ベイリス＝スミスは、社会人類学者のエドワード・ヴィーディングとともに、ソロモン諸島ウェスタン州ニュージョージア島東部のマロヴォ地域を例に、さらにランデスクキャピタルを論じている（Bayliss-Smith and Hviding 2015）。ここにはかつて、島の内陸部・山間地に暮らす森の人々（people of the bush）と、海辺や堡礁島に暮らす汀《なぎさ》の人々（people of the coast）があった。

いまではすべての人々が汀線部《ていせんぶ》に住んでいるため、内陸部にいた人々の暮らしは、見落とされがちである。しかし、内陸部ではかつてルタ（*ruta*）と呼ばれるタロイモ灌漑棚田が営まれ、それはいまでも遺跡として、山中に残されている。マーガレット・テダーの推計では、ニュージョージア島北部のクサゲ地域だけで、かつてのタロイモ田の面積は一〇〇ヘクタールにもおよび、およそ一〇〇〇人分の食料を賄った（Tedder 1976）。

有史以前の時代、森の人々はルタを使って農産物を生産し、汀の人々は海産物の漁と採集およびオオシャコガイ（*Tridacna gigas*）から貝貨生産を行い、両者の間で交易関係があった。しかし、汀の人々は一八四〇年頃からヨーロッパ人と接触するようになり、鉄器など生産性をあげる道具を入手し、さらに鉄斧や銃器により軍事力を強化した。

また、二〇世紀に入ってからは、キリスト教の宣教がはじまり、宣教師たちがサツマイモやキャッサバをもたらした。これらの新しい作物は、タロイモよりも栽培から収穫までの期間が短く、しかも灌漑のない低地の土地で大量生産が可能であった（武田・川端・松尾 二〇〇〇）。

こうして森の人々は、山間地でタロイモ田を営む優位性を失い、軍事的にも圧倒され、そして汀線部で暮らすようになった。このようにしてマロヴォ地域ではタロイモ田というランデスクキャピタルが失われた。

しかし、かつての森の人々はタロイモ田のまわりに、重要な種実をもたらすカナリウム（*Canarium* spp.）を植えてきた。カナリウムは、本書の扱うロヴィアナ地域でも、きわめて重要な樹木である。

いまのマロヴォ地域の森林に足を踏み入れると、ルタの遺跡の周りには、自然植生とは異なる形で、カナリウムなどの食用樹木が多く生息し、今の人々にとって有益な植生になっている。ベイリス＝スミスは、これを「森のドメスティケーション（forest domestication）」と呼び、タロイモ田が無くなっても祖先が残した森林が、ランデスクキャピタルである可能性を指摘している（Bayliss-Smith 1997）。

こうしてみてくると、ソロモン諸島のランデスクキャピタルは、単に食料生産性が高められた土地ではなく、時間をかけて人間に恵みをもたらすものであり、土地に紐づけられた資本であるとみなされる。そこで、本書の特徴の三つ目は、ランデスクキャピタルの観点から、時間の概念を取り込んで、ソロモン諸島における生物多様性とウェルビーイング、そして保全倫理を論じることである。

4……本書の目的

本書の目的は、生態多様性や生態系サービスといった環境と、人々のウェルビーイングという幸福との関係を、保全倫理とランデスクキャピタルから明らかにすることである。序盤から中盤にかけては、（1）伝統的な社会は、ウェルビーイングを追及するなかで生物多様性を保全してきたのか、それとも破壊してきたのか、（2）世代を超えてウェルビーイングを保つために、ランデスクキャピタルが伝えられてきたのか、ということに着目する。そして終盤では「自然」という生態人類学において根本的なテーマについて論じながら、環境と幸福に関わる新たな理論を提示したい。

3　ソロモン諸島へ

1……ソロモン諸島の地理

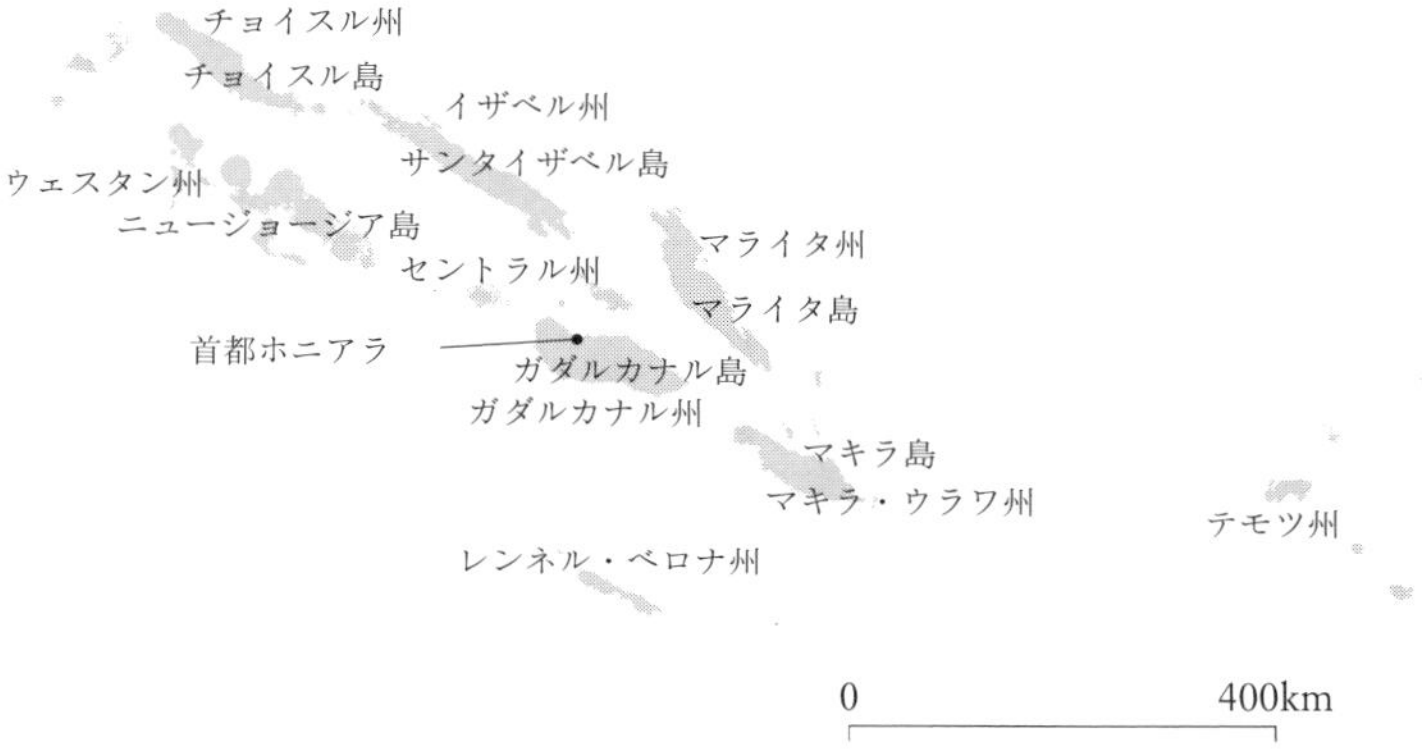

図1-5　ソロモン諸島の地図

ここからは、改めてソロモン諸島の特徴と、その研究上の意義についてまとめる。

ソロモン諸島国は、北西から南東に向けて連なる、九〇〇を超える島で構成されるが、特に面積が大きい島として、ガダルカナル島（五三三六平方キロメートル）、マライタ島（四三〇七平方キロメートル）、サンタイザベル島（三七八〇平方キロメートル）、マキラ島（三〇九〇平方キロメートル）、チョイスル島（二九七一平方キロメートル）、ニュージョージア島（二〇三七平方キロメートル）がある（図1―5）。これらの島々は、「やんばるの森」をかかえる沖縄本島（一二〇七平方キロメートル）よりもはるかに広い。一般に南太平洋というとエメラルドグリーンの海に浮かぶ小さな島が想像されるかもしれないが、この国には美しい海だけでなく、豊かな森林もある。

図1―6はニュージョージア島ムンダ町観測所における記録から作られた、雨温図である。ここでは年間を通して、月の降水量が二〇〇ミリメートルを超え、多い月の降水量は四〇〇ミリメートルに達する、熱帯多雨林気候である。一～三月ころにはサイクロンが発生するが、その影響は国の東部で

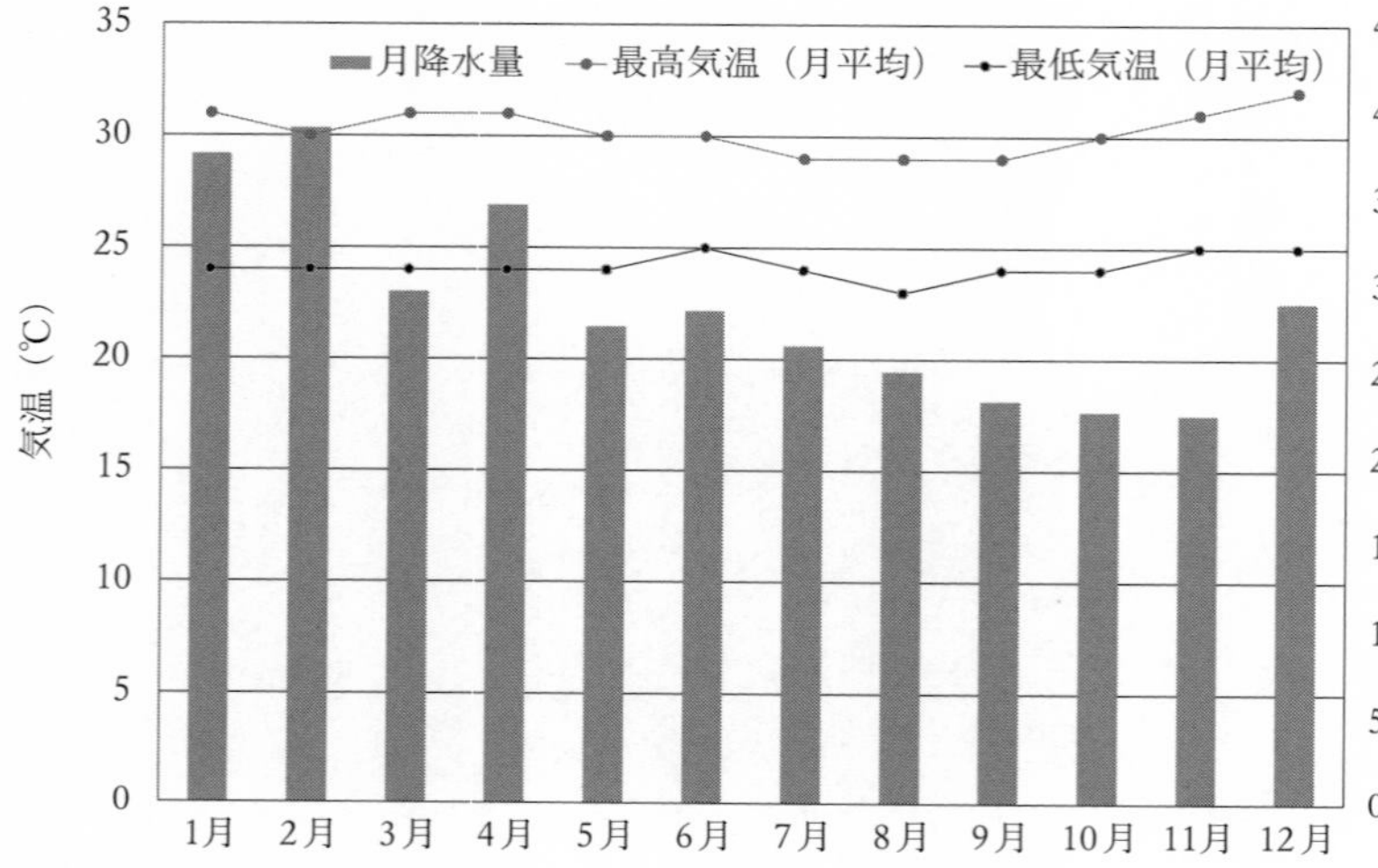

図1-6　ムンダ町観測所における気温と降水量（出典：ムンダ町観測所の記録を基に著者作成）

大きく、西部では比較的小さい。

「生物の多様性に関する条約」によると、ソロモン諸島には少なくとも四五〇〇種の維管束植物があり、そのうち三二〇〇種は在来種である（Convention on Biological Diversity 2019）。ヤシ科植物の五七%、ラン科植物の五〇%が固有種であるなど、海で隔絶された島々には、数多くの固有種がある。動物はそれほど多くないが、鳥類は二二三種が知られており、その八二%が固有種である。哺乳類は、有袋類やげっ歯類など五三種が確認されているが、そのうち二〇種は絶滅の危機にある。二〇一七年にも、オオハダカネズミの新種（*Uromys vika*）が発見され、哺乳類の新種発見として世界を驚かせた（Lavery and Judge 2017）。

また世界銀行が公開している『世界開発指標（World Development Indicators）』によると、ソロモン諸島は、二〇一六年時点で国土に占める森林の割合が七七・九%である。この森林被覆割合は、世界の国・地域の中で第一〇位である（World Bank 2019）。

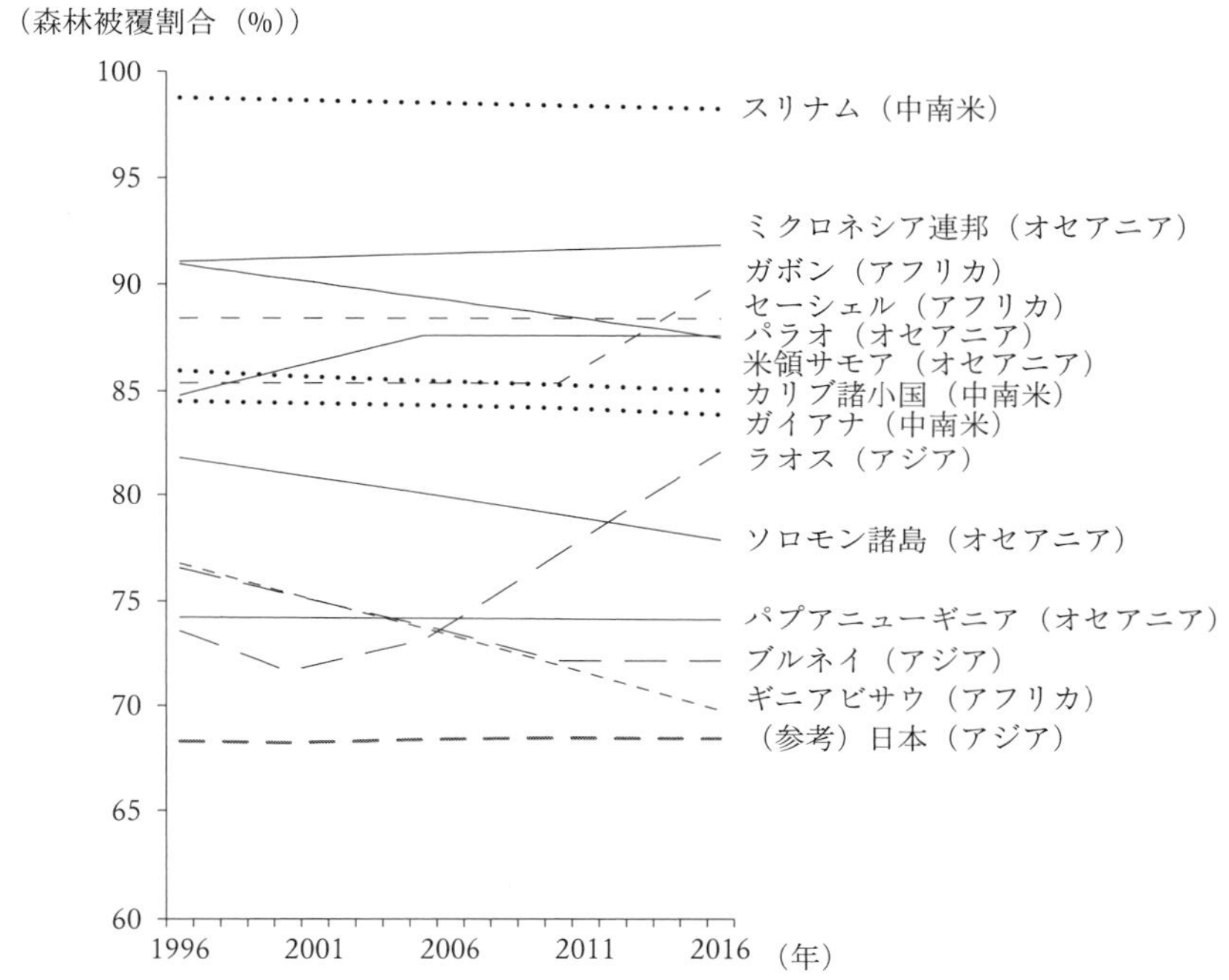

図1-7　1996～2016年に森林被覆率が高かった国
（世界銀行のデータ（https://data.worldbank.org/indicator/AG.LND.FRST.ZS）を基に著者作成）

図1―7は、一九九六年から二〇一六年までの、森林被覆割合の上位国・地域を示している。ここでは二〇一六年時点の上位一〇ヵ国には、二位のミクロネシア連邦、五位のパラオ、六位の米領サモア、そしてソロモン諸島の、合わせて四つのオセアニアの国・地域が含まれている。

しかし、実はソロモン諸島の森林被覆割合は一九九六年の八一・八%（第九位）から一貫して低下してきており、上位国の中でも米領サモアとともに、森林減少が顕著である。

つまり生物の多様性（バイオダイバーシティ）も、生物の量（バイオマス）も豊かなソロモン諸島であるが、開発の拡大によりその自然は危機にさらされている。そのため隣接するパプアニューギニアのビスマルク諸島や、ヴァヌアツとともに、「東メラネシア生物多様性ホットスポット」にされている（Myers et al. 2000）。

また、災害の多い国でもある。近年では二〇〇七年四月に同国西部を震源とする地震と津波により、大きな被害がでたが、その後も頻繁に大規模な地震が発生している。世界的な異常気象が、森林破壊や開発と相まって、毎年のように都市で大規模な洪水が発生し、被害が出ている。

さらに地域によっては、海面上昇により沿岸部の土地が流出したり、植生が失われたりするという、被害が出ている。チョイスル州の州都タロ町が、全住民とともに移転する計画を発表するに至っている。

2……ソロモン諸島の政治と歴史

二〇一九年の推定人口（国勢調査暫定値）は、約七二万人である（Solomon Islands National Statistics Office 2020）。一九七八年に独立したが、コモンウェルス連合に属し、国家元首はエリザベス二世女王であり、総督がその職務を代行する。国会は、一院制で議員定数はたった五〇であり、首相が行政の長である。ガダルカナル州（推定人口：一五万五六〇五）、マライタ州（一六万五八三）、ウェスタン州（九万八八二〇）、マキラ・ウラワ州（五万五一二六）、チョイスル州（三万六七一九）、セントラル州（三万二六〇三）、イサベル州（三万五二五七）、テモツ州（二万五二二七）、レンネル・ベローナ州（四二三九）の九州と、首都ホニアラ市（九万四四二一）がある。

歴史的にみれば、ソロモン諸島には、遅くとも三〇〇〇年前には、人間が住み始めた（Sheppard, Chiu, and Walter 2015）。その後、各地で独自の生活が営まれるようになり、現代では七〇を超える異なる言語があり

(Gordon 2005)、文化の多様性が高い。

ヨーロッパ人との接触は、一五六八年にスペイン人のアルバロ・デ・メンダーニャ・デ・ネイラが、訪れたのが最初である。その後、捕鯨船が立ち寄るようになったり、熱帯産物を求める貿易商が訪れるようになったりし、地元の人々もヨーロッパ人の求めるコプラの生産などを行うようになっていった(マッキノン 一九九六)。一九世紀には、ブラックバーディング (black birding) と呼ばれる、フィジーやオーストラリア等での農業労働者徴収が行われ、ソロモン諸島からも半ば強制的に、人が連れさられる時期が続いた (Bayliss-Smith 2006)。ヨーロッパ人との接触が増えるなかで、地元の人々が斧や銃器などで武力を増し、西部のロヴィアナ地域では首狩り風習を悪化させ、ブラックバーディングを行うヨーロッパ人も攻撃の対象にするようになった。このためイギリスは、一八九一年に後述するヌサロヴィアナ島に武力攻撃を加えて上陸した。そして一八九三年にイギリスは、ソロモン諸島の保護領宣言を行った。

キリスト教宣教師は、それ以前からソロモン諸島を訪れたが、住人の反発にあって殺されるなどしていた。しかし、英国保護領ソロモン諸島 (British Solomon Islands Protectorate) になってから、さまざまな宗派が、宣教に訪れ、人々の間に広まっていった。宣教師たちは、教育や、保健・医療の提供者にもなった。その一方、キリスト教化した人々は、プランテーションの労働者や、商取引の相手になることもあり、パックス・ブリタニカの一部をなすようになった。ほぼすべての人々が、汀線部に暮らすようになったのも、このころからである(マッキノン 一九九六)。

太平洋戦争がはじまり、一九四二年に日本軍が上陸した。それに対して、アメリカ軍が大軍をもって反攻を開始し、ソロモン諸島は激戦地となった。特に激しい戦いは、ガダルカナル島、ニュージョージア島で行われ、地元の人々にも多大な影響をもたらした。

人々は戦争中に、アメリカ人と触れ、欧米民主主義の思想を知り、さらに強大な工業社会を目の当たりにしたこともあり、戦後には民衆の政治運動がおこった。マライタ島のマアシナ・ルールや、ガダルカナル島のモロ・ムーブメントがある（マッキノン一九九六）。

戦後しばらくは、国有のココヤシプランテーションにより、産み出されてきたコプラが、主要な国家収入源であった。イギリス企業などにより、一九六〇年代から森林伐採が行われ、木材輸出が拡大していった。また一九七〇年代前半から、日本の大洋漁業（現・マルハニチロ）がカツオ一本釣り漁業を行うようになった。これらの農業、林業、漁業はいまでも主要な産業であるが、独立以降は林業の割合が大きくなった。

一九七八年に独立したものの、歳入は限られており、中央政府の権限は大きくない時代が続いた。そのため、民族間や、州と中央政府との間には、緊張関係があった。そのような中で一九九八年からガダルカナル島系住人と、マライタ島系住人の争いが激化した。これは、マライタ人が、歴史的にガダルカナル島に農業労働者などとして進出し、同島にある首都ホニアラとその近辺に定住するようになったことから、土地や財産をめぐる対立を背景として、起こったことである。一九九九年に入ってからは、両勢力が武装し、戦うようになった。これはエスニックテンションと呼ばれる（石森二〇一九）。

中央政府は両者の仲介を進めたが、二〇〇〇年にはマライタ人武装勢力が武力的に首都を封鎖した。これにより政府機能は停止し、全国的な治安の悪化と、経済後退があった。

続いて国際社会は話し合いによる仲裁に努めたが、なかなか紛争を終結させることができなかった。ついに二〇〇三年に、オーストラリアなどの太平洋諸島フォーラムが軍を投入し、平和維持活動を開始した。軍・警察・文民からなる、この活動は「ソロモン諸島に対する地域支援ミッション（Regional Assistance Mission to Solomon Islands）（通称：ＲＡＭＳＩ）」と呼ばれた。

ＲＡＭＳＩの活動により、武装勢力は投降し、司法にかけられた。国民が、外国からの介入に反発することも一部ではあったが、ＲＡＭＳＩは徐々に、しかし確実に、国民に受け入れられていった。並行して、真実・和解委員会により、民族間の融和が進められた（藤井 二〇一八）。治安と政府機能が完全に回復し、社会経済活動が順調になったあと、二〇一七年にＲＡＭＳＩは撤収した。

ソロモン諸島の国内総生産（ＧＤＰ）は、独立した一九七八年の約一億一千万米ドルから一九九八年の四億七千万米ドルまで、ほぼ一貫して増えていたが、エスニックテンション末期の二〇〇三年には三億三千万ドルにまで落ち込み、その後は急成長し二〇一九年には一四億三千万ドルになった（World Bank 2011）。

3……ソロモン諸島の人々と暮らし

二〇〇九年の国勢調査によれば、国民の九五・三％はメラネシア系民族であり、三・一％がポリネシア系民族、一・二％がミクロネシア系民族であり、[1] その他が〇・三％である。

国民のおよそ九六％がキリスト教徒である。所属宗派に分けると、多い順に英国国教会（メラネシア教会）が国民の三一・九％、カトリック教会が一九・六％、南太平洋福音派教会が一七・一％、セブンスデー・アドベンチスト教会（ＳＤＡ）が一一・七％、キリスト連合教会（ユナイテッド・チャーチ）が一〇・一％、クリスチャン・フェローシップ・チャーチ（ＣＦＣ）が二・五％、などとなる。[2]

図1-8　サイキレのパラマウントチーフであった故・ネダン・ケラ師（中央：著者撮影）

国民の大半は、自給的な農耕と漁撈を主な生業とし、それに加えてココヤシ（コプラ製造）、カカオなどの商品作物栽培と魚介類の販売を主な現金収入源としている。地域によって森林伐採によるロイヤルティも得ている。

町は点在する程度であり、数も面積もごく限られている。首都ホニアラや、大きな州都（マライタ州都アウキ、ウェスタン州都ギゾ、など）では、電気・水道のような都市インフラ、銀行や公共交通のような経済基盤があるが、それ以外の町では基本的なインフラも十分ではない。町は、農耕・漁撈などの村的な生活に基盤を置く人々が、近代的なモノが必要な時に利用する、「程ほどの」近代としての場である（関根二〇一五）。

ソロモン諸島の土地は、八七％が慣習地（Customary Land）であり、個人・企業の所有地が五%、政府所有地が八%である。慣習地は、文字通り慣習的なやりかたで所有・管理・利用されている（古澤二〇〇九）。よくあるケースとしては、伝統的に血縁で結ばれてきた親族集団ごとに慣習地を所有しており、そこでは集団の長としての慣習的チーフが土地を管理し、集団構成員が生業のためなどに利用する。この場合チーフに慣習政治的に強い権限があるものの、所有権は集団に属している。また、村によっては、特定の親族集団に属さなくとも、つまり所有権がなくとも、事実上の共有地のような形で、住人達が土地を利用する権利を有していることもある（宮内二〇〇一）。

ソロモン諸島は、マラリアが猖獗を極める地として知られたこともあった。しかし国際支援や、有効なマラリア対策のおかげで、マラリアは大きく減少してきた。マラリアの症例は、一九九二年に約一五万もあったが（石井・二瓶・佐々二〇〇二）、二〇〇四年には約九万、二〇一五年には約二万にまで減った。世界保健機関の統計によると、マラリアによる二〇一五年一年間の死者数は一三人のみであった。一方、グローバル化の中でデ

（1）オセアニアの地理は、パプアニューギニアやソロモン諸島を含むメラネシア、東部のポリネシア、北西部から中央部にかけてのミクロネシアに大別されてきた（印東二〇一七）。ソロモン諸島に暮らすポリネシア系民族は、先史時代にポリネシアから移住してきたと考えられており（「遠隔ポリネシア人」と呼ばれることがある）、テモツ州やレンネル・ベローナ州に多くいる。一方、ミクロネシア系民族は、一九五〇年代に人口過密化したイギリス保護領のギルバート諸島やフェニックス諸島（いずれも現在のキリバス）から、政策的に移住してきた人々である。ウェスタン州やチョイスル州に、政府が用意した土地に定住した。

（2）英国保護領化したあと、布教活動が行われる際に、宗派の間で担当する地理的区分けが行われた。たとえばロヴィアナ地域にはメソディスト派が、マロヴォ地域にはセブンスデー・アドベンチスト教会（ＳＤＡ）が、サンタイザベル島は英国国教会が、といった形で拠点が築かれた。現在でも地域によって、宗派に偏りがみられる。

ング熱や麻疹のような、外来感染症に悩まされるようになっている。

今の深刻な健康問題は、肥満・糖尿病・高血圧といった非感染性疾患（生活習慣病）の急激な増加である。これは、高齢者が増えたこと、生活習慣が欧米化したことが原因として挙げられるが、もともと体質的ないし遺伝的にリスクが高い人が多いことも知られている（稲岡 二〇〇九）。世界的にみて、国民のうち肥満の人の割合が著しく高いのはオセアニアの国々であるが、ソロモン諸島もその一つである（NCD Risk Factor Collaboration 2016）。

このようなソロモン諸島の特徴を、本書のテーマに絡めてまとめると、保全倫理の観点からは豊かで多様な自然、伝統的な社会、農林水産業依存の国家経済ということがあり、ランデスクキャピタルの観点からは、農耕漁撈という生業、慣習法による土地の管理と継承ということがあり、ウェルビーイングという観点からは、数多い災害、熱帯感染症、非感染性疾患体質ということがある。

4　ロヴィアナでの暮らし

1……ウェスタン州の開発

ソロモン諸島の中で、特にウェスタン州は、人間と自然との相互作用をみるうえで、興味深い地域である。慣習地のほとんどは森林であり、人々の暮らしと森林が密に関わっている。州の人口密度は、一平方キロメートルあたりで八人であり、首都ホニアラの二二四四人、マライタ州の二九人、ガダルカナル州の一一人などと比べて少なく、一〇ある州・首都地域のうち、七位である（Pauku 2009）。また世界最大（七〇〇平方キロメートル）のサンゴ礁ラグーンであるマロヴォラグーンや、南太平洋最大の無人島であるテテパレ島（一二〇平方キロメートル）など、陸にも海にも世界的にも貴重な自然があり（Pikacha 2008）、いくつかの自然保護プロジェクトが行われてきた。

人々による森林や自然の利用だけでなく、近年の開発の影響をみるためにも適している。保護領時代から、コロンバンガラ島とヴィル湾近辺の政府所有地でイギリス系やアジア系の企業が林業を営んできた。これはガダルカナル州やセントラル州の政府所有地がココヤシ農園になってきたこととは対照的である（Kabutaulaka 2001）。このような政府所有地で、林業会社は最初に天然林を切って輸出したあと、計画的に植林をして輸出しており、数十年にわたって林業が営まれている。

しかし、ウェスタン州では地元の人々が所有する慣習地における森林伐採も二〇世紀後半から拡大し、今では年間木材搬出量の九〇％以上を占めている（Wairiu 2007）。ソロモン諸島林業省が発行した、慣習地での森林伐採ライセンスは、二〇〇八年時点で一四一件であるが、ウェスタン州はそのうち四五件であり、全国の三二％を占める（Pauku 2009）。一九九五年から二〇〇五年までの一一年間に、ソロモン諸島から輸出された丸太材は、約七七五万立方メートルであるが、ウェスタン州は政府所有地・慣習地を合わせて約四五五万立方メートルを輸出しており、全国の五九％を占める（石森 二〇一〇）。

一方、ソロモン諸島最大の漁業会社であるソロモン・タイヨー社は、セントラル州からウェスタン州ノロに漁業基地を移し、ツナ缶工場などを建設した。エスニックテンションの時に日本資本が撤退したが、いくつかの経緯を経て、いまでは中央政府と州政府が出資したソルツナ社になった。ソロモン諸島のカツオやキハダ（キハダマグロ）漁船のほぼすべてが、ここで水揚げをする（Food and Agriculture Organization of the United Nations 2017）。

林業会社や漁業・水産加工会社は、地元にロイヤルティを支払うだけでなく、雇用を生み出してきた。林業会社は、主に操業地域の住人を雇う。ここで雇われるのは林業労働者や伐採監視員になる男性が多い。一方、漁業・水産加工会社は、寮を作り広域から労働者を集める。漁船で働く漁師は男性だが、缶詰工場で働くのは主に女性である。これらの仕事は、長くても数か月から数年程度のものであり、村で農耕や漁撈を営んでいた人たちが、人生の一時期をここで過ごして村に戻る。これらの企業は、地元の要望に応じて、操業地域の村に小学校や診療所の建物を提供する場合もある。

環境保護では、国際NPOなどがテテパレ島の開発を防ぎ、エコツーリズムを行おうとしている。一方、マロヴォラグーンでは、さまざまな環境保護の試みがあったが、二〇〇〇年代に入ってからの森林伐採やアブラヤシ農園による開発は、止められなかった（田中 二〇〇四）。国際的な気候変動対策の中で、ヴェララヴェラ島には、森林における炭素貯蔵ストック向上のためのREDD+プロジェクトがある。

2……ウェスタン州の森林

森林生態学者として著名なティモシー・ホイットモアは、この地域の熱帯雨林を長年調査した（Whitmore 1966）。熱帯雨林の極相状態では、超高木が地上五〇メートルに達する高さに林冠を形成しており、その下に

図1-9　森林に覆いつくされたかのようなニュージョージア島の様子
（サイキレ慣習地にて：ドローンにより著者撮影）

は生長した陰樹がある。これはどういうことかというと、日照を受けてはやく成長する陽樹が林冠を形成したあと、その下からゆっくりと成長してきた陰樹がその林冠を追い越し、極相の林冠になる。陰樹は、日陰でも発芽、定着して、生長できるので、親木から落ちた種子から、子木が伸びてきて、やがて親が寿命を迎えたときに、子が林冠に置き換わるというわけである。

なお、林冠の下、日照がないところでは、陽樹は生長できない。この生態学的な遷移だけであれば、ひとたび極相状態に達した森林のほとんどは、巨大な陰樹のみによって覆われてしまうであろう。しかしながら、熱帯雨林には多種多様な樹木が生育し、多様性を保持しているのは何故であろうか。

ホイットモアは熱帯雨林に多種多様な樹木が生育する理由の一つとして、ギャップに着目した。サイクロンなどにより超高木が倒れると、その樹木自体が巨大であることに加えて、倒れる時に周囲の樹木も巻き込むため、そこにはギャップと呼ばれる大きな空間が生まれる。そ

表1-1　ソロモン諸島ウェスタン州熱帯雨林にある主要高木のパイオニア指数（Burslem and Whitmore 1996）

パイオニア指数	和名	学名	実生定着条件	生長条件
1	ソロモンビワモドキ	*Dillenia salomonensis*	高林	高林
	メルバト	*Maranthes corymbosa*	高林	高林
	パリナリ・パプアナ	*Parinari papuana*	高林	高林
	シゾメリア	*Schizomeria serrata*	高林	高林
2	カロフィルム・ネオエブディクム	*Calophyllum neo-ebudicum*	高林／小ギャップ	高林／ギャップ
	カロフィルム・ペエケリイ	*Calophyllum peekelii*	高林	高林／ギャップ
	バンリュウガン	*Pometia pinnata*	高林／攪乱	高林／小ギャップ
3	ケテケテ	*Campnosperma brevipetiolatum*	高林／ギャップ	ギャップ
	インドジュズノキ	*Elaeocarpus sphaericus*	高林	ギャップ
4	ニューギニアバスウッド	*Endospermum medullosum*	主にギャップ	ギャップ
	ゴリティ	*Gmelina moluccana*	主にギャップ	ギャップ
	シルバーグレイウッド	*Terminalia calamansanai*	ギャップ	ギャップ

のギャップでは、それまで暗かった林床にまで、光が届くようになる。すると、その新たな環境でいち早く生育するパイオニア種（先駆種）としての陽樹が入り込み、ギャップを埋めるように生長していく（Whitmore 1990）。

表1―1は、ホイットモアらがコロンバンガラ島の林業試験場で、主要高木樹種の種子がどのような環境で定着し、生育するかを試験した結果である（Burslem and Whitmore 1996）。ホイットモアは、高林（極相状態のように、林冠が閉じた森林）で種子が定着、生長できる陰樹（パイオニア指数一）から、徐々に生育条件や実生に光が必要な陽樹へと順番に並べ、開けた場所に先駆けて定着し、そこ

にしか生長しないもの（パイオニア指数四）にまで、四段階に分類した。

パイオニア指数一は、樹高四〇メートルを超えて林冠を形成するビワモドキ科のソロモンビワモドキ（*Dillenia salomonensis*）、クノニア科のシゾメリア（*Schizomeria serrata*）、クリソバラヌス科のパリナリ・パプアナ（*Parinari papuana*）や、樹高三〇メートル程度のバラ科のメルバト（*Maranthes corymbosa*）が挙げられている。ソロモンビワモドキは、とりわけ照度が低いところで生長し、一次林でしかみられない樹木であるとされる（Whitmore 1966）。これらの樹種は、森林伐採において価値が高いが、個体数は多くない。

パイオニア指数二には、オトギリソウ科カロフィルム属の二種（*Calophyllum neo-ebudicum*, *C. peekelii*）とムクロジ科のバンリュウガン（*Pometia pinnata*）がある。いずれも森林内だけでなく、小規模なギャップでも定着・生長する。これらは森林伐採の対象であるが、同時に人々が日常で用いることも多い樹木であり、本書でもたびたび登場する。

パイオニア指数三には、ウルシ科のケテケテ（*Campnosperma brevipetiolatum*）とホルトノキ科のインドジュズノキ（*Elaeocarpus sphaericus*）がある。いずれも、森林内に実生定着することがあっても、生長するのはギャップのみである。

最も先駆するパイオニア指数四には、トウダイグサ科のニューギニアバスウッド（*Endospermum medullosum*）、ロヴィアナでゴリティと呼ばれるシソ科の樹種（*Gmelina moluccana*）、シクンシ科のシルバーグレイウッド（*Terminalia calamansanai*）の三種が挙げられている。これらは開けた場所にしか定着・生長しないため、畑放棄後によく見られ、そして二次林であっても林冠がある程度以上高くなった森林にはみられない（Whitmore 1966）。ゴリティは、ロヴィアナの人々による植物利用と保全を考えるときに、きわめて重要な意味を持つ樹木である。逆にニューギニアバスウッドは、他害作用（アロパシー）があるようであり、他の植物を殺してしまう樹木として、人々に嫌がられる樹木である。

熱帯雨林は、このように様々な性質をもった樹種が存在しており、一つの極相状態に留まるのではなく、ギャップによって変動するギャップダイナミクスがある。ただ、そういう観点に立ってさらに調査したホイットモアは、ソロモン諸島の森林には、自然にできうるギャップよりも、はるかに多い場所、広い面積で、パイオニア種や陽樹が林冠を形成していることを明らかにした。そして、このように、陰樹から陽樹・パイオニア種まで多様な種が入り混じった状態になったのは、歴史的に大きな人為的攪乱がこの地にあったからであるとした（Whitmore 1966）。

これを裏付けるように、人類生態学者のティム・ベイリス＝スミスや、文化人類学者のエドワード・ヴィーディングは、ニュージョージア島の東部で、ホイットモアが人為的影響を見出した森林に、かつて人間が居住した遺跡などを見つけた。これら三人の研究者達は、共著論文において、過去の大規模な人為的攪乱が森林生物多様性を作り出したとし、さらにその攪乱の大きさは現在の森林伐採が与える影響に匹敵するものであることを述べた（Bayliss-Smith, Hviding, and Whitmore 2003）。

なお本書は紙面の都合で、島・陸域のことに集中して論じる。ソロモン諸島における魚類など海洋資源利用については、日本語文献では秋道によって行われたマライタ島における研究があるほか（秋道 一九九五）、ロヴィアナ地域については、シャンカー・アスワニによる一連の研究がある（Aswani 1998: Aswani 2002: Lauer and Aswani 2008など）。

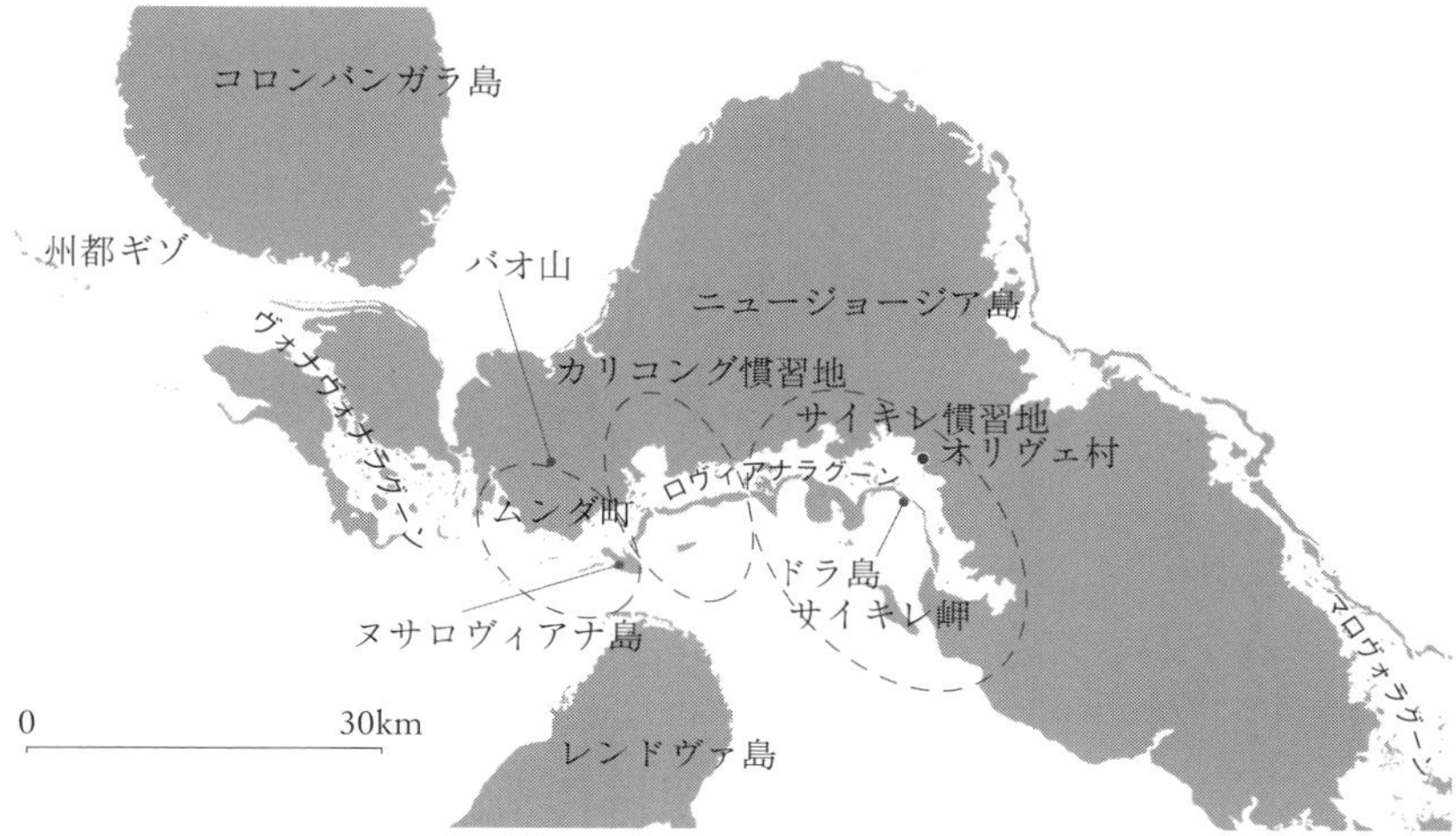

図1-10　ロヴィアナラグーンの概略図

3……ロヴィアナ地域の地理と歴史

本書の大半は、ロヴィアナ地域におけるフィールドワークによって集められたデータに基づいている。

ニュージョージア島西部には、ムンダという町がある(図1―10)。ムンダ町から東へはロヴィアナラグーン(Roviana Lagoon)が広がり、西へはヴォナヴォナラグーン(Vonavona Lagoon)が広がる。この二つのラグーンとムンダ町を含む地域には、ロヴィアナ語を話す人々が暮らしている。狭義には、ロヴィアナラグーンだけがロヴィアナ地域と言われるが、本書は、共通の歴史を持ち、同じ言語を用いる集団として、二つのラグーンとムンダ町を含む全体を、ロヴィアナ地域と呼ぶ。

ムンダ町からニュージョージア島の内陸に入ったところに、バオ(Bao)という山がある。考古学調査によると、遅くとも八世紀終わりには、人が住んでいた(Nagaoka 1999)。口承によるとここは、ロヴィアナ集団だけでなく、今では話者が存在しないカズクル語を使った集団の発祥の地である。

バオ山から、ムンダの沖合にある堡礁島ヌサロヴィアナ島に移動した集団が、今のロヴィアナの人々の祖先であるとされる。(3) ヌサロヴィアナの最も古い遺跡は西暦一二〇〇年頃のものである。口承によっては、「森の人々」であったカズクルの女性が、堡礁島で「汀の人々」と結婚したことで、ロヴィアナ集団が始まったというものもある（Aswani 2000）。

しばらくして、ヌサロヴィアナ島から、ロヴィアナラグーンの東へと移住した集団があった。ヌサロヴィアナ島にいたオディカナという男性が、ニュージョージア島内陸にいた集団の女性と結婚し、新たな土地でチーフとして招かれて、移住したという。別の口承によると、ヌサロヴィアナ島で内紛があり、オディカナとその一派が敗れて島を出たのである。この集団は堡礁島ドラ島の東端にある岬（いまではサイキレ岬と呼ばれる）に定住し、サイキレという集団を形成した。

ロヴィアナ地域は、首狩り風習（ロヴィアナ語でゲトゥミナテもしくはフクエンバトゥという）をもって他地域を攻撃し、チョイスル島やサンタイサベル島にまで訪れていた（Aswani and Sheppard 2003）。ヨーロッパ人との接触が深くなるにつれ、鉄器や銃器を手に入れて、さらに軍事力を増した。

やがて先述したように、イギリスはそれを鎮圧することとし、軍が一八九一年にヌサロヴィアナ島を攻撃した。敗れたヌサロヴィアナ島の人々のうち、島中央部に住んでいた人々が、今のムンダ町とその近辺に移住した。また島の東側に住んでいた人々は、ムンダ町より東で、サイキレよりも西のカリコングという地域に移住して、新たなカリコング集団を形成した。

一九〇二年にメソディスト派の宣教が始まった。このころのヨーロッパ人の記録によると、ロヴィアナ地域

図1-11　にぎわうムンダ町の市場（著者撮影）

の社会ではチーフが集団の支配者であり、集団は血縁によって構成されており、男性は首狩り風習を通して政治的な力を得て、オオシャコガイで作られる貝貨（バキハ）が財力を表していた。ただし、民族間戦争や、感染症によって人口が激減してきており、そのころにはすでに首狩り風習や祖先崇拝が減退してきてもいた（Sheppard, Walter, and Aswani 2004）。

ムンダ町近辺にいて、キリスト教化に反発した人々は、西にあるヴォナヴォナラグーンに移住した。逆にキリスト教化を受け入れたロヴィアナラグーンでは、それまで内陸に暮らしていた人々が、沿岸部に住むようになった。

東部のサイキレ慣習地では、人々は堡礁島ドラ島の東端にあるサイキレ岬に住んでいたが、二〇世紀に入ってから慣習地内の各地に移住し、ロヴィアナラグーンの南東端にまで村ができた。こうして、現在のロヴィアナ地域の西端から東端までの定住が完成した。なお、ヌサロヴィアナ島にはいまでも集落があるが、サイキレ岬は一九七〇年代から無人になり、今は聖地や遺跡があるのみである。

いち早くキリスト教化したムンダ町には、宣教師のほかに貿易商が住み着くようになった。彼らは、コプラや海産物を主に取引した。イギリス政府は、それまで行われていたような、貿易商が地元住人から半ば強制的に土地を取り上げることを法で禁じた。(4)

その後、太平洋戦争中に、ムンダは激戦地になり、ムンダの戦いはガダルカナル島の戦いに次ぐ、凄惨なものであった。日本軍と、それを撃退したアメリカ軍は、ムンダ町に飛行場のほか舗装道路などを建設した。ムンダは、もともと伝統的に地域の中心地であったが、そこが交易の中心地になり、さらに戦後も町として発達していく基盤ができたのである。

4……慣習地と社会制度

ロヴィアナの慣習では、慣習地は親族集団によって所有され、チーフが集団を代表する。例えばサイキレ慣習地（Saikile Customary Land）はサイキレ親族集団（*Butubutu Saikile*）によって所有され、サイキレのパラマウントチーフ（大首長）が所有者を代表して管理している。

ロヴィアナ語では、親族集団（クラン）はブトゥブトゥ（*butubutu*）という。人々はロヴィアナ全体で一つの親族集団と呼ぶこともあれば、慣習地ごとにサイキレ親族集団、カリコング親族集団と呼ぶこともあり、さらに細かい親族集団が出てくることもある。公用語である英語では、親族集団はトライブ（tribe）と表現されるが、細かい親族集団にはサブトライブ（sub-tribe）という語が用いられる。

慣習的な土地所有（集団所有）は、ヨーロッパ式土地所有（個人所有）に比べるとあいまいな点があったため林業会社が、慣習地で森林伐採を開始すると、伐採契約やロイヤルティ支払いを巡り、さまざまな紛争が起こるようになった。ムンダ町とロヴィアナ地域全域は、土地所有権をめぐる紛争が多く、数々の裁判が行われてきたため、ソロモン諸島国内で「裁判好きなムンダの人々」と言われることもある（石森二〇〇四）。

主な争点の一つは、誰が最初にそこに住み始めた土地所有者であるのかということである。できるだけ古くにさかのぼって、そこに住んでいた人が特定される。ロヴィアナ地域には、文書での記録がないため、祖先が植えた有用樹木カナリウムがあることや（ロヴィアナ語のエマタ）、祖先が居住した痕跡（ホペ）があることが、証拠になる。

もう一つは、誰がその所有権の正統な継承者であるか、ということである。これは口承の家系図が地域で認められているかどうかに加え、所有権が母系で伝えられたのか、父系であったのか、共系であったのか、とい

（3）口承伝承によればヌサロヴィアナ島に最初七人のマテアナ（天使と訳される）がいて、死後四人は天に昇り、三人は地に潜った。ロヴィアナ地域各地でチーフになることができるのは、このマテアナの子孫のみである。

（4）貿易商は、ムンダ町の女性と結婚することで、慣習法に従って土地の権利を手に入れた。このような結婚により生まれた一人にアリック・ウィッカムがいる。彼は成人してからオーストラリアにいって水泳曲芸師として、人気を博した。彼はロヴィアナの伝統的泳法（トゥパトゥパラ）を用いたが、その泳ぎ方は、それまでの水泳の記録を塗り替える速さを可能とし、他の水泳選手が取り入れるようになった。この泳法は、現在のオーストラリア式クロールであり、自由形（フリースタイル）というカテゴリーを作らなければならないほど、水泳界を変えたものであった。

うことが論点である。このことは、誰が正当なチーフであるのか、という紛争にもつながる。なお、ロヴィアナ地域の場合、継承は原則的に母系でなされるが、例外も数多くある。

さらに比較的あたらしい争点として、いま慣習地として区切られた土地内に、親族集団は必ずしも一つに固定されてはいなかったということがある。慣習地における伐採契約やロイヤルティの受け取りは、チーフもしくはパラマウントチーフによって調整が行われる。しかし、実は慣習地はもっと細かく分かれており、その細かい慣習地ごとに小規模な親族集団がいて、所有してきたという論点である[5]（石森 二〇〇一；古澤 二〇〇九；Schneider 1998）。

すでに書いたチーフやパラマウントチーフは、ロヴィアナ語でそれぞれバンガラ（*bangara*）とンガティバンガラ（*ngati bangara*）と呼ばれる。サイキレ慣習地の場合には、二〇を超える村のそれぞれに、あるいは小親族集団のそれぞれにチーフがいて、そしてそれらのチーフを取りまとめて、サイキレすべてを代表する一人としてパラマウントチーフがいる。一方、ムンダ町やカリコング慣習地は、村ごとにチーフがいて、複数の村をまたいで統合するようなパラマウントチーフはいない。

ソロモン諸島国の憲法は、慣習法の存在を認めているが、それは憲法に反しない範囲でとなっており、議会制民主主義をはじめとする各種の現代的行政制度が優先される（須藤 二〇〇四）。

そのため、たとえパラマウントチーフであっても、一人が独裁的に意思決定できることはない。村あるいは集団ごとに「チーフ会議（Chief Committee）」、「リーダーシップ会議（Leadership Committee）」、「長老評議会（Elders Council）」などという会議がある。ここでの話し合いが、地域や集団の合意を形成する場であるし、逆に会議での決定事項がトップダウン的に人々に伝えられることもある。

二〇〇〇年に制定された「慣習認定法（Customs Recognition Act 2000）」は、現代法が慣習法を公式に認定するために整備された法である。しかし実際に認定されるためには慣習法の存在が証明されなければならないとされている。慣習法は文字に記されず、体系立てられたものではないため、多くの場合に証明は困難であり、事実上は慣習法が司法・行政で用いられる道を防ぐものとなっている（Care 2001）。

ムンダ町で最初にキリスト教布教をしたのはメソディスト派であったが、その後貿易商に呼ばれる形でSDA派も布教を行った。ロヴィアナ地域の大半を占めたメソディスト派であったが、太平洋戦争の戦中・戦後の混乱を経て、信徒の多くがニュージョージア島北部に生まれたサイラス・エトが創造したCFC派に従うことになった。それ以外のほとんどはキリスト連合教会の信徒になり、メソディスト派のまま残っているのはごくわずかである。

ロヴィアナ地域で多数派であるCFCは、単に新興キリスト教宗派であるだけでなく、ヨーロッパ人支配にたいする在地住人の社会運動的要素や、地元主導の特徴的な地域開発という側面もあるが、そのすべてを論じるには紙幅が足りないため、石森（二〇一一）の書にゆずる。

（5） 例えばサイキレには、オディカナの子孫として、代々のパラマウントチーフを輩出してきた集団ヴァシラヴァタ、それを補佐していた集団ショショポ（チョチョポ）、戦士の集団ドゥガハという「汀の人々」系の三大集団に、「森の人々」ソロソが加わった構成になっている。しかし、森林伐採開始当初は、ロイヤルティはまずパラマウントチーフ（ヴァシラヴアタ集団）に一括して払われ、そこから他の集団に配分されたため、自分たちへの配分が不当だと考える人々もいた。二〇〇〇年に出された最高裁判所判決は、これら四集団を、出自によってさらに細かくした一〇個の親族集団（サブトライブ）を明記し、サイキレ慣習地のロイヤルティを一〇等分することとした。

図1-12　サイキレ岬にある祖先を祀る聖地(ホペエラ)。頭蓋骨だけでなく貝貨バキハもみられる(許可を得て著者撮影)

サイキレ慣習地では、住人の大半がCFC派である。ムンダ町では、キリスト教連合、SDAが多く、続いてCFC派がいて、さらに他州から移住してきた、それ以外の信者もいるという状況になっている。

CFC派では、教団本部から、各地・各村の牧師を通じて、信者への指示がだされることがある、そして、その指示の内容には、日常生活に関することや、植林のように経済活動を促すものもある。

しかし、これは慣習をないがしろにしているわけではない。むしろ、キリスト教連合やSDA派に比べると、政府つまり現代的な行政制度の浸透が遅く、地域社会の慣習的なつながりが強く残っている。

メソディスト派もSDA派も、在来宗教を否定したため、伝統的な祖先崇拝の儀礼はほとんど残っていない。かつての信仰の一部であったングズングズやケソコは、今では土産物の木彫りや、イベント時に再現された戦闘用カヌー「トモコ」にみられる程度である。また、かつてはヒアマと呼ばれるシャーマンが、リンゴモという道具を用いて霊と通信していたともいわれるが、いまはヒアマもリンゴモも実在しない。

しかし儀礼はなくとも、祖先を崇拝したり、畏怖したりする様子は、生業や生活の中にみられる。祖先の頭蓋骨が納められた聖地（ホペエラ：図1―12）、祖先が農耕儀礼を行った聖地（ホペマンギニ）といった場所は、いまでも手付かずで残されており、崇拝と畏怖の対象である。森林伐採においても、これらの聖地は操業地にならない。聖地の概念は、ソロモン諸島の共通語ピジン語でタンブープレスと呼ばれるものと、ほぼ同じものであり、聖地と忌地との区別はされない。

また森林や海はトマテ（単に「死者」を意味することもある）やマンゴマンゴ（「魂」を意味することもある）と呼ばれる霊や祖先霊、もしくはマリヴィという怪物の棲むところであるとされる。例えば誤って聖地に入って、そこでムカデにかまれた人は、それはトマテが怒っているからであると考える。この怒りを鎮めることができるのはチーフである。

物質的にみれば、バキハとよばれる貝貨は、いまでもチーフが慣習法上の正当性や慣習的な財力を証明するものである。(6)

（6） ソロモン諸島のマライタ島やガダルカナル島の一部では、様々な貝からつくられたビーズが貝貨となることが知られているが（後藤 二〇〇二）、ロヴィアナ地域やその近隣地域ではそのような貝貨は用いられない。またオオシャコガイによる貝貨バキハも今では生産されることはない。

5……ムンダ町とサイキレ慣習地オリヴェ村の暮らし

本研究にいたるフィールドワークのうち、最も多くの時間はサイキレ慣習地のオリヴェ村で費やされた。オリヴェ村はロヴィアナ地域の中でも、開発の影響が少ない方であり、伝統的に営まれてきた生活を調査するのに、最適であったからである。同時に、近年の森林伐採や市場経済化という開発がどのような影響を及ぼしつつあるかを知ることができるからでもある。

オリヴェ村は、サイキレ慣習地のサイキレ岬に最後まで暮らしていた人々が、一九七二年にまとめてこの地に移住してきたことによる。二〇〇三年時点で、オリヴェ村には、六五世帯三七九人が暮らしていて、サイキレ慣習地の全住人は二〇〇〇人程度であった。

オリヴェ村の名前は、聖書のオリーヴにちなんでつけられたのであり、もともとこの地は、湧き水が多いことからカウルンブカハ（「湧き水の下」の意）と呼ばれていた（図1―13）。

次に多くの時間が費やされたのは、ムンダ町のドゥンデ地区である。二〇〇三年に二〇二世帯一〇六五人が暮らしていた。ドゥンデは行政・商業の場ランベテステーションに隣接しており、ムンダ町で最大の面積と人口を持つ地区である。本書はドゥンデ地区を、ムンダ町の代表とみなし、オリヴェ村と対比したときに、都市化が進んだロヴィアナ地域の例として調査した。

ドゥンデ地区では、約三分の一の世帯は、ランベテステーションで公務員として働く人、ノロの缶詰工場などの企業勤めの人、町の商店に勤務する人、自分で商店や燃料スタンドを経営する人など、定収入のある世帯であった。一方、残りの三分の二の世帯は、現金収入は一定せず、町で建設工事の手伝いや、市場で作物を売

図1-13　オリヴェ村で、湧き水を鉄パイプにひき、作られた水浴び場(著者撮影)

ることがあっても、主には農耕と漁撈に従事していた。

ロヴィアナ地域の農耕は、森林を小規模に切り開いて、そこで作物を栽培し、しばらくして土壌養分が落ちてくると、そこを耕作放棄して新しい森林へと移動する。耕作放棄すると、そこには自然の植生遷移で草地、灌木、大小の樹木が生長するようになり、数十年たつと大きな二次林になる。

先ほど書いたように、森林を切り開くときの森林とは、多くの場合はこのような休耕期間を経た二次林なのである。これを移動耕作という。

人口過密化したり、宅地が拡大したりすることで、農地が限られると、人々は森林そして土壌養分を回復させる間もなく、再び耕作するようになる。これは、一般に収量を落とすサイクルであり、ムンダ町でよく起こることである。

また漁撈も日常の一部である。人々は、海に出るときには、丸木をくりぬいたカヌー（ロヴィアナ語のホレ）を使う。釣りをする人は、商店で売られているナイロン製の糸と釣り針を使う。サンゴ礁で、針を垂らして釣る場合や、外洋でトローリングをする場合がある。

銛やヤスで魚を取る場合もある。特に、外洋とラグーンを結ぶ水路が格好の漁場であり、素潜りによる漁がおこなわれることもある。季節によっては、人々はアオウミガメを銛でとることがある。

漁網を用いた漁も盛んである。いまではポリエチレン系やナイロン系の漁網を用いることが一般的である。伝統的にはトウツルモドキ（*Flagellaria indica*）を用いた追い込み漁（クワラオ）も行われる。

マングローブでのノコギリガザミや貝類の採集も行われる。男性が釣りを行い、女性や子供が採集をする傾向がある。住人は季節によって、どこでどういう漁法が良いかを知っており、それに応じて行動を変えている（Aswani 1998）。

油脂コプラを販売することが、古くからの現金収入源であり、納税のためにも行っていた。また一九八〇年代からはカカオの栽培もおこなわれたが、価格の変動が激しく、買い手もあまりこないことから、安定した収入源にはならなかった。二〇〇〇年頃からは植林が行われ、樹木は生長してきたが、やはり買い手不足などの事情により、二〇二〇年現在までに収入源となった例は少ない。

魚介類も古くからの収入源である。魚は町で売られるだけでなく、林業会社の外国人にも売られる。中国向けのナマコ生産は、歴史が古いが、二〇〇〇年代になってから乱獲を防ぐために、政府がナマコの採集や買取を禁じるようになった。

ロヴィアナラグーン南東部の砂底は、パプアニューギニアのトーライ人の間で伝統的貝貨となっているムシロガイ（*Nassius* spp.）の産地である（図1―14）。これを入手するために、ラバウルからトーライ人がはるばる買

図1-14　集められたオリイレヨフバイ（オリヴェ村にて：著者撮影）

い付けに来ることもある（深田 二〇一四）。

このようにオリヴェ村とムンダ町ドゥンデ地区は、ロヴィアナという共通の祖先から始まり、同じような生態環境の中にあるが、前者は広大な慣習地の中にある村であり、後者は開発の進んだ人口稠密の町である。本書の前半は、長期間のフィールドワークによるデータによって、この二つの地域を対照的に眺めていく。

それから後半では、対象をロヴィアナ地域全域に広げた調査、ソロモン諸島全域に広げた調査、そして約二〇年という時代変化の調査を含めて議論を発展させ、自然と地域社会を理解するための新たな普遍的な理論を提示する。

第2章

畑に植える

1 食と植物

1……食事からわかること

人間のウェルビーイングとして、あるいは生物学的ベーシックヒューマンニーズとして、食料の充足は最も基本となるものである。生存の根幹である。農耕や漁撈を営む社会では、食事を調べることから、人間がどのようにして生態系を利用しながら、自らのウェルビーイングを持続させているかという生業の戦略が、わかってくるのである。

ただし、町では、すでに缶詰などの工業製品や、米・小麦などの輸入品が、食生活の中心をなすようになっている。

調査は、まず私が少数の家々に住み、人々の調理や食事を観察し、それを全て計量することから始まった。これは直接秤量法と呼ばれその地域でどのようなものが食されているのか概況を知ることができる、基礎的な調査法である。なお、ロヴィアナ地域では、家を訪れる人に食べ物でもてなすのが慣習である。家の人が私のために料理を用意しようとするのを、「そんなことをされると、日常生活のデータが取れないので」と私が遠慮し、しかしその人は「お客さんがいるのに私たちだけ食べる訳にいかないんです」と押し問答のようになったこともある。

続いて、ここで紹介する二〇〇三年調査は、村（オリヴェ村）では全六五世帯から一五世帯（成人五一人）、町（ムンダ町）では二〇二世帯から一七世帯（成人五三人）を無作為に選び、聞き取り調査の対象とした。この聞き取り調査では、私が午前七時から八〇〜九〇分おきに、これらの対象世帯を一軒ずつ訪問し、訪問するたびに、世帯の全員に何か食べたかを聞き取った。もし食べていた場合には、その内容と量を聞き取った。これは、思い出し法と呼ばれる食事調査方法を、ソロモン諸島の状況に合わせたものであり、標準的な食生活を定量的に調べるためのものであった（山内二〇〇四）。これを七日間連続で行った。

食べられた量は、直接秤量法で算出した標準的なサイズ（ポーションサイズ）のイモ類や皿と比較しながら、推定した。そして、オセアニアや東南アジアの食品成分表（Dignan et al. 1994; Puwastien et al. 2000）を用いて、エネルギー量や主要栄養素量を算出した。

結果として、村の平均エネルギー摂取量（一日あたり）は男性が一〇・五メガジュール（二五一〇キロカロリー）、女性が一〇・〇メガジュール（二三九〇キロカロリー）であった。一方、町では男性が八・七メガジュール（二〇七九キロカロリー）、女性が八・八メガジュール（二一〇三キロカロリー）であった。町のほうが若干少ないのは、村よりも身体活動量が少ないためと考えられる。村も町も、エネルギー摂取量は、必要な量と比べてやや少ないレベルであったが、生物学的なベーシックヒューマンニーズの最低限は確保されていた。ただし、町のほうでは個人差が大きく、エネルギーが不足している人も、逆にエネルギー摂取が過剰な人もいた。

炭水化物の平均摂取量は、村の男性が四四九・三グラム、女性が四一九・一グラムだったのに対し、町の男性は三二〇・三グラム、女性は三一六・四グラムであった。村の平均タンパク質摂取量は男性が六九・七グラム、女性が六七・一グラムであり、町は男性が八二・四グラム、女性が八八・〇グラムであった。また平均脂質摂取量は、村の男性が四七・九グラム、女性が四九・二グラム、町の男性が五〇・六グラム、女性が四六・六グラムであった。

つまり村の人々のほうが、より多くの炭水化物を摂取し、エネルギー摂取量も多かったが、町の人々のほうがタンパク質摂取量は多かった。

2……食事に出てくる生物

続いて村と町で、栄養のニーズを満たすために、何が食材になり、エネルギー源になっているかを細かく見ていく。

村で最も食べられていた食品は、キャッサバであり、総エネルギー摂取量の二七・九%に相当した。それから米が二三・五%、サツマイモが一〇・八%と続いた。この上位の三食品のうち、米は輸入品である。キャッサバとサツマイモは二〇世紀に導入され、畑で栽培されている作物である。

畑の根茎類は、他にヤマノイモの仲間である在来種のトゲドコロ（*Dioscorea esculenta*）が摂取量の二・一%あったほか、サトイモと同じタロイモや帰化種のアメリカサトイモ（*Xanthosoma sagittifolium*）も摂取されていた。畑のイモ類が総エネルギー摂取量に占める割合は、合計で四〇%を超えた。

人々は、キャッサバを茹でるか焼くかして食べるほか、石うすでココナツミルクと一緒につく「ヌンガラ」という調理もする。さらにヌンガラしたものを、ハナミョウガ属（*Alpinia* spp.）の葉で包み、石蒸し焼き（モトゥ）することで、ソロモン諸島でいう「キャッサバプリン（ロヴィアナ語のイナサナオレマリヒ）」として食べ

図2-1　村の結婚式で、ごちそうを共に食べる人々（トンボ村にて：著者撮影）

る（図2―1）。このようなヌンガラやプリンは、キャッサバ導入前の伝統ではタロイモやトゲドコロを材料としていたものである。

サツマイモは、茹で、焼き、石蒸し焼きで調理されたが、ヌンガラに使われることはなかった。

続いて多かったのは、摂取量の九・〇％を占めた砂糖である。砂糖のほとんどは紅茶に入れて飲用される。農作業で疲れた時、お客さんが来た時など、お茶の時間があり、そのたびに人々は砂糖を飲用する。イギリス保護領であった名残りである。砂糖が好きな人は、カレーライスを食べるような大きなスプーンに山盛りの砂糖を四杯も入れていた。

また、小麦粉に砂糖を混ぜて調理油で揚げた、自家製ドーナッツが摂取量の三・〇％に相当した。他にインスタントヌードルもあった。米、砂糖、小麦粉、調理油などの輸入食

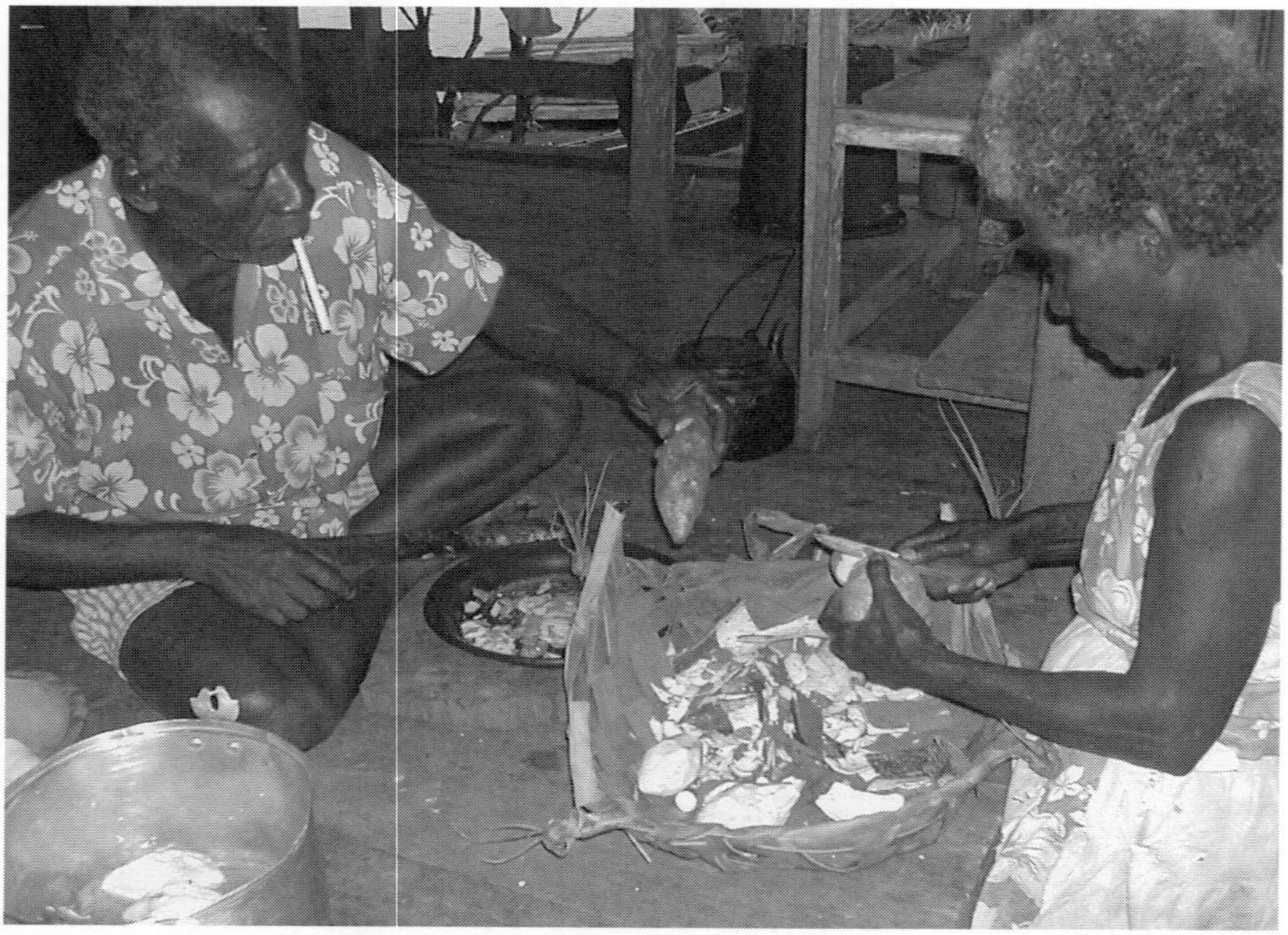

図2-2 サツマイモの皮むきをする夫婦(著者撮影)

品を合わせると、エネルギー摂取量の四〇%弱になった。

魚介類はサンゴ礁の小魚類、外洋のカツオ、バラクーダ、ウミガメ、ヤシガニ、オカガニ、貝類などがあった。煮る、焼く、石蒸し焼きする、ココナツミルクで煮る、などの調理法をすべてまとめて総摂取エネルギーの一〇%ほどを占めた。なお商店で購入するツナ缶も稀に食されたが、ほぼ無視できる量であった。

一方、イモ類以外の植物では、ココヤシ(*Cocos nucifera*)が摂取量の五・五%に相当した。人々は、若いココヤシを拾ってそのジュース(液状胚乳)を飲んだり、熟したココヤシを拾って割り、スポンジ状になった胚乳を食べたりしていた。この他に、人々は熟した胚乳からココナツミルクを取り、魚を煮るのに入れたり、ドーナツの材料に加えたりもした。

それからカナリウム、すなわちカンラン科

のカナリアノキ（*Canarium indicum*）もしくはソロモンカナリウム（*C. salomonense*）の実は、伝統的に重要な種実（ナッツ）類であるが、合わせて摂取量の三・三％を占めた。ココヤシもカナリウムも、いずれも中〜小規模のプランテーションがあるが、ココヤシは二〇世紀に輸出コプラ生産のために植えられ始めたのに対し、カナリウムはそれ以前から伝統的に植樹されてきたものである。カナリウムはロヴィアナ地域においては、古くからある植樹種と言える。

他にエネルギー源としては小さいが、ビタミン・ミネラルの供給源になるフルーツ類や野菜類として、パパイヤ（*Carica papaya*）、グアヴァ（*Psidium guajava*）、ライム、インゲンマメ、「スリッパリーキャベツ」（*Hibiscus manihot*）、チンゲンサイ、ネギ、カボチャ（葉）などが挙げられる。

スリッパリーキャベツは、トロロアオイの仲間で、パプアニューギニアではアイビカと呼ばれ、メラネシア在来の葉野菜と言われているものである。ハイビスカスやアオイのようなきれいな花をつけるが、葉は食べ応えのある野菜であり、まるで同属異種のオクラのようなネバネバ感がある。

なお野生のものとしては、マングローブのオヒルギ（*Bruguiera gymnorrhiza*）の実や、シダ植物であるメシダ科のクワレシダ（*Diplazium esculentum*）の葉が食されることもあった。

畑の作物、栽培された樹木、野生の植物を含め、人々が島の植物から得ていたエネルギーの合計は、エネルギー摂取量の五〇％程度であった。

一方、町の食生活は大きく異なった。

町でエネルギー摂取源としてもっとも大きかったのは輸入の米であり、二六・一％を占めた。小麦粉を作った料理も豊富であり、店で購入できるパンが一〇・一％、自家製ドーナッツが九・九％もあった。

町でも、人々は頻繁に紅茶に砂糖を入れて飲むが、村に比べると砂糖の量が少なく、二・四％相当であったが、村にはなかったジュースやアルコール類が合わせて一・二％程度あった。インスタントヌードルやビスケットが、合わせて三％などであった。これら米、小麦粉、砂糖、調理油などを含めて、五四％程度になった。一方、作物であるサツマイモは一三・九％、キャッサバは四・四％で、合わせても二〇％に満たなかった。しかもこれらのイモ類は、自分の畑でとれたものよりも、近隣の村人が町の市場で売っているものが多く含まれた。

果実類ではココヤシ四・三％のほかに、バナナ（*Musa* spp.）が二・二％であった。ただし、町のほうがフルーツ類や野菜類の種類は豊富であり、村で見られたものに加えて、スイカ、キュウリ、ピーマン、ナス、ヘビウリ（*Trichosanthes cucumerina*）、レタス、ピーナッツなどが見られた。これらは、市場で売る作物としても価値が高いからであると考えられる。ごく少量ながら、珍しいところでは半栽培状態のアカネ科の低木ティモニウス・ティモン（*Timonius timon*）を食することも観察された。

魚介類ではサンゴ礁の小魚類、カツオなどの魚に加えて、ウミガメ、マガキガイ（*Strombus luhuanus*）、オカガニ、その他貝類が八％程度を占めた。オカガニだけで総エネルギー摂取量の三・二％を占めたが、これはムンダ町ドゥンデ地区の東端がオカガニの産卵地であり、しかも調査時期がその季節に合致したためである。ただし、人々は自ら採集するだけでなく、市場で購入して、これらの食品を入手していた。

ブタやニワトリが、日常的に食されていたことも特徴であった。これらの食材は、村では年に一・二回ある程度の特別大きな集会や結婚式でしか食されないが、町では、量は少ないながら、頻繁に見られた。ツナ缶、サバ缶、コンビーフやアヒル缶、ソーセージ、それから輸入物の牛乳が摂取されることもあった。これらは合わせて四%程度であった。

全体としてみると、村の人々は農作物を、町の人々は輸入品を、主なエネルギー源・炭水化物源にしていた。村では漁撈・採集した魚介類を主なタンパク質源としていたのに対し、町では購入した魚介類に加えて、輸入缶詰類を摂取していた。

町の食生活は現金に依存していたのに対し、村の生活は島で取るものに依存していたのである。ただし、村でも輸入食品が、一定の割合を占めていたことからすると、自給的農耕だけではなく、現金獲得も生活の一部になっているのである。

2 畑作農耕

1……畑作の技術

第1章に書いた通り、ロヴィアナの農耕は、森林を開いて畑にする移動耕作である。耕作の方法は、村と町で大差はなく、およそ以下のような手順を踏む。

人々は、まず畑にする森林を選び（ロヴィアナ語：ビザタ）、それから鉈で、森林にある低木を切る（ラオ）。続いて人々は、斧を使って大木を切り倒していく（マホ）。倒れた木の枝を切ったり、折ったりして、細かくする（ラコト）。そして人々は、切り残した低木や草本・つる植物などを取り除く（ケパサ）。

図2-3　家族で畑を作る様子(オリヴェ村の畑にて：著者撮影)

植物を取り除くときに、火が使われることもあるが（ゲヴィ）、火の使用は必須ではない。

ここから先は、作物によって違いがある。サツマイモ、キャッサバ、そしてトゲドコロなどのヤムイモ類のためには、人々は鋤で土を耕して（ピキ）、畝を作る。畝は等間隔に山状のものである。人々は、そこに苗茎を植える（ポポガ）。畝に植えることで、塊根がどんどん大きくなっても、土がその生長を圧迫することがないのである。

タロイモと野菜類は、それとは異なる。まず、人々は樹木の枝などを一カ所に集め（ポニポニ）、それを焚火のように燃やし、そこで出た炭（エンバ）を得る。その炭を土と混ぜたところに、これらの作物を植える。人々によると、サツマイモ、キャッサバ、ヤムイモ類を植える際に、炭は使わない。

移動耕作といえば、東南アジア山地部で行

われるような、「焼畑」がよく知られている。斜面一面に火が放たれ、その力で樹木と草本が取り除かれる。燃えた植物からでた灰や炭が、養分としてその土地に沁み、土壌が豊かになるというものである。しかしロヴィアナの人々によると、一面に火を放つと、土壌が悪くなってしまうのでそのようなことはせず、燃やさず自然に朽ちた植物を養分とするのである。これはスラッシュアンドマルチもしくは「焼かない焼畑」と呼ばれるものである（小谷二〇二〇）。

土地を焼かないことの背景には、ロヴィアナ地域は、単に年間を通して降水量が多いため、燃やしにくいという事情があると考えられる。加えて人々の説明によると、燃やしたところは地面が固くなり、土壌を豊かにする「ノキノキ」が死んでしまうということである。ロヴィアナ語で、ノキがヘビ類を指すのに対し、ノキノキはミミズ、ヤスデ、ガやチョウの幼虫類を指すが、転じて微生物のことも指す単語である。(7)

ロヴィアナ地域では、各世帯が小規模な畑を複数の場所に持っている。集落の近くに畑があると、人々がそこを訪れて手入れをしやすいし、収穫物を家まで運ぶのも容易である。しかし、同じ場所でばかり耕作しようとしても、間もなく土壌養分が低下して、収量が落ちてくるため、他の場所に移動しなければならない。また、集落が浜辺に作られているため、集落の近くで農耕に使える土地は、それほど大きくはない。

川沿いの土地も古くからの耕作地である。これは集落からカヌーで往復できるので、時には数十キログラムにもなる大量の収穫物を運んだり、農具を運んだりしやすいためである。また、同じくアクセスのしやすさが

（7）たとえばマラリア原虫のこともノキノキ（*nokinoki minoho malaria*）という。

理由で、道路沿いにも畑が作られるが、そもそも道路がある場所は限られている。町には戦時中から近隣地域と結ぶための道が使われてきたが、村は近年の森林伐採の時に作られた道のみである。

それから、ロヴィアナ地域では、歴史的にみて「汀の人々」は、堡礁島に暮らしてきたことから、堡礁島の畑というものがある。ニュージョージア島本島に暮らすようになってからも、人々はカヌーで堡礁島に行き、農耕をする。

人々は年間を通して収穫が得られるように、一カ所の畑の中でも、いま収穫できる状態のところと、まだ植えて間もない状態のところなど、いくつかの段階を混在させている。また、一カ所ではもうすぐ収穫が終わり、耕作放棄を迎えつつあると、別の場所の畑は、これから収穫ができる状態にするなどしている。

ただし、町のほうでは人口が多い割に、使うことができる面積は限られていることから、複数の場所に畑を作ることができない場合も多い。

2……町と村の生産性の違い

生態人類学において、人々がどこで、どれくらいの時間をかけて、どのようにして生きるのに必要な生産を挙げているか、という時空間利用を明らかにすることは、本源的なテーマの一つである（Ohtsuka 1983）。

ここで村と町の農耕における、時空間的な違いをデータでみていこう。データは二〇〇三年に調査した、オリヴェ村の一五世帯と、ムンダ町で定収入の無い世帯、つまり主に農耕・漁撈に従事している一一世帯が対象である。なおムンダ町で定収入がある世帯も、多少の農耕は行っているが、それでも現金収入で生計を立てている世帯を加えてしまうと、村と比較するためには平均値と分散値が大きく偏ってしまうために、ここでは除く。

まず畑の面積を、巻き尺とクリノメーター（水平方向と垂直方向の両角度を測る機器）によって測った。世帯当たりの農地面積は、村では平均八四六・八平方メートルで、町（定収入無し世帯）では五〇四・一平方メートルで村のほうが大きかった。

続いて耕作サイクルの違いを見ていきたい。耕作サイクルは、世帯主やその配偶者らへの聞き取りによって調べたが、その回答に大きな誤りが無いかは、過去の航空写真や衛星画像を参照することで、確認した。ここで、現在耕作されている畑は、今後何年耕作され続けるかは分からない。そのため、過去一年間に耕作放棄された畑が、何年間耕作されたかを比較することにする。すると耕作期間は町では平均六・三年で、村では平均五・六年であり、町のほうがやや長いものの、統計学的な差は見られなかった。

続いて、土地の養分を回復させる休耕期間を調べた。休耕期間は、現在耕作されている畑と、過去一年間に放棄された畑の両方について聞き取った。すると休耕期間は村で平均一三・六年であるのに対して、町ではわずか三・〇年であり、町のほうが統計学的に有意に短かった。つまり町では短期間の休耕で、すぐにまた同じ場所を畑に使っていたのである。

なお、現在耕作中の畑と過去一年間に放棄された畑を合わせた畑の数は、町は一世帯あたり平均二・一（合計二三）、村は平均三・六（合計五四）となっていて、村のほうが多かった。さらに、その場所を（知られている限りでは）初めて畑として用いたのは、町は四カ所、村は二六カ所であり、町では新たに畑として使える場所が圧倒的に少なかった。このような結果は、町では畑にする土地が枯渇していることを、反映している。

この集計は、すべての畑をまとめている。しかし村のほうでは、どこに畑を作るかによって、耕作年数と休耕年数が大きく変わるため、条件を揃えると町と村の差はもっと大きい。この点については、次節で詳しく分析する。

続いて、畑からの生産性を分析する。これらの世帯について、一四日間にわたり、収穫されて村に運ばれてきたものを計量した（二〇〇三年調査）。畑で食べてしまったものについては、その量を聞き取った。一方、皮などとして廃棄されるものがあるので、その量は、直接秤量法から推定して、除いた。こうして、収量は最終的に食料として、人間に摂取されるエネルギー量として算出した。

すると世帯当たりの収量は、一日あたりで、村は一九・七二メガジュールであり、町（定収入無し世帯）は七・二五メガジュールであった。これを先ほどの畑面積一ヘクタールあたりでみると、村は二三二・九メガジュール、町は一四三・九メガジュールであった。

また、労働時間あたりの収量でみるために七日間の行動を、世帯巡回型スポットチェック法によって調べた（二〇〇三年調査）。これはタイムアロケーション調査の一手法であり、私が朝七時から八〇〜九〇分おきに世帯を巡回して、その時にみられる行動を記録し続けたものである。ここで畑に行って不在の場合は、家に帰ってきたときにどこに行っていたかを聞き取った。結果として、対象の人が家を出てから、帰ってくるまでを、農耕に従事した時間とみなした。

村では一人一日あたり農耕に費やす時間は一・一〇時間であり、町（定収入無し世帯）は〇・七三時間であった。重労働と思われがちなソロモン諸島の農耕は、意外と短時間労働である。

そこで、先ほどの収量と合わせて算出した、労働時間あたりの収量は、村は五・二八メガジュールであったのに対して、町は三・〇三メガジュールであり、町は村の六〇％弱にすぎない。

つまり畑の面積当たりの収量、労働時間あたりの収量は、村のほうがはるかに高かった。なおここで、町で定収入が無い世帯と、定収入がある世帯で比べると、前者のほうが農耕に従事する時間ははるかに長かったが、面積当たり・時間当たりの収量はあまり変わらず、町全体として同じような生産性の環境になっていることがわかっている。また、町で定収入が無い世帯が、村と比べて高い現金収入を得ているわけではないことも分かっている。これらのことは、第6章で詳しく論じる。

3　島ごとの生産力

1……土地による耕作サイクルの違い

このような背景を受けて、ここからは伝統的な生産方式である、オリヴェ村の世帯がどのようにして収量をあげているかを、土地という観点から見ていく。

前の節では畑の位置に関係なく、町あるいは村ごとにまとめて、畑の生産性を求めた。しかし、オリヴェ村での長期間のフィールドワークの中で、どこに畑を作るかによって、耕作サイクルが大きく異なることがわかってきた。

図2—4は、オリヴェ村の人々がもつ畑の位置を示している。複数の世帯が共同で森林を切り開いて畑のエ

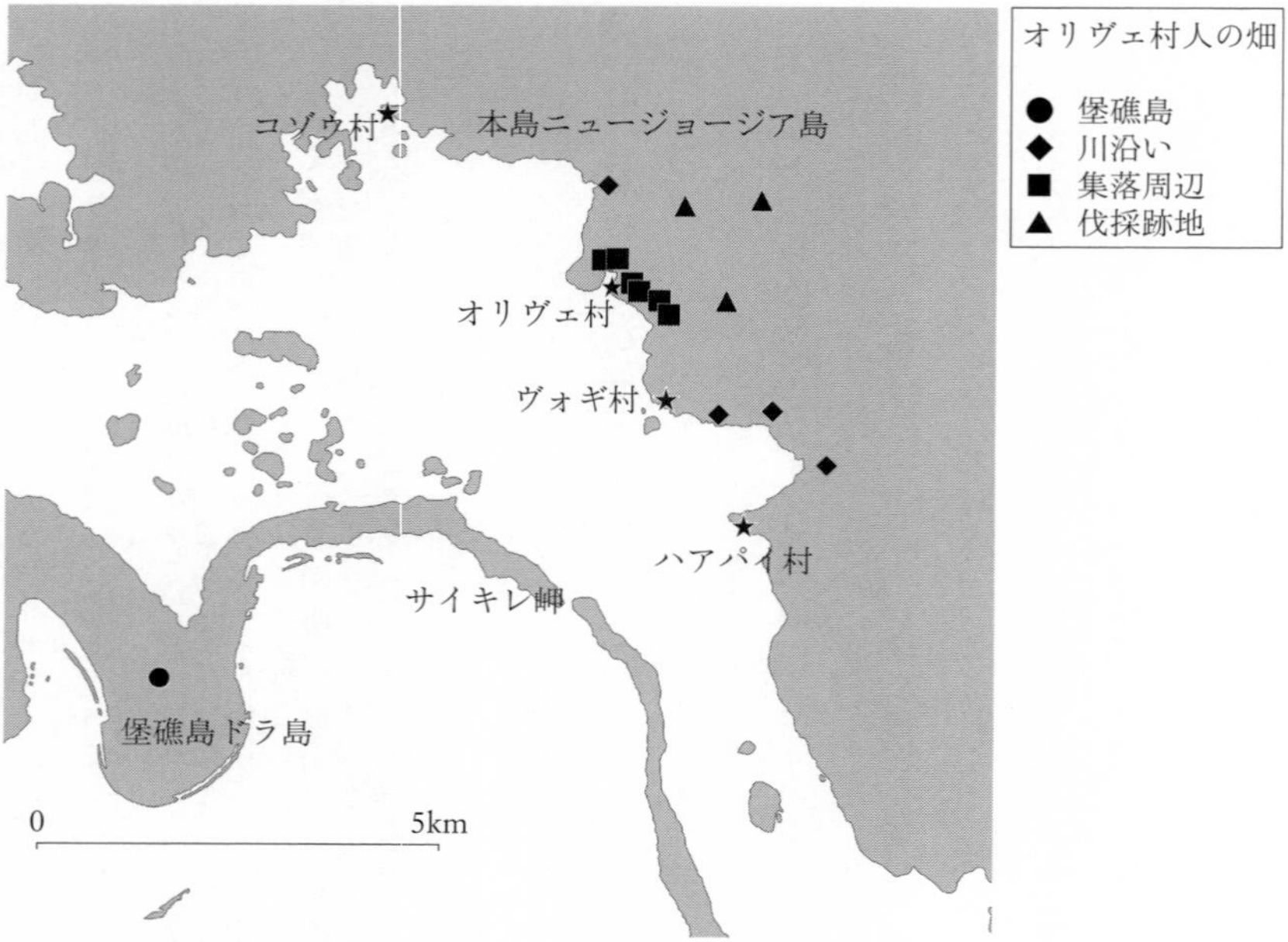

図2-4　オリヴェ村人の畑の所在

リアにするため、各位置にはいくつもの世帯の畑がある。

調査をはじめるとニュージョージア本島にある集落周辺、川沿いの畑については、耕作年数や休耕年数を容易に聞き出すことができた。しかし、興味深いことに、堡礁島ドラ島の畑については、人々は「この場所はずっと畑に使っている。何年休耕したか、何年耕作したかを言うことができない」と即答できない場合があった。人々は、本島では土地を変えなければならないが、堡礁島では変えなくて良いのだという。

オリヴェ村で、今の畑の場所をすべての村人から聞き取ったところ、ここでも興味深いことに、ほぼすべての世帯は、ドラ島にあるランガタという地名の場所に畑を持っていた。ランガタは、村から直線距離で七キロも離れていて、カヌーと徒歩で片道二時間はかかる

表2-1　場所ごとの畑耕作サイクルの違い

場所	一次林に作られた畑の数 a / 全畑数	年数［最小値—最大値］（*N*）	
		休耕期間	耕作期間（放棄した畑 b）
堡礁島（ランガタ）	0/13	9.3［1—40］（13）	29.3［11—60］（3）
本島			
川沿い	2/7	27.5［5—50］（5）	2.8［1.5—4］（2）
集落周辺	1/11	15.0［7—28］（10）	NA
伐採跡地	23/23	NA（0）	1.7［0.8—4.2］（17）

a　一次林には、択伐された森林も含む
b　過去一年間に放棄された畑

場所である。ランガタは、特別な畑の場所である。

歴史では、ドラ島の東端にあるサイキレ岬に、サイキレという集団が暮らしていた。いまは、この集団は広いサイキレ慣習地の各地に移住し、多くはニュージョージア本島の沿岸部に定着し、その中で最大の村がオリヴェ村である。人々によると、ランガタこそが、代々サイキレ集団が使ってきた畑である。

そして、サイキレ集団に属している人は、ランガタで空いている土地のどこにでも、畑を作ることができるのである。

村の耕作サイクルを、場所ごとに分けてみていきたい。一五世帯のうち、二〇〇三年調査時点でランガタに畑を作っていたのは一三世帯であった。これらの畑は、すべて古くから畑として使われてきた場所にあった。

一方、これらの世帯は、集落周辺に一一の畑を作っており、そのうち一つは、これまでに畑として使われたことのない一次林を開いて作られていた。また、川沿いの畑七つのうち、二つも、一次林に作られた。道路沿いの畑は、森林伐採でできた林道沿いである。ここには、植林目的もあり、一世帯が二つ以上の畑を持つことがあったが、二三か所の畑すべてが、択伐された一次林に作られていた。

図2-5　ランガタの畑と周囲に生える祖先が植えたカナリアノキやソロモンカナリウムの高木（著者撮影）

表2－1には、堡礁島（ランガタ）と本島とを分け、本島は川沿い、集落周辺、伐採跡地に分けた。それぞれについて、一次林に作られたか否かと、休耕期間、耕作期間がまとめられている。

現在耕作されている畑は、今後も使われるため、耕作期間を正確に知ることができない。そのため耕作期間は、最近（過去一年間）に放棄された畑について、示している。堡礁島については、一年間に放棄された畑は三つだけであったが、最短でも一一年、最長でも六〇年で、平均二九・三年であった。記憶にない程古い畑については、太平洋戦争の前であることや、畑をはじめた親のライフイベントなどを頼りにした。一方、川沿いの畑や、伐採跡地の畑は、耕作期間は平均して三年未満であった。

休耕期間はというと、堡礁島（図2―5）では平均九・三年（最短一年から最長四〇年）、本島の川沿いでは平均二七・五年、本島の集落周辺で一五・〇年であった。

続いて一次林を切り開いた畑は除いて、各世帯が畑として使い始める前に、その場所を誰が畑として使っていたかを聞いた。すると、川沿いの畑は自分自身か親兄弟が六〇％で同じ村の他の世帯が四〇％、集落周辺の畑は自分自身か親兄弟が七〇％で同じ村の他の世帯が三〇％であった。しかし、堡礁島では自分自身か親兄弟が五四％、同じ村の他の世帯が一五％であったことに加え、親類ではない他村の世帯が三一％もあった。

これらのことから、本島では短い耕作期間と長い休耕期間というサイクルがあるのに、堡礁島では長い耕作期間と短い休耕期間というサイクルであり、さらに後者では、誰でも、空いているところに畑を作っていることが明らかになった。

サイキレ慣習地は、サイキレ集団の土地であるが、本島における森林伐採企業との契約が生じて以降は、さらに小集団（サブトライブ）による土地所有の意識がでてきて、その後はさらに細かい小集団も出てきている。このような、一九八〇年以降の土地保有権の意識が、親族や同村の人の土地にしか作らないという、本島の畑づくりにあらわれている。

しかし、堡礁島については、全サイキレ集団が所有権を持っており、伝統的に「誰でもどこにでも畑を作ることができる」利用をしているのである。

2……土地による生産性の違い

このように、堡礁島と本島とでは、耕作サイクルと、土地保有権に大きな違いがあった。しかし、本島がそうであるように、土地を耕作に使い続けると、土壌が劣化するはずであるのに、なぜ堡礁島をそれほど高頻度に使い続けることができるのかは、大きな疑問である。

ソロモン諸島がイギリス保護領であった頃に、政府が地質調査を行った。そこでは、ニュージョージア島に比べて堡礁島であるドラ島では、天然で土壌にリンが豊富であるというデータが示されていた（Wall and Hansell 1975）。それでは、実際に使われている畑、特に繰り返し使われてきた畑でも、土壌養分に特徴が、みられるであろうか。フィールドで土壌養分の検査をするのは困難であるが、農大式簡易土壌診断キット「みどりくん」（東京農大発（株）全国土の会）により、簡易な測定を行った（Furusawa and Ohtsuka 2009）。

このキットは、作物にとって肥料の三要素といわれ、NPKと略される窒素、リン、カリウムについて、それぞれ硝酸態窒素、水溶性リン酸、カリウムを簡易な手法で測る。また土壌の酸性・アルカリ性などの性質をみるpH値も測ることができる。本書では土地の違いを統一的に比較するために、サツマイモのために作られた畝で、畝が作られてから三日以内のところで、地表から一〇センチメートルの土壌を測った。

結果として、カリウムはいずれの畑からも検出限界以下であり、pH値や硝酸態窒素は堡礁島と本島の間で違いは見られなかった。しかし、リン酸については堡礁島のサンプル八検体中七検体が、最も高いカテゴリー（一〇ヘクタールあたり換算で二五キログラム以上）であったのに、本島では一五検体中でこれに該当するものはわずか二検体にとどまった。つまり、土壌のリン含有量に大きな違いがあるようである。

表2-2　畑の場所ごとの可食収量（14日間）、労働時間、畑面積

	可食収量（MJ）	畑面積（m^2）	労働時間（時間）[a]	面積あたりの可食収量（GJ/ha）	労働時間あたりの可食収量（MJ/hr）
堡礁島	61.5	292.8	5.3	2.10	5.8
本島					
川沿い	45.7	129.9	4.3	3.52	5.4
集落周辺	29.4	290.8	4.7	1.01	3.1
択伐後	70.8	133.3	7.4	5.31	4.8
合計	207.3	846.8	21.7	2.45	4.8

[a] 畑までの移動時間を含む

窒素は植物の細胞を構成するタンパク質や葉緑素などの構成元素であり、リン酸はＤＮＡを構成して開花や結実を促し、根の伸長を促すこともある（Inubushi and Anzai 2001）。サツマイモやキャッサバのような作物は、リン酸が少ない土壌でも生育するとされているが、同じ場所で連作をすると養分が低下し、収量が落ちることも知られている。このことからすると、堡礁島で人々が連作を続けていても、土壌養分は衰えておらず、むしろ本島よりも恵まれた環境にあるようである。

つづいて、町と村の比較でも取り上げた、実際の収量を比較する。結果は表２―２に示している。

調査期間中に、堡礁島のランガタから、一世帯当たり可食量にして六一・五メガジュールの収穫があり、本島は川沿い・集落周辺・択伐跡地を合計して一四五・九メガジュールがあった。

これを面積当たりの収量にすると堡礁島では一ヘクタール当たり二・一〇ギガジュールと算出された。これはすべての畑の平均値である二・四五ギガジュールよりも低く、特に択伐跡地の五・三一ギガジュールや、川沿いの三・五二ギガジュールより小さかったのである。

しかし、タイムアロケーション調査で明らかになった労働時間当たりにすると、堡礁島は一時間労働あたり五・八メガジュールの収量であっ

た。本島では集落周辺の三・一メガジュールが最も低く、択伐跡地が四・八メガジュールであり、最も高かった川沿いでも五・四メガジュールであった。つまり、本島よりも堡礁島が高かったのである。これは本島で畑を作る場合には、大きな樹木を切り倒すことに時間がかかるのが要因である。堡礁島は、休耕期間がないか、とても短いため、大きく生長した樹木がなく、人々がそこを切り開くために必要な時間が短い。

さて、ある一時点における収量に違いがあったとはいえ、耕作期間と、休耕期間を合わせた長い耕作サイクル全体での収量はどうなるのであろうか。

そこで長期的な視点で、土地の人口支持力を求めることにした。人口支持力とは、面積の決められた土地の中で、そこで生産される食料で、何人が暮らしていくことができるかという指標である。環境容量ともいう。移動耕作の人口支持力については、ロバート・カルネイロ（1965）が考案した、シンプルながらも有効な式があり、これはロイ・ラパポートや大塚柳太郎によるパプアニューギニアの研究でも用いられてきた（Ohtsuka 1983; Rappaport 1984）。この式は、農地にすることが可能な土地面積（Tと表記）、耕作期間（Y：一つの場所を連続して畑として用いる年数）、休耕期間（R：養分回復のために耕作をやめる年数）、人間一人を一年間賄うために必要な農地面積（A）のデータがあれば、そこで生きられる最大の人数（K：人口支持力）が算出できるというものである。

オリヴェ村の調査では、これらの項目についてデータを集めたが、農地にすることが可能な土地面積を正確に計測することだけは困難であった。なぜならば、これまで畑に使われたことがない一次林の中にも、耕作に適した土地はあるからである。しかし、傾斜地や伝統的な聖地は農耕ができない土地であり、それがどれだけ分布しているかは、わからないのである。

そこで、計算を逆にして、今暮らしている総人口を人口支持力Kの代わりとし、これを賄うために必要な農地面積をTの代わりとして算出することにした。つまり、

T＝(K×A×(R＋Y))／Y

を計算することにした。

ここで耕作期間(Y)と休耕期間(R)は、すでに示したデータが使われた。堡礁島はランガタにあった全畑の平均である、本島は川沿い・集落周辺・伐採跡地の全畑の平均が用いられた。

人間一人を一年間賄うために必要な農地面積(A)は、面積あたりの収量(エネルギー量)と、人間が生きていくのに必要な食料エネルギー量から算出された。人間が生きていくのに必要なエネルギー量は、個人により異なるが、年齢、性別、体重、それから日常の運動量、さらに女性であれば妊娠や授乳しているかにより、推定することができる。住人の体重を測り、国際連合食糧農業機関(FAO)、世界保健機関(WHO)、国際連合大学(UNU)の共同事業によって出された報告書に示された推定式を用いて計算したところ(FAO/WHO/UNU 2004)、調査対象世帯の乳幼児から老人まで一一二人の必要エネルギー量は平均一日九・三メガジュール(年間三・四ギガジュール)であった。

また堡礁島ランガタは、オリヴェ村だけでなくサイキレ親族集団の人は、誰でも利用する権利があることを留意しなければならない。一九九九年国勢調査の結果に人口増加率をかけると、調査時点(二〇〇三年)のサイキレ慣習地住人数は、二一三四人となった。一方、他地域からサイキレ慣習地に移住してきた人は、ランガタへの権利を持たない。これは、先行研究のデータから一〇%であると推計された(Aswani 2002)。これらのことから、サイキレ親族集団の人数は、二〇〇〇人であるとした。

さて、これらの推定により、サイキレ慣習地住人（二〇〇〇人）が生きていくのに必要なエネルギーが、すべて畑から生産される場合は、堡礁島が一三九・五ヘクタール、もしくは本島が九〇一・五ヘクタール必要であるという結果になった。堡礁島は面積あたりの生産性では劣っていても、耕作期間が長く、休耕期間が短いため、長期的にはずっと小さな面積で済むのである。

さらに、すでに食事調査の結果として示されたとおり、エネルギーは畑だけから生産されているのではなく、漁撈によるもの、ココヤシなど果樹採集によるもの、購入食品によるもの、などもある。実際に畑の生産から必要なのは、二〇〇三年時点では総摂取エネルギーの四二・五％であった。このシナリオの場合、堡礁島は五九・三ヘクタールあればよく、本島では三八三・一ヘクタールが必要という結果となった。

すなわち同じ人口をまかなう場合、堡礁島だけで農耕するよりも、本島だけで行うほうが、約六・五倍もの土地が必要なのである。

4　植えられる植物の違い

続いて、それぞれの畑に植えられている作物を一覧にしたものが、表2—3である。表中で植物が在来か外来かについては、ソロモン諸島で最も包括的な植物相調査である Henderson and Hancock (1988) に基づいて、判別されている。また特に外来で日が浅く、ロヴィアナ語名が無いため、英単語で呼ばれている植物には、＊

マークが付けられている。

今の主作物であるサツマイモ（堡礁島一〇〇％・本島七七％）やキャッサバ（堡礁島八〇％・本島一〇〇％）は、どちらの島でも高い頻度で植えられていた。

在来作物のうちタロイモやヤムイモは、どちらも五〇％以下と低かった。しかしアメリカサトイモ（堡礁島四〇％・本島一四％）やトゲドコロ（堡礁島三〇％・本島一四％）は、堡礁島のほうで高い頻度で植えられる傾向があった。トゲドコロ、アメリカサトイモや、この表にないクワズイモ（*Alocacia macrorrhiza*、ロヴィアナ語名ヴォルク）は、住人によると堡礁島で良く育つものである。

これとの関係は定かではないが、老人たちに堡礁島ドラ島にいた昔の暮らしを聞いていると、ヤムイモ類に関する話が良くでてくる。例えばサイキレ岬には崖があり、首狩り風習などで襲撃されたときに、そこを砦のようにしていたが、崖をよじ登った上にトゲドコロが栽培されていたという。また、太平洋戦争中には日本軍に見つからないように、米軍の爆撃に巻き込まれないようにと、ドラ島の森林の中で暮らしていたが、人々は野生のヤムイモ類で何とかしのいでいたという(8)。

伝統的な葉野菜であるスリッパリーキャベツは、両島の約七〇％にあり、大きな違いは見られなかった。外来のチンゲンサイやネギは、どちらの島でも四〇％程度であった。古くからあるバナナは両島で五〇％程度であった。

（8）長期保存が可能で、野生種も多いヤムイモ類は、ソロモン諸島各地で救荒食ともなる、貴重な食料源である（武田・川端・松尾 二〇〇〇）。

表2-3　畑に植えられている植物（ロヴィアナ名に＊が付されているのは、英語名が用いられている植物）[a]

和名	学名	ロヴィアナ名	在来〜導入[b]	植えられている畑の割合（%）				
				堡礁島（N=10）	川沿い（N=5）	集落近辺（N=11）	伐採跡地（N=6）	本島合計（N=22）
イモ類								
サツマイモ	*Ipomoea batatas*	ルズワカ	帰化	100	60	82	83	77
キャッサバ	*Manihot esculenta*	オレマリヒ	帰化	80	100	100	100	100
タロ	*Colocasia esculenta*	タロ	在来	40	40	64	33	50
アメリカサトイモ	*Xanthosoma sagittifolium*	カルヴェラ	帰化	40	0	18	17	14
ヤムイモ類	*Dioscorea* spp.	マリヒ	在来	40	80	18	33	36
トゲドコロ	*Dioscorea esculenta*	ディキンディキ	在来	30	0	9	33	14
葉野菜								
スリッパリーキャベツ	*Hibiscus manihot*	ネカ	在来	70	60	82	67	73
チンゲンサイ	*Brassica chinensis*	カビシ＊	導入	40	40	55	33	45
ネギ	*Allium porrum*	リキシ＊	導入	40	40	45	33	41
エシャロット	*Allium ascalonicum*	サロティ＊	導入	10	0	18	0	9
ポリシャス	*Polyscias* spp.	タタンガラ	在来	0	0	9	0	5
ヨウサイ（クウシンサイ）	*Ipomoea aquatica*	カンコン＊	導入	0	0	9	0	5
その他野菜・一年性果実								
バナナ	*Musa* spp.	ハクア	在来	50	60	45	33	45
パイナップル	*Ananas comosus*	パエナポロ＊	導入	50	20	27	17	23
ナス	*Solanum melongena*	エギパランティ＊	導入	10	0	36	33	27
トウガラシ	*Capsicum annuum*	シリ＊	導入	10	20	9	33	18
サトウキビ	*Saccharum officinarum*	シュティ	在来	10	20	9	17	14
ショウガ	*Zingiber officinale*	ミニラ	帰化	10	20	0	0	5
ピーナッツ	*Arachis hypogaea*	ピナティ＊	導入	10	0	0	0	0
トウモロコシ	*Zea mays*	ケト	導入	10	0	0	0	0
スイカ	*Citrullus lanatus*	デリ	導入	10	0	0	0	0
インゲンマメ	*Phaseolus vulgaris*	ビニシ＊	導入	0	20	36	17	27
トマト	*Solanum lycopersicum*	タマタ＊	導入	0	20	27	0	18
ヘビウリ	*Trichosanthes cucumerina*	ビニシノキ＊	導入	0	0	27	27	18
ピーマン	*Capsicum annuum 'grossum'*	ペパ＊	導入	0	0	9	33	14
イネ	*Oryza sativa*	ラエシ＊	導入	0	20	9	0	9
ニンニク	*Allium sativum*	ガリキ＊	導入	0	0	9	0	5

ユウガオ	*Lagenaria siceraria*	ビニシマレシア＊	導入	0	0	9	0	5
ハナミョウガ	*Alpinia pulchra*	クルヴェテ	固有	0	20	0	0	5
果樹								
マレーフトモモ	*Syzygium malaccense*	ヒパラ	在来	20	40	0	0	9
パパイヤ	*Carica papaya*	マニオコ	在来	10	0	36	33	27
スポンディアス・ドゥルシス	*Spondias dulcis*	オピティ	在来	10	0	0	0	0
ジャックフルーツ	*Artocarpus heterophyllus*	ジャキフルティ／ベタ＊	導入	0	60	9	50	32
グアヴァ	*Psidium guajava*	クアヴァ＊	帰化	0	40	18	17	23
ポウテリア	*Pouteria* spp.	ポイテラ＊	導入	0	40	18	0	18
サワーソップ	*Annona muricata*	サソポ／アポロ＊	導入	0	40	0	0	9
バンレイシ	*Annona squamosa*	アポロワカ＊	導入	0	40	0	0	9
ブンタン	*Citrus grandis*	ポモロ＊	導入	0	20	0	0	5
グランディラ	*Passiflora quadrangularis*	ガランディラ＊	導入	0	20	0	0	5
ランブータン	*Nephelium lappaceum*	ランブタン＊	導入	0	0	9	9	5
マンダリンオレンジ	*Citrus reticulate*	マンダリン＊	導入	0	0	0	17	4
種実樹木								
カナリアノキ	*Canarium indicum*	オケテ	在来	20	80	9	17	27
モモタマナ	*Terminalia catappa*	タタリセ	在来	10	40	9	17	18
ソロモンカナリウム	*Canarium salomonense*	トヴィニア	固有	0	0	0	17	5
サガリバナ	*Barringtonia procera*	キヌ	在来	0	60	27	0	27
その他								
ビンロウ	*Areca catechu*	ヘタ	在来	10	60	18	33	32
キンマ	*Piper betle*	イギシ	在来	0	40	18	33	27
植林・商品作物								
レインボーユーカリ	*Eucalyptus deglupta*	イウキ＊	導入	0	0	9	50	18
チーク	*Tectona grandis*	ティキ＊	導入	0	20	18	17	18
カカオ	*Theobroma cacao*	ココア＊	導入	0	20	0	0	5

[a] ここに挙げられるのは、食料として畑内に植えられたものだけである。食用以外で畑内に植えられる観賞用植物や、食用だが畑の外側に植えられる種実植物は除かれている。

[b] 在来から導入の程度は、Henderson and Hancock (1988)により、以下のように分類されている。
固有：ソロモン諸島からニューギニア島までの固有種
在来：ソロモン諸島からニューギニア島に限らず、熱帯地域で広くみられる在来種
帰化：17世紀末のヨーロッパ人と最初の接触以降に、外部からもたらされ、帰化した種。方名のある種が多い
導入：1910年代以降に、外部からもたらされた、比較的新しい導入種。方名を持たない

野菜類のうち、英語由来の「ビニシ」と呼ばれる豆類では、インゲンマメは本島のほうが良いと言われ、堡礁島では〇％だが本島では二七％であった。ウリ科だが、ロヴィアナでは「ヘビのようなマメ」を意味する「ビニシ・ノキ」と名付けられたヘビウリも同様であった。

外来で、英単語で呼ばれるナス科植物も本島で多い傾向があり、ナス（堡礁島一〇％、本島二七％）、トウガラシ（堡礁島一〇％、本島一八％）、トマト（堡礁島〇％、本島一八％）、ピーマン（堡礁島〇％、本島一四％）があった。

果樹ではロヴィアナ語名ヒパラのマレーフトモモ（*Syzygium malaccense*）や、同じくマニョコと呼ばれるパパイヤは、堡礁島と本島の両方にみられた。しかし、英語名に由来するジャキフルーツ（クワ科のパラミツ別名ジャックフルーツのこと）、クアヴァ（グアヴァ）、などは本島の畑でのみ栽培されていた。このようにロヴィアナ語で名前がついていない、新しい外来種で、かつ樹木は堡礁島には導入されていない。

最近の植林のためのレインボーユーカリやチークは、本島（いずれも一八％）でのみ栽培されていた。調査の時点で植えられていなかった本島の畑にも、その後全ての場所で、植林がされた。

植えられた樹木が生長すると、枝が張り出し、樹冠が広がり、その下は日陰になる。また幹も太くなり、根も広がっていく。有用樹種であるから、販売が可能になるまで、それは途中で切られたり、収穫されたりしない。そのため、樹木が生長して以降は、その土地は、畑として使うことができなくなる。

新しく外来した樹木というのは、それが果たして十分な収入をもたらすとは限らない。実際、一九世紀末から拡大したココヤシのプランテーションは、そこからつくられるコプラが主な商品作物であるが、いつも良い価格で売れるわけではない。他にも、表にはでてこないが、一九八〇年代に作られたカカオプランテーションがあったが、販売されることなく、荒れ放題である。レインボーユーカリやチークについても、それらが売れる保証はない。

このように樹木については、堡礁島では在来か、すでに長い年月なじんだ樹種だけが植えられ、将来の保証がない近年の導入種は、本島でのみ栽培されていたのである。すでに市場経済・現金経済に触れてしまったため、オリヴェ村の人々も、何かしらの現金収入手段を取り入れていかねばならない。しかし、成功するかどうかわからないが、いったん植えてしまうとしばらく取り除くことができないものは、伝統的に優れた畑であるランガタには植えられていなかったのである。

5 人口支持力と生業戦略

1……島の人口支持力の比較

ロヴィアナ地域と環境や生業の近いメラネシア島嶼地域で、農地一ヘクタールあたりの人口支持力を推定した研究を表2―4に比べている。なお、通常の人口支持力は地域の面積あたりで、最大の収容人数を推定するが、ここでは農地面積あたりで算出していることに注意が必要である。

本研究の堡礁島(ドラ島)は、イモ類を中心に複数の作物を混作する畑一ヘクタール当たり、三三・七人に相当する。これはメラネシアで最も高い推定値である、ソロモン諸島のシカイアナ環礁の三七・七人や、パプアニューギニアのタクウ(モートロック)環礁の二七・八人に近い値である。

表2-4　メラネシア島嶼部で1ヘクタールの農地が賄うことができる人数

人口支持力（人／ha）	地域・農耕様式	出典
37.7	シカイアナ環礁（ソロモン）・タロイモ	Bayliss-Smith 1974
33.7	ドラ堡礁島（ソロモン）・混作畑	本研究
27.8	タクウ環礁（パプアニューギニア）・タロイモ	Bayliss-Smith 1974
5.2	ニュージョージア島（ソロモン）・混作畑	本研究
5	ニュージョージア島（ソロモン）・混作畑	Hviding and Bayliss-Smith 2000

火山性のニュージョージア本島は、島の北部で行われた先行研究の推定値が五人であり、本研究の五・二人はそれとほぼ同じ値である。

オセアニアの島々は、地理条件によって、その人口支持力に違いがあることが指摘されている（ダイアモンド 二〇〇五；Bayliss-Smith 1974）。例えば、ポリネシアのイースター島は、社会が資源を濫獲したために崩壊したとされることもあるが、もともと島の地理的条件により、人口支持力が低かったという説がある。一方、ポリネシアの環礁島は面積が著しく小さく、土壌も薄いとされるが、アジア大陸や火山帯に近いメラネシアの環礁島には大陸から風で運ばれてきた養分や、海鳥の糞（グアノ）が堆積したという説がある（Rolett and Diamond 2004）。

オセアニアの島々は火山や旧火山があり標高と面積に恵まれた「高い島」と、山がはるか昔に沈降し隆起サンゴだけが残された「低い島」に大別されることがある（山口 二〇〇九）。

ロヴィアナ地域は「高い島」としての本島と「低い島」としての堡礁島の両方がある環境ということができる。条件の異なる複数の島があるという環境を、人々が巧みに使い分けているのである。

ところで一九四七年と一九六九年に、それぞれアメリカとイギリスが測量のためにこの地域を撮影した航空写真がある。また二〇〇二年に人工衛星

IKONOSが撮影した高解像度の画像がある。

これらの画像のそれぞれの時点で森林ではない場所、つまり切り開かれ、畑などに使われていた場所の面積を測った。ランガタの切り開かれた面積は、一九四七年二一・二ヘクタール、一九六九年二八・二ヘクタール、二〇〇二年三一・〇ヘクタールであった。ただし、数十年にわたり耕作されるため、これら三時点を通じて使われ続けていた土地もあり、全体としてみればこの五五年間で五八・〇ヘクタールが一度は切り開かれていた。このほとんどは、畑に使われていたと考えられる。

先ほどのサイキレ慣習地総人口を賄うために必要な堡礁島の面積が五九・三ヘクタールであったことと合わせて考えると、人々はこれまでに堡礁島で一度は切り開かれた場所を使いさえすれば、食べ物だけは何とかなるというところである。

記録に残る最も古い人口統計は、保護領時代の一九三一年にイギリス政府が行ったものであり、現在のサイキレ慣習地に該当するところの住人は二〇五人であった（Jackson 1978）。なお一九世紀から二〇世紀初頭にかけての百年間は、ヨーロッパ人にもたらされた感染症とブラックバーディングや首狩り風習の激化などの影響により人口が激減したとされている（Bayliss-Smith 2006）。これよりもさらに減った時期があったであろう。

一方、直近でサイキレ慣習地の人口が公表されたのは、一九九六年で一七二人であった（Solomon Islands Statistics Office 1997）[9]。この二時点の統計値からすると六五年の間に人口は八倍に増えたのである。この急激な

（9）国勢調査は、行政による区分け、特に選挙区ごとの集計を行うが、慣習地ごとの集計は行わないため、習慣地人口の最新情報は公開されていない。

人口増加に比べると、ランガタの畑面積増加は緩やかであった。

この期間に主作物はタロイモ・ヤムイモの類から、サツマイモ・キャッサバに代わり、植えてから収穫までの時間は短くなり、収量も大きくなった。また、少ないながらも現金収入は増え、米などの輸入食品が占める割合も増えた。さらに、一九七〇年代初頭にオリヴェ村ができるなど本島に移住し、本島での生産も増えた。こうしたことが、ランガタの面積拡大を抑えつつ、伝統的な耕作を可能にしてきたのである。

それに対して、ニュージョージア本島では、かなり内陸まで入ると棚田のようなタロイモ水田ルタの遺跡があるが、サイキレ親族集団を構成する人々の口承における旧居住地よりもさらに内陸である。ルタは、森の人々であり、ホアヴァ語を話す人々のものであった。対して、汀の人々であり、ロヴィアナ語を話すサイキレの人々は、汀に近い所までしか使うことはなかった。そのことからすれば、相対的に新しく農地化された本島は、導入樹種や植林など、新しい経済活動を導入するのに向いてきた。住人によると、本島の土壌はこういった樹種に向いているという。

人々は本島の地理条件をトゥトゥペカ（*tutupeka*）と呼び、堡礁島のそれをトンバ（*toba*）と呼ぶ。人々は、「トゥトゥペカの土は植林に向いている」とか、「トンバには、トゥトゥペカにない木が生えている」という表現に使う。

彼らはそれぞれの地理条件をよく知っており、それを組み合わせて、生業戦略を立てていたのである。本島ではリスクを取ってでも、新しい経済活動を導入するという「リスク選好型」であったが、堡礁島は、伝統的な経済活動で、もし他で失敗しても、最低限の生存は確保するための「リスク回避型」であったということができる。

どのような社会でも、目先の経済性だけでなくリスク回避の生業を持つことが指摘されている（菅二〇〇五）。ロヴィアナの場合には、島ごとの環境条件をうまく利用することが、リスク回避戦略になっていたのである。

6 食料生産における特徴

この章では、まず村と町の食事を比較し、村では島からたくさんの食料を得ていることを明らかにした。それから、そのような食料をもたらす畑を村と町とで比較すると、村では面積当たりや時間当たりでみて、高い収量が得られていることがわかった。

村において、高い収量を得られる仕組みを探ると、堡礁島と本島の地理的条件を、意図的に使い分けることが明らかになった。堡礁島は農耕の地理条件に恵まれ、高い人口支持力を持っていた。そこは特別な耕作周期で農耕が行われていたが、それだけではなく、人々は農耕をつづけていくために慣習的な利用権の保持や、なじみのある作物の栽培を続けていた。

この堡礁島の使い方は、在来のリスク回避の方法となっていて、逆に本島の使い方は、リスク選好と言えるものであった。

本書の目的である、保全倫理という観点からみると、人々は新たな作物を導入し、本島に外来種の植林を行っていたことは、「伝統」を離れ、「自然」環境を破壊しているとみなされるものである。

図2-6　湿地でほとんど手入れされずに育つ救荒食スワンプタロ（ミズズイキ）（著者撮影）

しかし堡礁島は、必要な時に、必要な人が耕作するのみであり、切り開かれる面積の増加は緩やかな形で、人々によって利用されてきていた。堡礁島では、土地を長期間耕作不能にするような、新規外来樹種が植えられることがなかった。こうしたことは、堡礁島を伝統的なやり方で利用することで、結果として生業目的での本島伐開を抑制し、破壊の範囲をせばめることに繋がっていた。

スミスとウィシュニー（Smith and Wishnie 2000）の「保全」に沿って考えると、これは破壊の抑制をデザインしたものとはいえない。しかし、島の利用の仕方、いわば限定的な破壊を良くデザインしたものであった。そこには、森林を畑にかえても、その畑は二次林あるいは植林地として、将来森林ができることをデザインすることも含まれる。

人々が（1）デザインし、（2）実践した結果として、今の本島と堡礁島の多様な農地景観があることはここで抑えておくべき点である。

ランデスクキャピタルという観点からみると、棚田のように生産的な地形が構築されたものは無かった。なお、オリヴェ村からも、かなり内陸に行くと、タロイモ田の遺跡はあるが、それは他の言語集団によるものであり、放棄されてから数世代たったものである。

しかし、典型的なランデスクキャピタルがないとはいえ、堡礁島における、祖先から続く土地利用が、半ば無自覚のうちに、生存戦略に大きな意義を持っていた。ベイリス＝スミス（Bayliss-Smith 1997）が論じたように、オセアニアにおいて時間とともに価値が大きくなる「資本」は、西洋式の経済価値で評価することができないものである。土地の生産性は、地理条件であったとしても、そこを高収量農地として使うためには、祖先によって作られた農耕方式、土地保有権、知識といったものが不可欠であったからである。

これらをまとめると、ロヴィアナの人々は食料というウェルビーイングの確保のために、伝統と経験によって彼らが知る経済効率が高い生業戦略を持っているが、そこでデザインし、実践していることは、将来そこに何らかの森林ができることと、限られた面積で農耕を行うという「保全的」側面があったのである。

第3章

森に植える

1 利用される樹木

1……日常生活における植物

森林の生態系サービスのうち、目に見える形で人々に恵みをもたらすのは、森林の産物であり、特に生活で用いられる有用植物である。畑から得られる食料がウェルビーイングのうち生存の必須条件であったとすれば、このような森林産物は生活をより豊かに、快適にするためのものである。

オリヴェ村のある日を切り取ってみよう。この日、コミュニティワークとして幼児教育の建物（幼稚園）を作るといって、村人が総出で森林へと行った。ある人々は、柱や梁になる樹木を集めた。また、別の人々は梁と梁を固定するための、トウ（籐）を探した。他の人々は、屋根や壁にするサゴヤシの葉を探した。作業をしているときにケガをした人は、近くに生えている葉で簡便な治療をした。一部の人々は、森林にきたついでにといって、自宅で使う薪の材料を拾って帰った。森林には生活に必要なあらゆる物があるかのようであった。

一方、ムンダ町でも、人々は植物を使うが、自ら森林で集めるよりも町で売られている植物を購入して使うことが多い。

この節は、村と町を対比しながら、人々が用いる植物を明らかにする。次節以降では、樹木に焦点を絞って植生を明らかにするため、本節でも特に樹木植物に着目する。

表3-1　食品として摂取量が多い樹木上位10種（ヤシ、バナナ含む）

和名	学名	ロヴィアナ名	摂取エネルギーに占める割合（%）	
			村	町
ココヤシ	*Cocos nucifera*	ンゴハラ	4.3	3.9
カナリウム	*Canarium indicum/ C. salomonense*	オケテ／トヴィニア	3.9	0.1
バナナ	*Musa* spp.	ハクア	0.4	2.2
サガリバナ	*Barringtonia edulis*	キヌ	0	1.7
パパイヤ	*Carica papaya*	マニオコ	0.1	0.6
オヒルギ	*Bruguiera gymnorrhiza*	ペトゥ	0.04	0
グネツム	*Gnetum gnemon*	レンゲ	0	0.02
ライム	*Citrus aurantifolia*	ライニ	0.01	0
ブンタン	*Citrus maxima*	ポメロ	0	0.005
グアヴァ	*Psidium guajava*	クアヴァ	0.003	0

2……食

前章は畑の作物を中心に、食生活についてまとめたが、そこでは様々な樹木やヤシも含まれていた。この章は植物利用として、食用植物を見ていくことにする。

表3―1は、二〇〇三年の食事調査でできた植物のうち、樹木だけに焦点を絞り、エネルギー摂取量の大きいものから一〇種を示している（前章では主にイモ類を取り上げた便宜上、バナナも含んでいる）。エネルギー摂取源であるイモ類や野菜類は、樹木ではないため、含まれない。

みてみるとココヤシ、カナリウム、バナナ、サガリバナ、パパイヤ、オヒルギ、グネツム、ライム、ポメロ、グアヴァが樹木性の可食植物の上位であった。

ココヤシは野生もあるが、主に人間によって植えられたものである。カナリウムのうちカナリアノキは植えられることが多いが、ソロモンカナリウムは自生のものもある。カナリアノキにしても、何世代も前の祖先が植えたものも多く、子孫の誰かがそれを採集する場合には、採集したナッツを他の子孫に分配しなければならないことになっている。

サガリバナにも種類があるが、主に食されているのは集落に植えられる、実の大きな品種（*Barringtonia edulis*）である。文字通り木から長い総状花序をぶら下げる。花序には長いおしべが多数ある特徴的な花が隙間なく咲き、やがてその一つ一つが大きな実になる。こりこりとした歯ごたえが楽しい種実である。

図3-1　垂れ下がるサガリバナの花序についた実（著者撮影）

バナナやパパイヤは、野生ではなく、畑や集落に植えられたものである。

オヒルギは、マングローブを構成する代表種であるが、その自生したものの実が食される[10]。

グネツムは伝統的な可食樹木であるが、栽培されることは稀である。何らかの地理条件により、ムンダ町の近くではしばしばみられるが、オリヴェ村ではほとんどみられない。町では、畑を作る近くにあったものが、切られずに残されていて、いわば半栽培（セミ・ドメスティケーション）状態にあるものであった。

このように、食料に使われる樹木はほぼ野生のオヒルギから、半栽培的なグネツム、そして栽培されているが野生もあるココヤシやカナリウム、すべてが栽培であるバナナやパパイヤまでがあった。

3……薬

病やケガの治療にも、植物が用いられる。

村で、薬用植物に詳しい人とされるのは、男性の老人たちである。そのような老人は、「がんを治せる」とか「エイズを治せる」という話すらする。そして、現代の病院でさじを投げられたような患者が、遠方より村に来て、その老人の治療を受けることもある。しかし、客観的にみるとその老人はがんの症状を知らないし、エイズ患者をみたこともない。

一方、実際の暮らしをみてみると、子供がけがをしたり病気をしたりすると、母親が葉っぱをとってきて、治療する。特別な老人は、よほど深刻な病のときに頼られるが、日常的に広く頻繁に利用されるのは、むしろ各家庭内の治療である。

そこで二〇〇三年に村の一五世帯と町の一七世帯を対象に、二八日間毎日、私が訪れて、その日一日誰かにケガや病気があったか、もしあったらどのようにして対処したかを聞き取った。なおこの調査は、事前に十分な説明がされたのち、参加者の同意が得られてから行われた。

村では二〇一人・日、町では一五九人・日の病が記録され、植物が使われたのはそのうち二五・四%と一

(10) ソロモン諸島において、オヒルギは、肉・魚類の一部に食事タブーがあるSDA派や、ベジタリアンによって良く食べられる。またオヒルギは、環礁島などでは、防潮・防災のために植えられることもある。しかし、ロヴィアナ地域の場合、オヒルギは、すべて自生である。

表3-2　村と町を合わせて治療目的で2病人・日以上用いられた植物の一覧

和名	学名	ロヴィアナ名	村での頻度（%）	町での頻度（%）
ココヤシ	*Cocos nucifera*	ンゴハラ	5（2.5）	25（15.7）
イランイランノキ	*Cananga odorata*	ナンガリタ	0（0）	25（15.7）
ニチニチソウ	*Catharanthus roseus*	特になし	0（0）	16（10.1）
ミカニア・コルダタ	*Mikania cordata*	ルルズ	5（2.5）	1（0.6）
モモタマナ	*Terminalia catappa*	タタリセ	5（2.5）	0（0）
ビンロウ	*Areca catechu*	ヘタ	4（2.0）	0（0）
キンマ	*Piper betle*	イギシ	4（2.0）	0（0）
ヤエヤマアオキ	*Morinda citrifolia*	グラタ	0（0）	4（2.5）
ティモニウス・ティモン	*Timonius timon*	トンゴンゲタ	2（1.0）	0（0）
クレロデンドルム・ブチャナニイ	*Clerodendrum buchananii*	ティティムヌハハ	2（1.0）	0（0）
ピプトゥルス・アルゲンテウス	*Pipturus argenteus*	ネケテ	2（1.0）	0（0）
ハマオモト	*Crinum* sp.	ヴォギ	2（1.0）	0（0）
ライム	*Citrus aurantifolia*	ライニ	1（0.5）	1（0.6）

四・五％に相当した。ここで出てきたのは、一九種類の植物であった。なお、治療薬を別の村人に作ってもらった場合は、その村人に使った植物を聞き取りにいったが、調合を秘密にしたいなどの理由で回答を拒まれた場合は除外されている。

表3―2は、町と村を通じて二人・日以上使われた植物の一覧である。

結果としてもっとも用いられていたのは、ココヤシであった。これはココヤシの実から、各家庭が精製した油、いわゆるココナツオイルが、日常的な治療に用いられていたためである。ココナツオイルは、軽いケガや皮膚症状を治すことに用いられた他、慢性的な痛みを緩和するために伝統的マッサージ（ロヴィアナ語モノ）を施すときにも用いられた。

二番目に多いイランイランノキ（*Cananga odorata*）はさまざまな場面で香りづけに用いられるが、今回はココナツオイルに加えられることで、オイルの香りと薬効を増やすとされた。なおWHOによるとココナツオイルとイランイランノキを皮膚症状に用いることは太平洋各地でみられ、両者に抗菌または抗真菌作用が認められたが、ココナツオイルは肌に副作用をもたらす可能性もある（World Health Organization 1998）。イランイランノキは、主に集落内に植えられている低木である。

続いて多かったのは、ニチニチソウ（*Catharanthus roseus*）であった。慢性的に糖尿病に悩まされている人が、毎日のように飲用していた。ニチニチソウは世界の一部地域では糖尿病の治療薬になるとされ、その後科学的研究により抗がん作用の可能性も知られるようになったが、同時に毒性があることも明らかになった植物である（Jacobs et al. 2004）。ロヴィアナには、観賞用として最近もたらされた植物である。なお、ヤエヤマアオキ（*Morinda citrifolia*）も、集落に栽培され、町では糖尿病のために用いられたが、この利用法も外来のものである。

ミカニア・コルダタ（*Mikania cordata*、キク科）は集落や畑など開けたところに繁茂しているツル植物である。ケガをすると、人々は葉をとって患部にペタリと貼って、絆創膏のように使う。頻繁に利用されるが、人々によると二〇世紀後半になって、ムンダが町として発展するようになってから、もたらされた植物である。

モモタマナ（*Terminalia catappa*、シクンシ科）は、海浜に自生または栽培され、皮膚の炎症に用いられた。ビンロウ（ビンロウヤシ）やキンマ（コショウ科）はともに、し好品として用いられ、口でかみ砕いたものが治療に用いられる。畑や村の浜辺に植えられる。

村で用いられたティモニウス・ティモン（*Timonius timon*、アカネ科）、クレロデンドルム・ブチャナニイ（*Clerodendrum buchananii*、シソ科）、ピプトゥルス・アルゲンテウス（*Pipturus argenteus*、イラクサ科）は、三種が混ざって一つの薬となる。いずれも在来の低木もしく草本である。使われるのは、ロヴィアナ語でプトゥプトゥと言われる症状の治療である。このプトゥプトゥは、住民は高血圧に例えるが、私が症状を聞き取ったところでは、

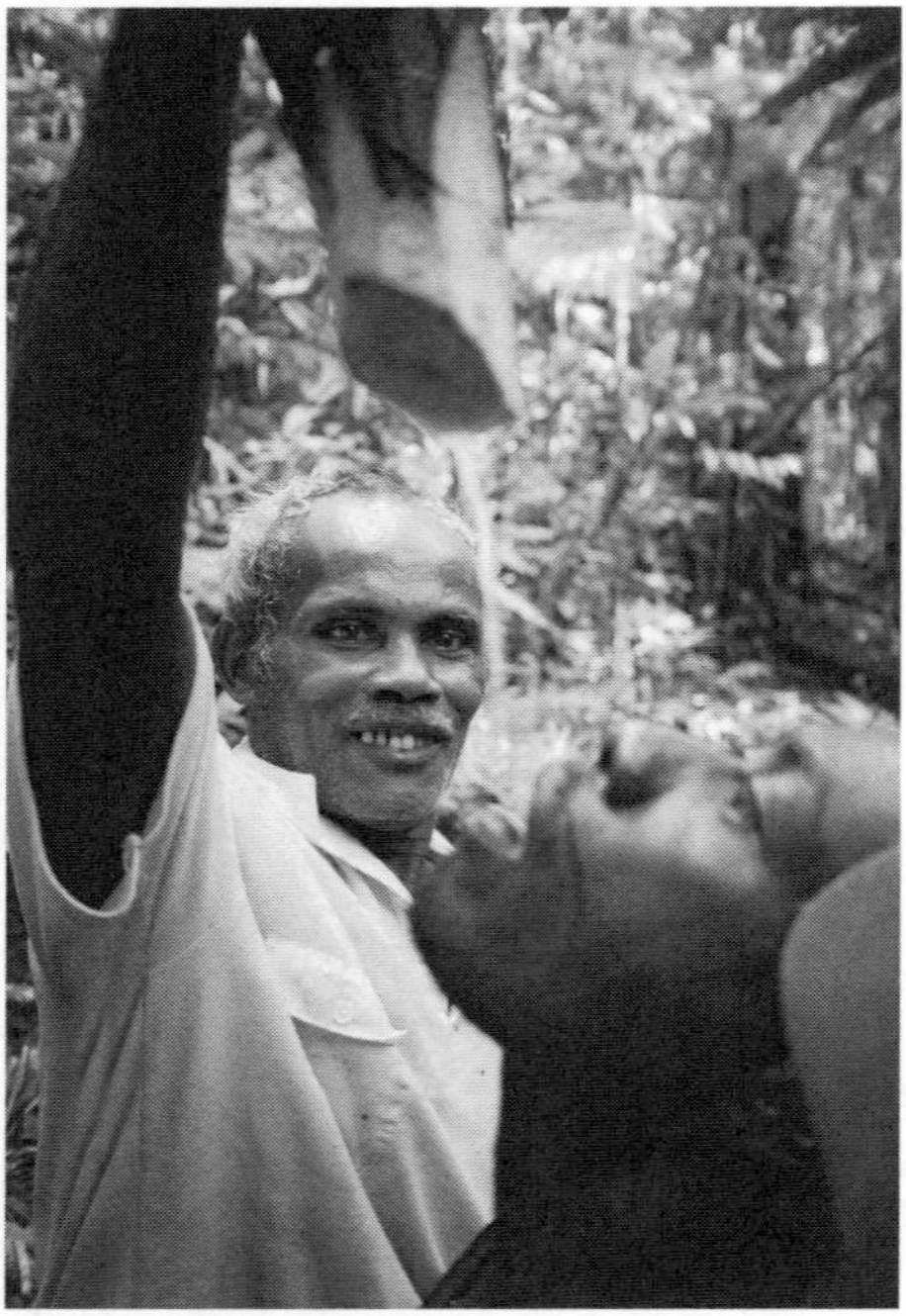

図3-2　高木から垂れ下がる木性ツル植物の「幹」を切ると樹液が一気に流れ出る（著者撮影）

不整脈とそれに関連する症状である。いずれも主に自生であるが、クレロデンドルム・ブチャナニイは、赤い複集散花序をつくるシソ科クサギ属の植物であり、観賞用に家屋の周辺に植えられることがある。ティモニウス・ティモンは、森林伐採で作られた林業道路沿いでよく見かけられるが、残り二種も集落や畑の近くなど人為的に開かれたところの近くで良くみられるものである。

他に使われていた植物では、ハマオモト（*Crinum* sp.）は自生するが、家屋周辺に花卉として植えられることも多い。ライムは外来の栽培種である。つまり、薬用植物として日常に利用されるのは栽培されたものか、自生でも集落や畑の身近にみられるものであった。

村では町よりも多くの種類の在来植物を使っていた。表には無いが、稀に薬用が観察された植物の中には、カナリウム、バンリュウガン（*Pometia pinnata*）、木性ツルのウンカリア・アペンディキュラタ（*Uncaria appendiculata*、アカネ科）という二次林にみられる植物（図3―2）や、アルストニア・スペクタビリス（*Alstonia spectabilis*、キョウチクトウ科）のように集落内や道路沿いにみられる植物があった。それでも一次林にある植物は極めて稀であった。

4……建築

ロヴィアナ地域の伝統的な家屋は、他のソロモン諸島西部の多くの地域と同じく、太さの異なる丸太をそれぞれ柱、梁、垂木などにして、そこにサゴヤシの葉を編んだ屋根や壁をつけるものである（八木 一九九六）。建材は、ある程度の太さがあり、そしてまっすぐの樹木が用いられるため、特に森林からの採取が多いと考えられるものである。

村一五世帯、町一七世帯を訪れ、その家に使われた材料を、一本一本調べた。ロヴィアナ地域では、各世帯が母屋（ヴェトゥプタ）と調理小屋（ヴェトゥラロ）の二つを持っていることが一般的であり、その両方を調べた。なお調理小屋は、文字通り調理するためのものであるが、土間式の調理場のほかに、談話したり、食事したりする場所が付いていることもある。一方、母屋は高床式であり、就寝する部屋のほか、リビングのようなスペースを備えている。このスペースでは、家の人が縫物やマット作りをしたり、釣具などの手入れをしたり、来客の応対をしたりする。

調査では家を建てた人に来てもらい、家の各部分を指さし、確認しながら、その材料の名前を聞き取った。家を建てた人は、多くの場合、その世帯主とその親族であるが、町では、他人に依頼した場合も稀にあった。その結果が、表3—3である。ここでは量は関係なく、使われている世帯の多さの順に、樹木が並べられている。

表3-3　建材に用いられた主要植物上位11種

和名	学名	ロヴィアナ名	使用世帯割合(%)		用途
			村	町	
カロフィルム	*Calophyllum* spp.	ブニ	100	100	床、壁、柱
ニューギニアヴィテクス	*Vitex cofassus*	ヴァサラ	100	88.2	床、壁、柱
サゴヤシ	*Metroxylon* spp.	エンデヴェ	93.3	82.4	屋根、壁
トウ	*Calamus* spp.	アロソ	93.3	82.4	籐（縄）
アレカ・マクロカリクス	*Areca macrocalyx*	ヘタピノモ	93.3	82.4	垂木、壁、床
アニスラッグ	*Flueggea flexuosa*	マヴアナ	93.3	70.6	柱
バンリュウガン	*Pometia pinnata*	ゲマ	20.0	94.1	床、壁、柱
オヒルギ	*Bruguiera gymnorhiza*	ペトゥ	66.7	47.1	柱、垂木
コメルソニア・バルトラミア	*Commersonia bartramia*	ザマラ	66.7	0	垂木、梁
ティモニウス・ティモン	*Timonius timon*	トンゴンゲタ	13.3	41.2	梁
ソロモンビワモドキ	*Dillenia salomonensis*	カプフ	46.7	0	床、柱

全世帯で用いられていたのは、カロフィルム（*Calophyllum* spp.）であった。ここでは、カロフィルム属の複数種を一つにまとめているが、これはロヴィアナ名ブニに相当する。海辺に生えるテリハボク（*C. inophyllum*）のことは、汀のブニという意味でブニマサ（またはブニマサマサ）というが、森林に生えているカロフィルムは、ブニソロソと総称される。ブニソロソには、*C. vitiense*、カロフィルム・ネオエブディクム（*C. neo-ebudicum*）が含まれ、樹木に詳しい人はそれぞれに異なる名前を認識している。また同属異種の *C. paludosum* と *C. kajewskii* は、ロヴィアナ語でそれぞれハメとホレホレという名で呼ばれるものの、やはりブニソロソの「亜種」のように認識されている。製材されたものは、林業会社でも町でも売られているが、そこでは名前まで特定できないため（Whitmore 1966）、本書はブニソロソすなわちカロフィルムとして、まとめられている。

二番目に多く用いられたのは、ニューギニアヴィテクス（*Vitex cofassus*）であった。こちらも、製材されたものが、流通している。製材されたものは平らなので、床に欠かせないのである。カロフィルムやニューギニアヴィテクスは、森林の中にあるが、前者はどちらかといえば本島（トゥトゥペカ）で採集され、後者は堡礁島（トンバ）で採集されることが多く、それは後述するような島ごとの自然植生の違いを反映している。

三位のサゴヤシ（*Metroxylon* spp.）は、その葉が編まれた「串状パネル」（八木 一九九六）が、伝統的な家作りにおいて、屋根と壁になる。サゴヤシの葉は大きく、そして防水性も高いため、恰好の材料なのである。

一方、西洋式家屋では、屋根はトタン板であり、壁は製材であるため、サゴヤシは用いられない。町の母屋は大半が西洋式であるが、調理小屋にはいまだにサゴヤシが使われていた。サゴヤシは、湿地に生長するため、多くは集落から離れた所で採集される。

四位のトウ（*Calamus* spp.）は、サゴヤシを屋根や壁に編み込むとき、柱と梁などを固定するときに、用いられる。ロヴィアナ地域には、近年まで釘が無かったためトウが用いられてきた。トウを丁寧に割くと、頑丈で長いロープのようなものが得られる。トウは、森林の中に自生しているものが使われる。

五位のアレカ・マクロカリクス（*Areca macrocalyx*）は、ビンロウ（*A. catechu*）の同属異種であり、野生のヤシ科植物である。この植物は、ビンロウ同様に、嗜好品に用いられることもあるが、伝統的な建材でもある。人々は、まっすぐなこの幹を大きく裂いて、並べて、床にする。他にも伝統的な床材として、タケ類があるが、アレカ・マクロカリクスで作ったほうが、平らになる。

しかし、今では製材された板のほうが、平らで寝心地が良い。人々は、アレカ・マクロカリクスをさらに細かく割いて、サゴヤシを串状パネルに編むときに、芯にすることもある。人々は、森林の他のヤシ科植物を、この芯に使うこともある。栽培種のビンロウも、同じように床や芯の材料になりえるが、切り倒してしまうと嗜好品になる実が取れなくなるので、人々は実の小さい野生種を建材に使うのである。

六位のアニスラッグ（*Flueggea flexuosa*、コミカンソウ科）はロヴィアナ語名マヴアナといい、伝統的な母屋の柱は、この木で作られる。幹がまっすぐで、かつ頑丈であり、そして丸太の直径が、そのまま柱としてちょうどよいサイズである。アニスラッグは、二次林に多く、見つけやすく、また運びやすい場所にあることも特徴である。西洋式家屋では、丸太は使われず、カロフィルムやニューギニアヴィテクスの角材が用いられる。そのため、村ではほぼすべての家屋（九三・三％）で、アニスラッグが用いられるが、町では調理小屋の一部で使われる程度（七〇・六％）になっている。

七位のバンリュウガンは、町でたくさん使われているが、これは上述のカロフィルムやニューギニアヴィテクスとともに、製材として取引されているからである。村での製材は、人々は林業会社から無料や格安で入手したものであり、バンリュウガンの製材はあまり流通していない。理由の一つとしては、バンリュウガンは主に堡礁島に多く、森林伐採が行われているのは本島であることがある。もう一つには、この木は、後述するように、道具としても重要な樹木であるためである。

第八位のオヒルギは、マングローブにたくさん生えている。続く九位のコメルソニア・バルトラミア（*Commersonia bartramia*、アオイ科）は、比較的新しい二次林にたくさんある低木である。これらの使い方は似ていて、ちょうどよい細さの幹を集め屋根になる面の垂木や壁になる面の柱に交差するよう結びつけ、それに先ほどのサゴヤシとトウとアレカ・マクロカリクスでできた屋根や壁をトウで固定していくのである。いずれの種も、人々がアクセスしやすいところに、たくさんあることが特徴である。なお、オヒルギは、幹が太いものは柱に使われ

図3-3　パイオニア種のインゲンスビワモドキの大きな葉を傘代わりにする女性（著者撮影）

ることもある。

ティモニウス・ティモンはやはり二次林に生え、それほど大きくはならないため、町で調理用小屋の梁に用いられていた。村であまり使われないのは、コメルソニア・バルトラミアが身近で入手できるからのようである。身近に多く生息するかどうかの違いがでたと考えられる。

続いてソロモンビワモドキ（*Dillenia salomonensis*）は、村のほうで製材として用いられる。伐採企業や地域で行われているソーミルによって作られた製材が、村のほうでのみ使われているようである。ソロモンビワモドキは、第1章で示したように、ソロモン諸島の熱帯雨林の一次林を代表する陰樹であり、サイクロンや人為的攪乱の無い森林で、優先する種である。ちなみに、同属異種のインゲンスビワモドキ（*D. ingens*）は、代表的なパイオニア種であり、二次林や開けた場所に早く成長する（図3―3）。この樹木も、村の建材として用いられていた。

建材としてはこれらのほかに五八種類もが利用されていたが、村のほうでは多種類の樹木が分散されて使われるのに対して、町では購入された製材など限られた種に利用が集中した。

5……道具

続いては、道具として利用される植物についてである。

道具には、幅広いものが含まれるため、体系的に利用調査がなされるためには、まず道具の範囲が明確にされる必要がある。調査は、まず村の各世帯を訪れて、植物を用いた道具を一つずつみて道具のリストを作ることからはじまった。家の中で目に入るものだけでなく、聞き取りで出てきた道具もリストに加えた。それから町に行き、村で作ったリストをもとに聞き取りを行い、そこで見出した道具もリストに加えた。こうしてできたリストをもとに、村と町で改めて植物利用調査を行った。最終的に調べた道具は、カヌー（ロヴィアナ語のホレ）、パドル（ヴォセ）、斧（マホ）（の柄）、鉈（マグ）（の柄）、鍬（ピキ）（の柄）、弓・矢（ボカラ・トゥピ）、銛（ホペレ）（の柄）、釣り浮（コパラ）、杵（トゥトゥ）、臼（ロル）、火ばさみ（ネピヒ）、火かき棒（トトレアナ）、ココナツ割り具（ヴィグヴィグアナ）、ココナツ胚乳削り具（リキヴァカ）、寝具マット（テンゲ）、ベッド（ベディ）、まくら（タランバトゥ）、タンス（セピ）、かばん・かご（フネケ）、ざる（テラ）、うちわ（ネンネンベ）、ほうき（サラナ）、机（テンボロ）、椅子（セアまたはポム）、帽子（トロパエ）、香水・整髪料（オイラ）、呪術・伝統（カシトム）の二七種類であった。

このリストは、もともとロヴィアナ地域にはなかった道具も含まれており、たとえばロヴィアナ語名称自体

表3-4　道具として頻繁に用いられる植物

和名	学名	ロヴィアナ名	使用世帯割合(%)		主な用途
			村	町	
ニューギニア・ヴィテクス	*Vitex cofassus*	ヴァサラ	100	100	パドル、家具、臼、杵
カポック	*Ceiba pentandra/ Bombax malabaricum*	ロジ	86.7	100	まくら
ココヤシ	*Cocos nucifera*	ンゴハラ	86.7	100	かご、帽子
サゴヤシ	*Metroxylon* spp.	エンデヴェ	93.3	82.4	ほうき
トウ	*Calamus* spp.	アロソ	86.7	88.2	椅子、火ばさみ
カロフィルム	*Calophyllum* spp.	ブニ	93.3	76.5	銛の柄、家具
バンリュウガン	*Pometia pinnata*	ゲマ	80.0	82.4	斧の柄
ミズガンピ	*Pemphis acidula*	ボンボゲレ	60.0	94.1	杵、ココナツ割り具
ゴリティ	*Gmelina moluccana*	ゴリティ	80.0	70.6	カヌー
タコノキ	*Pandanus* sp.	ダロウ	80.0	41.2	寝具
シマウオクサギ	*Premna corymbosa*	ゾヴィ	93.3	23.5	呪術・伝統文化
アダン	*Pandanus tectorius*	パテ	40.0	29.4	寝具
オヒルギ	*Bruguiera gymnorhiza*	ペトゥ	66.7	0	杵、ココナツ割り具

がない机、椅子がある。また、香水・整髪料については、薬用以外で用いるものとした。呪術・伝統については、キリスト教徒になった今では、日常的に用いられることは少ないため、道具の一つとしてまとめられた。これが指すものは、あくまで「今使っている呪術・伝統的なもの」である。

道具に用いられた主な植物は、表3—4に示されている。

村と町の全世帯でもちいられていた植物があって、それは建材としても高頻度で用いられたニューギニアヴィテクスであった。製材されたものが流通しているため、家具に用いられるのは当然である。しかし、伝統的なカヌーのパドルとしても珍重されていた。幹がまっすぐで、かつ加工しやすいためである。またこの樹木は、頑丈であるため、根茎類をモチ状につくための杵と臼としても用いられる。

表では六番目にあるカロフィルムも、建材と同様に、ニューギニアヴィテクスと並び、製材されたものが用いられる。カロフィルムは、適度に細い幹や枝が、銛の柄にも用いられた。

二番目のカポック(*Ceiba pentandra/Bombax malabaricum*)は、導入種であり、綿が取られる。そのため、ほぼすべての世帯が、枕の中綿として用いていた。カポックは、集落に植えられている。

三番目は、ココヤシであった。その葉は、編まれて、籠や帽子になる。また四番目のサゴヤシは、その鋸歯の芯が束ねられて、ほうきになる。五番目のトウは頑丈でありながら、曲加工が容易であることから、「籐家具」に用いられる。特に椅子に加工されていた。また、建材や家具作りであまったトウは、折り曲げられて、火ばさみにも用いられていた。これらココヤシ、サゴヤシ、トウなど、ヤシ科植物が、ロヴィアナ地域の暮らしに欠かせないものである。

七番目のバンリュウガンは、斧の柄として珍重される。人が斧を使っていると、柄の部分が摩擦で熱くなりがちだが、バンリュウガンでできた柄ならば、それほど熱くならないのであるという。そのためこの木は貴重なのである。

八番目のミズガンピ(*Pemphis acidula*)は、低木であるが、驚くほどに幹が固い木である。そのため、幹の先端を削り尖らせたものが、固いココナツの殻を割るのにつかわれる。鉈を持ってしても、割るのに一苦労する熟したココナツの殻が、このミズガンピによってベリベリとはがされる。また、同じく固いことが理由で、杵にも用いられる。ミズガンピは、堡礁島の中でも外海に面した地域(ロヴィアナ語でヴラガレナ)にのみみられる。一三番目のオヒルギも、ミズガンピと同じような目的で用いられる。

道具の中で、特に注目するべきはロヴィアナ名ゴリティ(*Gmelina moluccana*)である。聞き取りした世帯がもっている木彫りカヌーは、すべてこの木で作られており、人々はこれほどカヌー作りに向いた木は他にない

図3-4　ゴリティの幹をくりぬいてカヌーを作る様子（オリヴェ村にて：著者撮影）

という（図3―4）。全世帯で使われているわけではないが、それはカヌーを持っていない世帯もあるからである。カヌーは、ロヴィアナ地域における移動や漁撈などに欠かせない道具であり、その素材になる唯一のゴリティは伝統的に極めて貴重であった。ただし、この大木を切り倒し、くりぬくことができるようになったのは、鉄器が導入されてからではないかと、私は考えている。丸木舟（ホレ）ができる前は、縫合舟（モラ）が使われていたという話も聞かれた。今では森林におけるゴリティの個体数は減ってきており、その管理はロヴィアナ地域の人々にとって重要となっている。

一〇番目のタコノキ（*Pandanus* spp.）には、ロヴィアナ語でダロウやパテと呼ばれる種が含まれる。人々は、これらの葉を編んでマットを作り、寝具や床に敷くマットとして用いる。

一一番目のシマウオクサギは、今でも日常的に呪術的に使われる、唯一の植物である。人々が魚釣りに行くとき、よく釣れるようにと、その枝葉をカヌーに乗せていく。また、それ以外にも人々が、家の軒先にぶら下げて、不運が去るようにする。キリスト教になっていても、そして町であっても、この植物の利用がみられた。さらに、人々が海水で調理するときに、シマウオクサギの葉を加えると、なぜか塩味や生臭さが消えるため、彼らは漁のさなかに無人島で調理するときに用いていた。私は、村人の漁に同行したときに、人々が海水で米を炊くときにシマウオクサギの葉を加える場面に出会ったが、その効果に驚かされた。

なお、表にはないが、モンパノキ（ベンベア：*Argusia argentea*、ムラサキ科）を軒先にぶら下げて、チョウを集め鑑賞するということを行う世帯もあった。

6……燃料

消費される量が多い用途として薪、つまり燃料に用いられる樹木がある。

建材や道具として用いられるものは、樹木は形を変えて残り続けるのに対して、燃材は燃やされて消えてしまう。倒壊した家屋や、使わなくなった家具など、不要となった木材が、薪に転用されることもある。

村と町で、一四日間にわたり、燃料に用いられるものを調べた。調査する前から予測できたことではあるが、人々は基本的に「樹木であれば何でも燃やせる」と考えており、樹木の特定の種を好むことはなかった。薪に使われている樹木の名前を聞いても、名前を回答できない人がしばしばであった。そのため、この調査結果についての詳細は記さない。

ただし種の選択性はないといいつつ、伝統的に重要で、しかも所有権がはっきりしているカナリウムを薪にすることは避けるという意見が聞かれた。また、血筋（リネージ）によっては、ガレアリア・セレビカ（*Galearia celebica*、パンダ科）やシマウオクサギは、神聖なので燃やさないという意見があった。またロヴィアナ名カカディカナというニューギニアバスウッド（*Endospermum formicarum*）は、毒があり他の植物の成長を阻害すると考えられており、これも焼くと毒がでるという意見があった。またセンダン科のアモオラ・ククラタ（*Amoora cucullata*）は、ルルアと呼ばれ、ロヴィアナ語で「吐く、吐く」という意味であるが、臭いで吐きそうになるから、燃やしてはいけないということであった。

一方、割って乾燥させたココナツの殻は燃えやすく、木をすり合わせて火おこしをするときに着火剤のような形で用いられた。また、これから調理小屋に火をともすというときに、マッチがない人は、すでに火がついている近所の家にココナツの殻をもっていき、そこに火をもらって帰ってきた。

また興味深かったこととしては、村と町とでの違いがある。村の人々は森に行き倒木を拾ってきたり、灌木を切り集めてきたりして、薪にしていた。稀であるが、他に用途のない木を切り倒して、割って、薪にすることもあった。森の樹木は、土地の所有者が誰であるかにかかわらず、村の共有財であるため、誰でも薪の材料にアクセスできたのである。

しかし、町では土地の所有権のある人だけが、そこに生息する木を使う権利を持つため、誰でもいつでも薪を集められるわけではなかった。そのため、居住地の中では薪が売られていた。また、廃材を薪に利用する人が多くいた。

7……複数の用途がある樹木

これまで食料、薬、建築、道具、燃料に大別して、使われる樹木（ヤシを含む）をみてきた。

このうち薪については、ほぼどのような樹木も使うので、食料、薬、建築、道具の四つにしぼってみると、村と町を合わせて、ロヴィアナ語における分類で一四九種類が使われていた。その中で、複数の用途に使われるものがいくつかあった。

複数の用途がある中で、特にココヤシとカナリウムについて取り上げる。

ココヤシは、三つの表に登場した。その果実は効率よくエネルギー摂取できる食料となり、胚乳からとれるオイルは薬用になり、葉は帽子や籠の材料になる。また表には出てこなかったが、幹が床材など建築にも用いられる。コプラは現金収入源となる。

ココヤシには数多くの品種がある。代表的なものはンゴハラと呼ばれ、コプラ生産にも使われるものであるが、ンゴハラという単語はすべての品種をまとめてココヤシを表す総称でもある。他にココナツジュースに適した品種ブロや、樹高が低くて実を取りやすい品種ティティゲがよくみられる。

ロヴィアナの人々は、ココヤシを生長段階に応じて、細かく分類する。表3—5は、果実の段階に合わせてつけられた名前を示す。一部のものは、その細かすぎる状態については説明が難しいため空欄になっている。

レレトは生長したココヤシが、花序を形成した状態であり、そこから受粉して（クンボロクル）、やがて実をつけていく。未熟な若い実はそのまま食べられるのであり、メンドゥルフンビという段階は、歯の生えそろわない子供の離乳食になっている。ブロメンドゥルからブロンギラまでは、ブロと総称され、割って中の液状胚

図3-5　ココヤシの胚乳を削ってココナツミルクを得ようとする人（著者撮影）

乳をジュースとして飲むときである。人々によると、ブロと総称される時期を過ぎると、胚乳は不味くなり飲むことができないが、さらに進んでマテナの状態になると、再び美味になる。

熟して落ちたものはマテナであり、人が胚乳を削って絞り、ココナツミルクを作ることができる（図3―5）。この段階からコプラとなり工業油用に輸出されるものにもなるが、コプラにはさらに進んだトンゴロと呼ばれる段階が最適であるという。

なおロヴィアナ語で、人間など生き物の心臓のこともブロという。ココヤシの実と心臓は、見た目が似ているからではないかと、私は考えている。

複数の用途があるもう一つの植物であるカナリウムが、ソロモン諸島の代表的有用樹種であることは、繰り返し述べてきた。ロヴィ

表3-5　ココヤシの花序から実への生長段階ごとの特徴

名称（ロヴィアナ語）	特徴
レレト（*rereto*）	花序が出てきた状態。
ザザヴォロ（*zazavoro*）	若い花の状態。
クンボロクル（*kubo lokulu*）	花が熟した状態。
キンキンボ（*ki'kibo*）	
スプロパ（*supulopa*）	ごく柔らかい実で、そのまま食べられる状態。
メンドゥルフンビ（*meduluhubi*）	未熟な実で、幼児に与えられるのに良い状態。
ブロメンドゥル（*bulo medulu*）	液状胚乳が、いわゆるココナツジュースとして飲用されはじめる状態。
ブロゾンガ（*bulo zoŋa*）	
ブロホカラ（*bulo hokara*）	液状胚乳が、ココナツジュースに最も最適な状態。
ブロンギラ（*bulo ŋira*）	
ピクリ（*pikuri*）	実が熟して、液状胚乳がゼリー状になり、味にすっぱさがある状態。実の周囲の糖分が発酵している。
ピクリオアラ（*pikuri oara*）	実の周囲が発酵して、不快な臭いを発する状態。
カヌナ（*kanuna*）	
マテナ（*matena*）	実が熟して、落ちてまだ時間が経っていないもの。胚乳が固く分厚くなり、それを削り、絞りココナツミルクを作るために使われる。
ムムガエ（*mumugae*）	落ちた実から新芽が出だしたもの。
ピクトゥンベラマ（*pikutu belama*）	芽が伸びて葉が大きくなり、グンカンドリ（ベラマ）の尾の形になったもの。
トンゴロ（*toqolo*）	芽がさらに伸びて、新しいヤシ個体になりつつある状態。人間がコプラ作りに使うのに最適な状態。
ピラハ（*piraha*）	ヤシの幹ができてきた状態。

アナ語でカナリアノキを指すオケテは、種実類すなわちナッツ全般を総称する単語でもある。このように、カナリウムが種実類の代表になっている。しかし、カナリアノキは、ロヴィアナ地域の固有ではなく、植物学ではニューギニア島低地で初めて栽培化された種であると考えられており、先史時代に人間によってソロモン諸島へ移入されたもののようである（Hancock and Henderson 1988）。ソロモン諸島の固有種は、ソロモンカナリウムという種であり、ロヴィアナ語ではトヴィニアである。キリスト教到来前は、カナリウムを祖先神に捧げる儀礼が行われていたとされ、マロヴォ地域や、シンボ島では近年まで、その名残があったようである。

神聖さを差し引いたとしても、オケテとトヴィニアは、独特の香ばしさがあり、アーモンドのような歯ごたえもあり、美味な実として人々に好まれている。特に六～八月頃がその季節であり、この時にたくさん収穫されたものは調理小屋でいぶされて、長期保存されることもある。生や燻製された実は、そのまま食することもできるが、タロやキャッサバとココナツミルクとともに混ぜて調理することもある。その味は、モトゥと呼ばれる、伝統的な石蒸し焼きを使うと特に引き立つ。

ママヒという料理は、スリッパリーキャベツ（ネカ）とカナリウムを層状に重ねて、ココナツミルクとともにモトゥしたものであり、かつてはチーフのみが食べることを許された特別な食べ物である。

カナリウムは、薬用や建材にも用いられていた。さらに、表には出てこなかったが、ソロモンカナリウムの樹液はろうそくになり、かつて灯油ランプがない時代までは、明かりに用いられた。

カナリウムはこのように伝統的な有用樹種であり、祖先がずっと植えてきたものである。そのため、森林の中にこれらの樹木がまとまって生えているところがあれば、それはかつて人間が暮らしたり、利用したりしていた土地であると考えられる。これらの樹木の存在は、かつて人為的攪乱があったことの証拠ともなる（Bayliss-Smith,

図3-6　カナリウムの木を見上げる男性（ドラ島にて：著者撮影）

Hviding, and Whitmore 2003; Bayliss-Smith and Hviding 2015)。

　このことは、ロヴィアナ地域では、もっと現金な目的でも使われる。それは、森林に生えているオケテやトヴィニアが、自分の祖先が植えたものであると主張することで、そこの土地所有権を主張できるのである。それが認められると、その周辺で森林伐採が行われたときに、そこから支払われる伐採料（ロイヤルティ）の配分が、有利になるのである（古澤二〇〇九）。

　ただし各地のオケテやトヴィニアは、このような訴訟が広まる以前から、誰が植えたかが認知されてきた。植えた祖先が死亡したあと、その所有権は子供たちへと移ってきた。季節がきたら、その実を収穫できるのは基本的にはその所有者だけである。子孫の誰か一人が集めた場合、それを独り占めするわけにはいかず、ほかの所有者たちにも、分配しなければならない。このように、樹木の所有者が決まっている樹種は、市場経済や西洋式土地所有権の浸透により、近年ではココヤシ、カカオ、レインボーユーカリ、チークなどでも見られるが、以前からあるのはカナリウムだけである。所有権は、特に目印があるのではないが、地域に暮らすもの同士が相互に認識しているというか、誰かが実を一人占めしてしまわないよう、他の子孫も見ているため相互に監視されているものである。

ココヤシやカナリウムが多用途に用いられることは、オセアニアやソロモン諸島における先行研究で記述されてきたことと一致する（古澤 二〇二〇）。一方、本研究では、それ以外の樹種にも、複数の用途が見いだされた。

例えばマングローブのオヒルギは、食料、建築、道具に使われていた。調査期間中には見られなかったが、薬用としても用いられるという話があった。

アカネ科のティモニウス・ティモンは、日本人にはなじみがなく、他地域からも利用がほとんど報告されていない植物であるが、ロヴィアナ地域では薬、建築、道具として、幅広く用いられていた。ミクロネシア連邦のポンペイでは、同属異種のティモニウス・ポナペンシス（*T. ponapensis*）が、建材に用いられるというが（Balick and Collaborators 2009）、ロヴィアナ地域のように多用途に用いられる記録はみあたらない。

2 森林と景観

1……ロヴィアナの景観

ソロモン諸島は森林被覆率が高く、その森林には極めて多くの種が生息していることが知られている。そのような森林の多様性は、一つには低地熱帯雨林に限らず、湿地林、山地林、マングローブなど、様々な地理条件に応じて、異なる植生が形成されることによる（Lavery, Pikacha, and Fisher 2016）。もう一つには、自然の力だけでなく、過去の人為的改変の結果があることも、既に述べた通りである（Whitmore 1966; Bayliss-Smith 1997）。

このようなモザイク状の植生は、複雑な景観を呈す。しかし、そこに暮らしている人々は、こういった景観や各植生についての知識を持ち、それらを利用しながら暮らしている（Furusawa et al. 2014）。

私が、人々の生業に参加したり、植生調査をしたりする中で、ロヴィアナ地域で植生を分ける語彙や、植生の認識について、理解を深めることができた。そして、ロヴィアナ地域の景観（ランドスケープ）における植生分類を模式的に示したのが図3―7である。

大きな特徴は、前章にあったとおり、本島の地理条件はトゥトゥペカ、堡礁島はトンバと呼ばれていることである。本島には一次林、二次林、「祖先の森」、「聖地」、「保全林」リゼヴ、湿地林、マングローブ、伐採跡地林、植林地、畑、ココヤシプランテーション、集落があり、堡礁島には一次林、二次林、畑、外海に面した

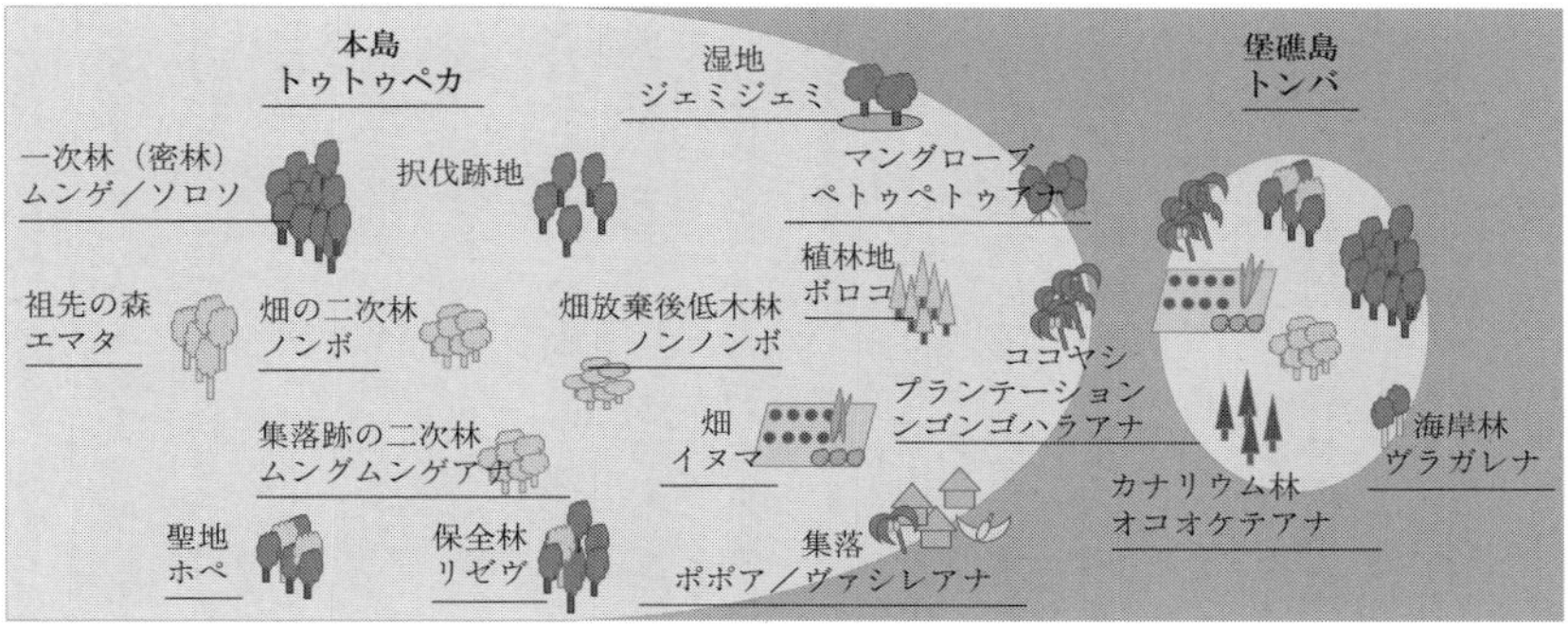

図3-7　ロヴィアナ地域の植生分類と景観

海岸林、ココヤシプランテーション、カナリウムプランテーションがある。

オリヴェ村の場合、集落を中心に見ていくと、本島の集落近くには、畑や、植林地や、畑が放棄された後の二次林がある。さらに島の奥に入ると一次林がある。一方、堡礁島にも一次林、二次林、畑がある。畑の作物が本島と堡礁島で異なることは、前の章で述べたが、人々によると、一次林、二次林のそれぞれに生える植物も、二つの島の間で異なるのであるという。

2……集落の植生

集落は、ロヴィアナ語でポポア（*popoa*）もしくはヴァシレアナ（*vasileana*）という。ヴァシレアナは、船着場の意味もあって、海辺にある集落にのみ使う。ロヴィアナ地域では、集落の中に、様々な樹木が生えている。この樹木のほとんどは、人間にとって有用であり、人間によって植えられたものである。

集落には、ココヤシ、カナリウム、サガリバナ、ライム、カポックなどの有用樹木がある。ピジン語で「アップル」と呼ばれることがあるのは、私達に馴染みのあるリンゴではなく、フトモモ科のマレーフトモモやその近縁種である。在来で小さな果実をつけるものをロヴィアナ語でヒパラピノモ、外来で大きな果実をつけるものをヒパラマナヴァサと呼び分ける。このようにロヴィアナ語のピノモは野生・自生を意味する。マナヴァサは「慣れた」という意味もあるが「ドメスティケーション（栽培化・家畜化・養殖化）」の意味にもなる。

浜辺に生えるモモタマナやテリハボクも集落の特徴である。特にモモタマナは大きな葉をつけた枝を広げるため、その木の下に人々が集って、日差しを避けながらおしゃべりをする場になる。この木は、熱帯樹木にしては珍しく、紅葉して落葉する。かつて本島にある集落は内陸の山のほうにあったが、そこに至る船着き場（ヴァシレアナ）に、この木が植えられ、遠くからみたときの、集落入口の目印になっていたという。

村内には、いずれも外来のインドソケイ（*Plumeria rubra*）、ヘリコニア（*Heliconia lanata*）、ブーゲンビリア（*Bougainvillea spp.*）、マリーゴールドのような観葉植物、木性シダの幹に着生させた在来のラン類、コリウス、ショウガ科植物などの花卉文化も豊かである。なお、コリウスは害獣除けや、俗信的な泥棒除けであるし、ショウガは嗜好品や薬用に用いられることもある。またヘリコニアは、伝統的な石蒸し焼き料理（モトゥ）をする際にイモや魚を巻くのにもつかわれる。

3……「自然」な森林の植生

集落は、人間によって作られた植生であり、どこの村でもおおむね同じような有用樹種がある。

それに対して、内陸には様々な植生があり、その中には人間の影響を受けない自然の植生がある。ただし、ホイットモアらが指摘したように、ソロモン諸島で住人が「一次林」と認識している森林であっても、そこにはかつての人為的攪乱の痕跡が見いだされる。そのため、まったく手付かずの森林というのはほとんどない。

低地常緑熱帯雨林の一次林は、ロヴィアナ語でムンゲ（*muge*）と呼ばれる。私は村の人々と一緒に、そこで二五メートル四方のコドラートを四カ所設け、合わせて〇・二五ヘクタールの植生調査を行った。そこにある胸高直径一〇センチメートル以上の樹木を、ロヴィアナ語名で分類し、それぞれについて数えた。

ここで、一次林とは、複数の老人たちがムンゲだと認識している場所であるが、必ずしも歴史上一度も人間の手が及んだことがないとは限らない。植生調査は、本島と堡礁島のそれぞれについて行った。

本島の一次林で見られた樹木は、表3―6に示されている。ソロモン諸島の一次林で、樹冠を形成する高木の陰樹（第1章表1―1）（Whitmore 1966）とされるうち、パリナリ・パプアナが多くみられ、また樹冠の下にハプロロブス・フロリブンドゥス（*Haplolobus floribundus*、カンラン科）などがみられた。そして、代表的なパイオニア種の高木であるケテケテや、インゲンスディレニアは見られなかった。しかし、極相を形成する代表的な陰樹として、ホイットモアが挙げたうち、この植生調査でみられたのはパリナリ・パプアナだけであり、ソロモンビワモドキ、メルバト、シゾメリアについては、ここでは見られなかった。

植生調査は、森林伐採が行われなかった場所を選んで行われたが、伐採されずに残された土地は、もともとこういった高価値な超高木が少ないエリアだったことも考えられる。したがって、一次林の植生調査には避けられないバイアスがあった可能性があることを、付記しておく。

一方、堡礁島のムンゲにおける植生調査の結果は、表3―7に示されている。

堡礁島の一次林は、バンリュウガンやニューギニアヴィテクスが特徴的であるとされ、表にもその特徴が表

表3-6　本島（トゥトゥペカ）の「一次林（ムンゲ）」の0.25ヘクタールにみられた胸高直径10センチメートル以上の樹木

学名（本文で参照される和名）	ロヴィアナ名	0.25ha 内の本数
Belliolum burttianum	不明	37
Aglaia brassii	コケンゴロ	19
Calophyllum paludosum（カロフィルム）	ブニブニ	10
Garcinia celebica	ガエクンボ	10
Haplolobus floribundus（ハプロロブス・フロリブンドゥス）	ティラ	10
Syzygium onesimum（シジジウム・オネシムム）	ピンディキ	9
Melastoma sp.	ロモ	8
Syzygium sp.	ヒオコソロソ	7
Gonystylus macrocarpus, G. macrophyllus	ヴァロ	7
Neoscortechinia forbesii	ボラヴァ	6
Syzygium sp.	ヒオコ	6
Weinmannia blumei	オネ	4
未同定	ベンベウ	3
Diospyros ferrea	クレウ	3
Timonius uniflorus	スリ	3
未同定	未同定	3
Codiaeum variegatum, Horsfieldia solomonensis	ザザラガンバ	3
Smilax zeylanica	アロソパトゥ	2
Gomphandra montana	ハペハペンバルク	2
Hydriastele macrospadix	カンガナ	2
Micromelum pubescens	ロマロマタ	2
未同定	未同定	2
未同定	ヴァオ	2
Horsfieldia spicata	エエハラ	1
Calophyllum kajewskii（カロフィルム）	ホレホレ	1
Amoora cucullata（アモオラ・ククラタ）	ルルア	1
Parinari papuana subsp. *salomonensis*（パリナリ・パプアナ）	マルティタ	1
Podocarpus neriifolius	モウ	1
Parinari glaberrima（パリナリ・グラベリマ）	ティラ	1
Syzygium sp.	ティヴァティヴァ	1
Schefflera stahliana	ヴォクヴォク	1

郵便はがき

料金受取人払郵便

左京局
承認
4109

差出有効期限
2022年11月30日
まで

606-8790

（受取人）
京都市左京区吉田近衛町69
京都大学吉田南構内

京都大学学術出版会
読者カード係 行

▶ご購入申込書

書　名	定　価	冊　数
		冊
		冊

1．下記書店での受け取りを希望する。

都道　　市区　店
府県　　町　　名

2．直接裏面住所へ届けて下さい。

お支払い方法：郵便振替／代引　　公費書類（　　）通　宛名：

送料
ご注文 本体価格合計額　2500円未満:380円／１万円未満:480円／１万円以上:無料
代引でお支払いの場合　税込価格合計額　2500円未満:800円／2500円以上:300円

京都大学学術出版会
TEL 075-761-6182　学内内線2589 / FAX 075-761-6190
URL http://www.kyoto-up.or.jp/　E-MAIL sales@kyoto-up.or.jp

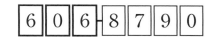

お手数ですがお買い上げいただいた本のタイトルをお書き下さい。

（書名）

■本書についてのご感想・ご質問、その他ご意見など、ご自由にお書き下さい。

■お名前

（　　歳）

■ご住所

〒

TEL

■ご職業

■ご勤務先・学校名

■所属学会・研究団体

■E-MAIL

●ご購入の動機

A.店頭で現物をみて　B.新聞・雑誌広告（雑誌名　　　　　　）

C.メルマガ・ML（　　　　　　）

D.小会図書目録　E.小会からの新刊案内（DM）

F.書評（　　　　　　）

G.人にすすめられた　H.テキスト　I.その他

●日常的に参考にされている専門書（含 欧文書）の情報媒体は何ですか。

●ご購入書店名

都道府県　市区町　店名

※ご購読ありがとうございます。このカードは小会の図書およびブックフェア等催事ご案内のお届けのほか、広告・編集上の資料とさせていただきます。お手数ですがご記入の上、切手を貼らずにご投函下さい。

各種案内の受け取りを希望されない方は右に○印をおつけ下さい。　案内不要

表3-13　植生間の類似度（ソレンセン―ダイスの類似度指数）

	本島 リゼヴ	二次林	マングローブ	択伐後	堡礁島 一次林	二次林
本島						
一次林	49.5	27.8	0	40.0	16.0	14.9
リゼヴ		45.9	0	52.6	17.4	33.8
二次林			0	49.0	20.9	33.3
マングローブ				0	0	0
択伐跡地					21.9	31.1
堡礁島						
一次林						40.0

る。伐採では、大高木が切られた。そのため、これらの樹木が稀である。だが胸高直径が六〇センチメートル以下であったカロフィルムやメルバト、ソロモンビワモドキのように、林冠形成樹木の幼木も見られた。また、ニューギニアバスウッドやシルバーグレイウッドのようなパイオニア種、そしてオオバギ属などの低木もみられた。

このように、人為的改変と自然が混ざった植生には、一次林の特徴と、二次林の特徴がみられるのである。

6……植生の類似度

これまでの植生調査の結果をもとにして、植生間の類似度を分析した。ソレンセン―ダイスの類似度指数（Sørensen-Dice Similarity Index）を求めたところ、結果は表3―13のようになった。この指数は、二つの植生調査地を比べた時に、植生Aにあった種、植生Bにあった種の合計数を分母にし、植生AとBの両方にあった種数の二倍を分子にしたものである。

本島の一次林と堡礁島の一次林は、類似度一六・〇%にすぎなかった。また本島の二次林と堡礁島の二次林は、類似度三三・三%にすぎなかった。このことは、本島と堡礁島とで自然植生が大きく異なるという、人々の認識を反映していた。

リゼヴは本島の一次林と四九・五%の類似度、二次林とは四五・九%の類似度であり、一つの植生に一次林と二次林の特徴を備えていたことがわかる。また択伐跡地林も、一次林との類似度が四〇・〇%、二次林との類似度四九・〇%であり、やはり両方の特徴を備えていた。

リゼヴと択伐跡地林の類似度は五二・六%であり、これはどちらも一次林と二次林の特徴を併せ持つという共通性がありながらも、独自性があるということを示した。

3 景観と利用の相互作用

1……景観の中にある有用植物

続いて、植物利用の結果と、植生調査の結果を組み合わせて分析をした。

表3—14には植生区分ごとにある有用樹木の数、有用樹種の数が示されている。ここでいう有用樹種とは、本章第1節で明らかになったものであり、村もしくは町で用いられていた樹種である。そしてその有用樹種の本数が、有用樹木数である。

さて本島の一次林には〇・二五ヘクタールに一六八本の樹木があり、そのうち有用樹木は八七本で五一・八%であった。本島の二次林には一八一本の樹木があり、有用樹木は五三本で二九・三%であった。木の本数

表3-14　各植生区分（0.25 ha）における樹木数・樹種数および有用樹木・有用樹種の割合

	樹木数	樹種数	有用樹木数	有用樹種数	有用樹木割合（%）	有用樹種割合（%）
本島（トゥトゥペカ）						
一次林	168	31	87	15	51.8	48.4
リゼヴ[a]	120（122, 117）	49	82	26	68.3	53.1
二次林	181	48	53	18	29.3	37.5
マングローブ	137	10	87	6	63.5	60.0
択伐跡地林	180	49	92	20	51.1	40.8
堡礁島（トンバ）						
一次林	117	19	80	12	68.4	63.2
二次林	124	36	77	16	62.1	44.4

a　リザーブは2ヶ所で行われた調査の平均値である

ではなく種の数で比べると一次林には三一種が見いだされたのに、二次林では四八種であったように、二次林には様々な樹種が生えていたが、そのうち有用樹種の割合は、一次林のほうが高かった（四八・四%）。

それから、住民が「保全」しながら利用しているリゼヴはどうであろうか。これは植生調査では、一次林と二次林の両方の特徴を持つ植生であった。ここでは、樹木数は一二〇本と少なめであるが、これは常に人間によって利用されているからである。有用樹木数は一次林に迫る八二本であり、割合にすれば一次林よりも高い六八・三%であった。リゼヴは有用樹種数も多かった。有用樹種の割合は一次林四八・四%、二次林三七・五%に対して、リゼヴ五三・一%であり、リゼヴでの割合が高かった。

ところで集落から遠く離れた堡礁島にある一次林は、樹木数は一一七本と少なめであるが有用樹木数は八〇本もあり割合は六八・四%にもなった。有用樹種の割合は六三・二%もあった。堡礁島の二次林は一二四本中、七七本が有用樹木であり、割合にすると六二・一%になった。有用樹種の割合では四四・四%

であった。先の植生調査でみたとおり本島と堡礁島では一次林に生えている樹種構成が異なるが、遠くの堡礁島にもいくつもの有用樹木があることが読み取れる。

マングローブには一三七本の樹木があり、有用樹木の割合は六三・五％であった。樹種の割合でみても六〇・〇％であった。

森林伐採跡地には、樹木数は最も多い一八〇本があった。有用樹木の数も最も多い九二本になった。有用樹木の割合は五一・一％であり、一次林と同程度であった。樹種数も多く四九種であったが、そのうち有用樹種は二〇種で、四〇・八％であった。こうしてみると、択伐後の植生は、多種多様な樹木が生息しており、人々に資源をもたらしているのである。

ここで、いくつかの有用樹種を取り上げて、みてみたい。まず建築材料や道具として用いられたカロフィルムは、本島の一次林（一〇本）、リゼヴ（一一本）、択伐跡地林（三本）にあった。なお伐採跡地にあったのは切り残されたものであり、製材として使われるまでには、まだ何年もかかる状態であった。一方、やはり建材や道具になるニューギニアヴィテクスは堡礁島の一次林（六本）、堡礁島の二次林（五本）と本島の二次林（一本）にあり、おもに堡礁島にあった。

カヌーの材料となるほぼ唯一の樹種で、それゆえ貴重なゴリティは、代表的なパイオニア種であるため本島の二次林（一本）でのみみられた。

建材でたくさん使われたコメルソニア・バルトラミラは本島の二次林でのみみられた。この樹種は幹がまっすぐで、適度に細く、建築に容易に用いることができる。これらのことから、住民にとって有用な樹種の中には、人間によって改変された土地にしか生えていないものがあることがわかる。

こうしてみると農耕で切り開かれた後の二次林や、択伐後のように、規模の大きな改変を受けたところにも、貴重な有用樹木が生えている。逆に、仮にすべてが一次林であったとしたら、生活を維持するために必要な多種多様な樹種のうちの一部しか手に入らない。

2……植生と暮らし

町の人々の暮らしを取り巻く植生は、村のそれとは大きく異なる。

人口密度が高いために、休耕期間は短く、ほぼ常畑のようになっていることはすでに述べたが、そのため二次林が少ない。かなり内陸に入ると一次林があるが、そこは土地所有権の争いが絶えず、住民も自ら伐採して利用できる資源は稀である。沿岸部は、港湾機能のためや、商業目的、あるいは単に居住地として切り開かれ、マングローブは見当たらない。

また町では土地所有権の意識が強く、他人の土地で資源をとることは許されない。町では薪が売られているが、これは自分の土地で薪をとることができない人が買うのである。村では薪を買うということはとても考えられない。

植生調査と植物利用調査を組み合わせて、植生ごとに村と町で使われる有用樹木の割合を示したのが図3—12である。上の図（A）をみて明らかなことはリゼヴや二次林に、村で用いられる建材種が多く生育していたことである。

その一方、町で用いられる建材は一次林にあることもわかった。これは町の人が自分たちの一次林を使うわ

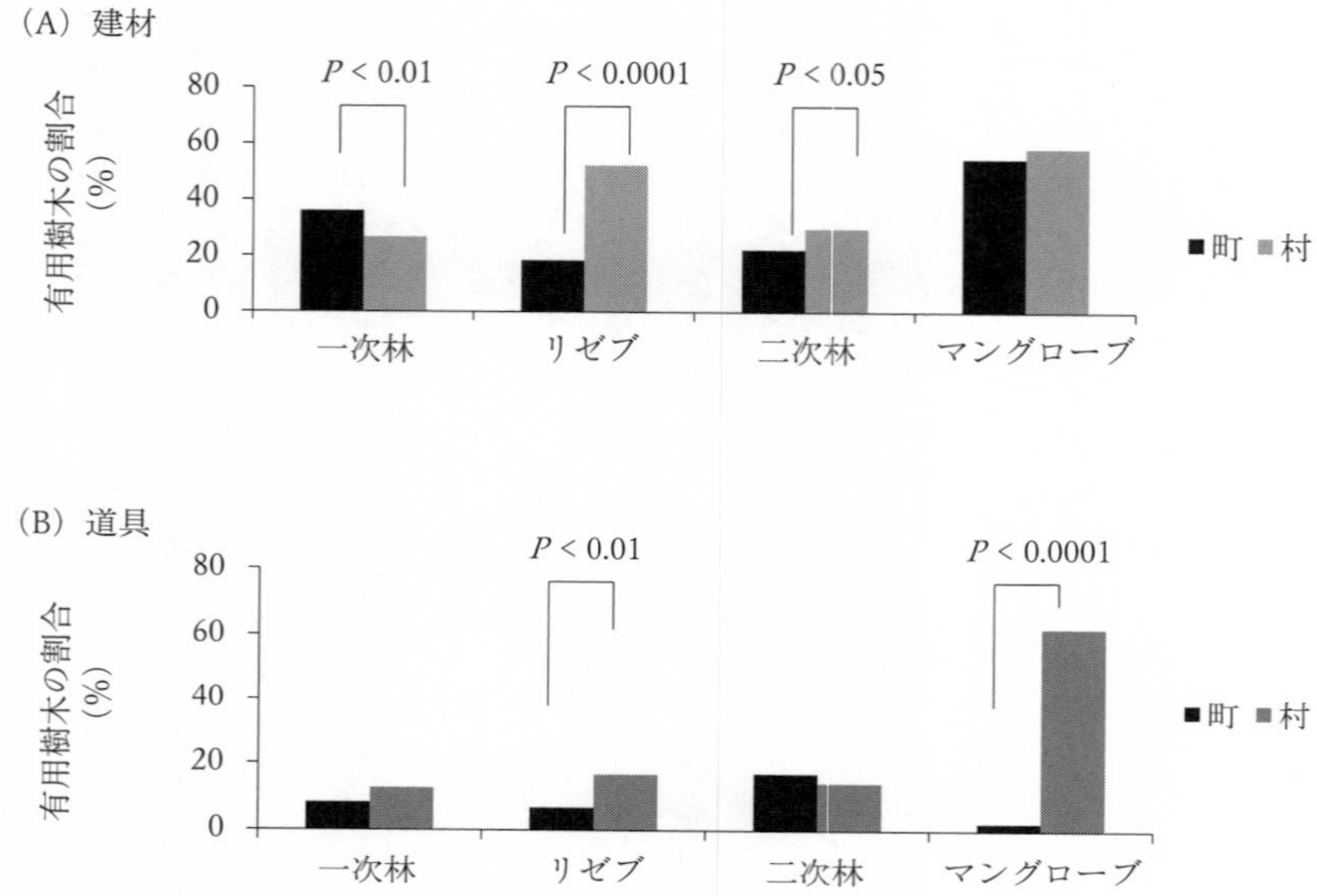

図3-12　各植生にある樹木のうち有用樹木が占める割合

けではない。国内外の林業会社が、各地の慣習地で伐採して製材した角材や平材を、町の人が購入しているからである。町の暮らしは地方の一次林に依存しており、村の生活は近くの人為的に改変された森林に依存しているのである。

下の図（B）のとおり道具の材料でも、村で用いられる道具はリゼヴからとられていることがわかった。

さらに特徴的なのは、マングローブの樹種が村の日常道具になっているのにたいして、町ではマングローブはほとんど使われないことである。村の人たちは、オヒルギを加工して、さまざまな道具にすることは書いたが、町の人たちはそういった道具を他の木材で作るか、鉄の棒などの代替品を商店で買ってくるのである。

3……植物の保護

オリヴェ村を含むサイキレ慣習地には、植物を保全するため、もしくは持続的に使うための、積極的な慣習法がいくつかあった。代表的なものは、ゴリティについてである。もしある人が、森林の中でゴリティを見つけたら、将来自分がそれを使うために、何らかの目印をつけておく。そして、ゴリティが十分に大きくなり、その人がそれを伐採する時がきたら、チーフのところに行き、伐採する許可を得る。そうすることで、ようやくその人はゴリティを利用することができる。

図3-13　複葉が四枚残されたサゴヤシ（著者撮影）

また、大量の葉が使われるサゴヤシについては、その葉を採集する場合でも、少なくとも葉（複葉）を四枚残さなければならない（図3—13）。人々によれば葉が四枚残っていれば、サゴヤシはそのまま生長し、新たな葉をはやすことができる。しかし、葉が四枚未満であれば、サゴヤシが死んでしまい、人々が再び葉を取ることができないし、他の用途に用いることもできない。

人がこれらの慣習法を破った場合には、チーフに対して賠償金を払わなければならない。

また、聖地の森林を荒らすことは、重大な禁忌行為である。林業会社は、事前に村人を雇って、慣習地内における聖地の位置を特定する。村人は、聖地の入口にある樹木にペンキで「TABU（タブー：禁忌）」と書くなどして、そこが聖地であることを明示する。

人々の間には、森林に対する、畏怖のようなものが今でもある。一次林や「祖先の森」エマタや聖地（ホペ）がある森林に入るときには、オリヴェ村の人々はCFC派式の祈りをささげる。ある時、ホペマンギニの近くを調査していたとき、私は調査を手伝ってくれていたエドウィン・フティ氏と一時はぐれてしまった。まもなく再会したが、フティ氏は、森林の中で、林冠を見上げながら、次のようなことを叫んだ。

聖霊（マンゴマンゴ）よ。祖先（タマティナンダ）よ。ここにいる人は、サイキレのパラマウントチーフによって許されて、村に長く住んでいます。サイキレ人と同じです。あなたたちにとって、他人ではありません。私は先代のパラマウントチーフの血を引くものであり、この人の面倒をみています。だからもう、この人を迷わせる必要はありません。

一方、ムンダ町のほうでは、裁判などを経て土地や樹木も、所有者が決まっている。そのため、第三者が無許可に樹木を切った場合には、その所有者が賠償請求をする。ゴリティやサゴヤシについても、原則的にはチーフが関与することはなく個人間での問題である。

しかし、町でも森林にいったときに、同行してくれた村人（宗派はメソディスト派）は「精霊よ、私たちは悪いことをしにきた（ンゴンゴヴァラ）のではありません」といった趣旨のことを言いながら森林に足を踏み入れた。このような畏怖は、森林の利用に何らかの影響をもっているであろう。

4 森林生物多様性と恵みの特徴

この章ではまず、ロヴィアナ地域の人々が、さまざまな植物を利用して、暮らしを立てている様子を明らかにした。人々は意図した用途に応じて、適した植物を用いていた。中にはココヤシやカナリウムのように、複数の用途に用いられる樹木や、ゴリティのように他の樹木では代替できない樹木があった。また、カロフィルムやニューギニアアヴィテクスのように、林業会社によって製材されたものが、広く利用されるようになっていた樹木もあった。

続いてこの章は、森林には祖先による改変の痕跡があり、そして今でも人為的に改変された植生には、自然にはない多様性が生まれていることを明らかにした。特に、オリヴェ村人が自主的に利用を制限しているリゼヴという植生は、一次林と二次林の特徴を合わせた植生ができていた。また、畑を放棄したあとの二次林に、ゴリティが生育していることを確認した。さらに、択伐跡地の森林にすら、新たな多様性があることが認められた。

村の人々は、リゼヴ、マングローブを含む、近隣植生の多様性を利用しており、逆に町の人々は、地方の一次林の産物に頼っている様子がわかった。

伝統的な社会が生物多様性を創造し、保全してきたか、という観点から言えば、オリヴェ村の人々が見せたように、意図的に自然を利用することが、自覚したか否かはともかく、モザイク状の景観を作り出し、それぞれの植生の中にも多様性を生み出していた。このような形の生物多様性の創造と持続に、人々の意図したデザインがあるか否かが保全倫理で論じられてきた所である（Smith and Wishnie 2000）。

リゼヴは、森林伐採がきたあとで、おそらく外部の知識もあって、作られた。しかし、そもそも森林伐採が来る前には、このような利用がされる森林が大半であったと考えられる。意図的にデザインしたのは近年であるが、非意図的に結果として同じような使われ方、同じような植生は伝統的にあったのである。

一方、択伐跡地にも多様な森林があったことについては、人々のデザインではない。森林伐採を受け入れたことによって、予期せず生まれた森林なのである。しかし、住人はエマタのように、祖先が切り開いた場所も、今では深い森林になっていることも、同時に知っている。このことからすれば、森林伐採を受け入れても、そこがまた森林になることを、無自覚のうちに、あらかじめ知っていたとみなすことが妥当である。

ランデスクキャピタルという観点からも本章の結果は興味深い。森林が様々な生態系サービスをもたらすうち、供給サービスや文化的サービスとして、ロヴィアナ地域の人々に食料、建材、薬、道具などの「恵み」（竹門 二〇一八）をもたらしていた。これは、人々のウェルビーイングを、物質的に向上させる資本であった。

前章の畑の作物は、植えてから収穫するまでは数か月だが、そこに至る土地利用や管理制度は、もっと長い年月がかかるものであった。本章が分析したカロフィルムやニューギニアヴィテクスは、家屋や道具になり、そして森林伐採のロイヤルティとして現金収入源になるが、長い年月で生長するものである。樹木が生育するのに数十年がかかり、そして陰樹が林冠を形成する極相になるまで、つまり森林ができあがるまでは百年単位の年数がかかる。

このような森林のドメスティケーションは、むしろ今の世代が「一次林」と呼んでいるところや、その隣接部であるエマタやホペにみられ何世代もかかってできあがったということができる。一方、集落の近くなど、アクセスしやすい場所に二次林が多い村では、そのように新しい二次林からさまざまな材料を得ていた。これは今の世代が存命中にできあがったものである。このように、植生がモザイク状であるだけでなく、時間的蓄積もモザイク状に周辺に分布している景観が、人為的な活動の結果として生まれ、人々に恵みをもたらしていた。これは「景観のドメスティケーション」ということができる。

このような景観のドメスティケーションは、人々が細かくデザインしてできたわけではない。しかし、すでに述べたとおり、人々は人間による攪乱が、どういう結果をもたらすかを、ある程度知っていると考えられる。意図的にデザインしたものではないが半ば無自覚にデザインした景観がある。そこで、人々の自然認識を調べることから、彼らが将来を予測し、デザインするかということを、次章で検討する。

第4章

動物たちが植える

1 人間の役にたつ動物たち

1……人々の話から

これまでは人間が畑や森林をどのように利用し、管理しているか、という視点を中心にして、保全とランデスクキャピタルのあり様をみてきた。

しかし、人間を取り巻く環境は、人間によってのみ利用されているわけではない。ロヴィアナ地域の生態系の中には、多種多様な生物がいて、人間も含めた生物同士の相互作用の中で、この景観が作られているのである。そのような生態系と、人々による生態系認識を明らかにすることは、現在の生物多様性が形成されてきた過程を理解するための、重要なカギとなる。

そこで動物たちが、森林景観の形成に与えてきた影響を検討したい。ソロモン諸島に生息する動物生態については、生物学の研究が限られているが、地元の人々は、動物について、経験的そして伝統的な知識を持っている。ロヴィアナ地域では、いわゆる民間説話はヴィヴィネイマリヴィ（*vivinei malivi*）と言われ、これは直訳すると「怪物の話」ということである。しかしこれらの民話には、ほぼ必ず動物が登場する。宣教師が、一九三〇年代から四〇年代に収集したヴィヴィネイマリヴィが、ウェスタン州政府によって一九九一年に短いブックレットとして出版されている（Western Province Government 1991）。そこには、怪物に追われた人を助けるために、その人の声を真似しながら飛んで行ったインコの話や、悪徳じいさんを懲らしめる智慧者のミカドバトの話、あるいは鳥たちと一緒に首狩りに出かけたところ、鳥たちは魚を獲ったり木の実を取ったり好き勝手をしているので怒り出した戦士の話など、どれも印象的である。このような人間と動物の認識上の関係は、ロヴィアナ地域の特徴である。

なおソロモン諸島のように大陸から離れた島では、動物とは主に鳥のことである。ロヴィアナ語で動物全般のことは、クルクルと呼ばれ、鳥はクルクルタプル、四足歩行の動物はクルクルガメと呼ばれる。しかし、人々が単にクルクルという場合の、ほとんどは鳥を意味する。なお、鳥の同定に当たっては、ソロモン諸島における鳥類図鑑（Doughty, Day, and Plant 1999）を見せながら、私がロヴィアナ名を聞き取るか、村人とともに鳥を目視したり、鳴き声が聞こえるたびに、その呼び名を確認したりすることで行った。

生態系知識を調べるにあたって、私はオリヴェ村でたくさんの人々から話を聞いた（二〇〇一年）。彼らの話は、植物と動物のかかわりを鋭く観察しており、とても興味深いものであった。取捨選択をするのはもったいない。ここではまず、話をしてくれた人々の名前とともに、いくつかを紹介する。

もともと調査の最初に、各世帯を訪れて「森林についてわからないことがあったら誰に聞きますか？」という質問をした。その際に、最もよく名前が挙がった一人が当時四八歳の男性ピーター・ヘネレ氏である。ヘネレ氏はとても親切な人物であり、これまでの章における植生調査や植物利用調査にも協力してくださった。

ヘネレ氏に、私が「鳥は大事ですか」というようなことを聞くと、彼は少し驚いたような顔をした。動物が大事かどうかということを、わざわざ考えたことが無かったようであった。すこし考えてから最初に言ったのは「鳥は、植物の種を運ぶのに役立っているから、いなくなると困る」ということであった。これは、動物と植物がどのように相互作用しているか、という伝統的な生態系理解をつかむきっかけであった。

それから「鳥の鳴き声が無いと、寂しい」という趣旨のことを言った。そしてまた「鳥がいなければ、花は受粉できなくなる。たとえばミツスイ（ロヴィアナ語のヒリリンボエ：*Myzomela* spp.）は、受粉に役立っている」ということも言った。

村の上級牧師（シニアパスター）で、当時六二歳であった男性ビレ・ヴンデレ氏も、やはり森林に詳しい一人である。村の牧師であることから、村のリーダーの一人でもあり、コミュニティワークでも率先して森林で働く。ヴンデレ氏にも植物と動物に関わりについて聞くと、彼はまず「キガシラバンケン（アオ：*Centropus milo*）がキンマ（イギシ：*Piper betle*）を食べてしまうが、森の中で糞をして、そこから新しいキンマが生えてくれる」ということを語りだした。キガシラバンケンとはソロモン諸島固有のカッコー科の鳥であり、キンマとは、ビンロウやサンゴ石灰を混ぜて、し好品になる葉である。

それから「ミカドバト（バルク：*Ducula* spp.）はカナリアノキやソロモンカナリウムを食べるが、糞の中から種が芽を出す」ということを語った。また彼は、「コウモリ類（ヴェケ *veke*）もカンランノキやソロモンカナリウムを食べるが、実の部分だけを食べて、種子を口から落とすから、そこから芽がでる」ということを言った。同じ種子散布だが、ミカドバトは糞から、コウモリは口から落とすというところに、知識の違いがある。ソロモン諸島の人々が、鳥によるカナリウム種子散布を認識していることは、実はホイットモアによる一九六六年の植物誌にも記載されている（Whitmore 1966: 44）。

なおミカドバトは、メラネシアミカドバト（*Ducula pistrinaria*）とアカコブミカドバト（*D. rubricera*）であるとみられ（Doughty, Day, and Plant 1999）、沿岸部から集落近くや畑でよくみられる前者は、ロヴィアナ地域では「汀

図4-1　餌付けされている野生のミカドバト（コゾウ村にて：著者撮影）

のミカドバト（バルクマサ）、主に森林内でみられる後者は「森のミカドバト（バルクソロソ）」と呼ばれる（図4—1）。しかし、人々は両種を呼び分けないことも多いため、本書ではミカドバトとしてまとめている。

また、ヴンデレ氏によると、「セイケイ（バリクフ：*Porphyrio porphyria*、クイナ科）は畑の作物を食べてしまう」し、「コウモリも畑のトウモロコシ、パパイヤ、パイナップルを荒らし、サガリバナやマレーフトモモを食べてしまう」のである。

さらにヴンデレ氏は、「ソロモンウミワシ（アタタ：*Haliaeetus sanfordi*）は、（有袋類の）クスクス（マヌエ：*Phalanger orientalis*）を食べてしまう」といい、人間にとって食料のクスクスを奪ってしまうという欠点を語りつつ、「ソロモンウミワシはヘビを食べる」といい、人間にとって嫌なもの（ヘビは家畜のニワトリの卵を食べてしまう）を除いてくれる長所も話した。

図4-2　ペットにされているソロモンオウム(著者撮影)

ここでコウモリや、ソロモンウミワシは、人間にとって良い面(種子散布や害獣駆除)もあれば、悪い面(作物被害・家畜被害)もあるのである。

当時村の最高齢で七八歳であった男性ジョン・フランシス氏も、様々なことを教えてくれた。「カラスモドキ(ヒゥヘゼ：*Aplonis* spp.)やミツスイは、(食料である)サガリバナ、マレーフトモモ、バナナ、それから(花卉類の)ハイビスカス(*Hibiscus rosa-sinensis*)やバラの受粉をする」ということを話した。ハイビスカスは、「ホーリーママの花(ハヴォロママ)」と呼ばれ、CFC教団の創始者であるホーリーママが好んで身に着けたことから、人々が礼拝のときに身にまとう。

フランシス氏はさらに「ミカドバトはカナリウムを食べて、ジタノキ(ロヴィアナ名タンゴヴォ：*Alstonia scholaris*)の木で休む。ジタノキの周りにはカナリウムが自生していることが多いのは、そのためである」。「人間が植えていないのに森林の中にカナリウムがたくさん生えている場所があり、そういう場所を指すロヴィアナ語はルルンガナ(*rurungana*)である」という。このようにフランシス氏も、種子散布者としてのミカドバトの役割に詳しく言及した。

女性の知識も調べた。リサ・ドンガ氏は当時五〇歳であった。オリヴェ村に行くたびに住まわせてもらっている、私にとっては村のお母さんである。彼女も、これまでに挙げられたミカドバトやコウモリがカナリウムの種子を運ぶことや、セイケイが作物に被害を出すことを話した。加えて、キガシラインコ（カラ：*Geoffroyus heteroclitus*）が、畑の果実を食べてしまうとも話した。

さらに、「ミカドバトやカラスモドキは、ソロモンカナリウムの木に巣をつくるから、この木がこれらの鳥に、（巣作りの場所を提供するということで）役に立っている」ということも話した。また、「モクマオウ（*Casuarina* spp.）の葉は、ミサゴ（*Pandion haliaetus*）やミカドバトが巣作りの材料にするから、モクマオウは鳥の役に立っている」ともいった。さらに「カロフィルムは、死んだあともまっすぐに立ち、その死木がクスクスの巣になる」とも話した。これらは、植物が動物に役立つ形についての知識である。

このように、男性だけでなく、女性も植物と動物について詳しい。とくに女性の中でも当時五二歳であった、アマラニは長い生態学的な連鎖を語ってくれた。前著（Furusawa 2016）でもすでに引用したが、改めて引用したい。

川沿いには様々な木が生えていて、そこにはたくさんの鳥がやってきます。鳥の糞は川に落ちて流れていき、河口のマングローブにとどまります。これはマングローブの土壌を豊かにするし、マングローブに生息する魚の恰好の餌になります。だから、たくさんの魚がマングローブにやってきて、産卵をします。鳥は他にも役割があり、人間の役にも立っています。もし鳥が畑の中の木に巣を作れば、その糞が作物のための土壌を豊かにしてくれます。鳥は果実を食べて飛んでいくことがあるが、その果肉だけを食べて、中の種子を遠くに落としてくれます。そこから新しい木が育ち、果実ができ、人間が食べるのです。森林伐採が始まってから、鳥たちは住む場所を失いました。鳥たちが巣作りする場所が減り、糞で土壌を豊かにすることも少なくなりました。種子の拡散も減ったし、マングローブに集まる魚も減りました。かつて鳥が木々の成長を助けて、私たち人間には森があります。鳥たちが種子を拡散したおかげで、たくさんの木が育ち、その木を切った林業会社から私たちはロイヤルティを得ています。しかし、森林伐採は鳥の住処を奪っているのです。

他にも五二歳男性のルパス・マーレー氏や、五五歳男性のローレンス・ロヴェ氏ら、たくさんの人に話を聞いた。そこで新たに聞かれた知識には以下のようなものがあった。

野生のブタ（*Sus scrofa*）は、畑の根茎類を食べてしまうし、ミミズ（ノキノキ）をほじくり返して畑の土壌を悪くする、害獣である。またブタは、森林に自生する野生ヤムイモ類やスワンプタロ（ミズズイキ）を荒らす。さらにブタは、（鳥が運ぶなどして）地表に落ちた樹木の種子や芽を食べてしまう。ただし、ブタは食料源であり、現金収入源にもなる。

小さなネズミは、土中を移動し畑の根茎類を食べてしまう。大きなネズミはプランテーションのココヤシを食べてしまうし、家の食べ物を齧るし、悪いことばかりする。

有袋類であるクスクスは、サガリバナ、マレーフトモモ、パパイヤ、バナナの実を食べてしまう。またクスクスは、（石蒸し焼きに使う）ポトス類（ボンボパ：*Epipremnum* spp.）の葉などの有用植物を食べてしまう。

猛禽類であるソロモンウミワシやハヤブサ（クルクルペラ：*Falco peregrinus*）は家畜のニワトリを食べてしまう。ソロモンウミワシはオオワシなどと同属の大型種であり、ソロモン諸島固有である。ミサゴ、シロガシラトビ（ナエ：*Haliastur indus*）、アジサシ類、サギ類（ソエ）は、魚を獲るが、時に人間がせっかく集めた餌魚も盗んでしまう。

オウムやインコの類であるソロモンオウム（カキヤ：*Cacatua ducorpsii*）、ベニインコ（シリ：*Chalcopsitta cardinalis*）、キガシラインコは花や、果物を食べてしまう。これらの鳥は、果実を食べて種子まで破壊してしまう。

パプアシワコブサイチョウ（オメヘ：*Aceros plicatus*）は、バンヤン（*Ficus spp.*）の実を食べて飛んでいき、その糞からバンヤンの種がでて、新たなバンヤンになる。そのバンヤンの木にはクスクスが巣くうようになり、人間がそのクスクスをおいしく食べる。またパプアシワコブサイチョウは、ココナツやカナリウムを食べてしまうが、カナリウムの種子散布に貢献する。

ソロモンオウギビタキ（ピティコレ：*Rhipidura cockerelli*）は、畑のトウモロコシ、スイカ、トウガラシなどの若い芽や実、米を食べてしまう。

トカゲ科のオマキトカゲ（レグ：*Corucia zebrata*）は鶏の卵を盗む。また、マングローブに棲み貝を食べる。人間が森の中で寝たときに、夜明けが来ると、ヨコフリオウギビタキ（ヴィエ：*Rhipidura leucophrys*）が、鳴き声で起こしてくれる。

シソ科で派手な葉をつける栽培植物のコレウス（ボロボロ：*Coleus* spp.）は畑で土を豊かにするだけでなく、害獣が畑に入るのを防ぐ力がある。

それから植物と言えば、これまで利益をもたらすものばかりを調べてきたが、聞き取りによれば人間に利害をもたらす植物もあった。具体的には以下である。

デンドロクニデ・ネルヴォサ（ジラトンゴ：*Dendrocnide nervosa*、イラクサ科）と、セメカルプス・フォルステニイ（サキタ：*Semecarpus forstenii*、ウルシ科）は毒があって、人間が触ると、肌がかぶれる。

図4-3　飼育されているブタ（オリヴェ村にて：著者撮影）

ニューギニアバスウッドは悪霊の棲む木であり、土に毒をもたらし、周りの植物をことごとく消してしまう。畑にあれば、人間は必ずその木を切り取る。

なおこういった知識を聞くときに、出自クランによる認識の違いが、一部にみられた。出自ごとに、トーテム動物（ココロ）に違いがあることを反映している。例えばオオウナギ（オンゴエ：*Anguilla marmorata*）がトーテム動物（トゥトゥティ：ロヴィアナ地域ではクランの始祖動物）であれば、オオウナギを食べてはいけない。調べられた範囲では、トーテム動物はサメ類、ワニ類、ヘビ類、オオウナギ、ミツスイであった。

ここまでの聞き取りから、いくつかの発見があった。まずは、認識では植物と動物の生態学的な関係、そして動物と人間の関係、さらに植物―動物―人間という連鎖のつながりが認識されていたということである。

また、動物が人間に役立つことについて、いくつかのパターンがあった。主なものは「食料になること」、「有用樹木の種子散布をすること」、「有用植物を受粉させること」、「土壌を肥沃化すること」、「鳴き声や姿が人間を楽しませてくれること」である。

ある住人の認識によれば、種子散布、受粉、土壌肥沃化は、人間の食料をはぐくむだけでなく、森林の植生を助け、ロギングを通じて今の現金収入にもつながっているという。

なお、これらの知識が動物の生態と合致しているかについては不明な部分もある。現代の生物学や生態学において、ソロモン諸島における研究は限られているからである。しかし、例えば動物生態学の研究でも、ハトとコウモリがさまざまな植物の種子散布に貢献していることが知られている（風間 二〇一五；中本ら 二〇〇五；Sugiyama et al. 2018）。採食だけでなく、糞など排泄が、種子散布に貢献しており、それが植物群落の維持や森林更新、生物多様性の創造と維持にも関わっていることが明らかになっている。鳥類による拡散は、落下や風によるものよりも、長距離移動を可能にしているとされる（風間 二〇一五）。

一方セイケイといえばクイナの仲間であり、湿地のような場所を好み、魚や植物の柔らかい芽などを食べることが多いとされる。そのセイケイが、畑の作物の若芽を食べるという知識は、生態学的な知識とややずれるようである。しかし、セイケイが畑に出入りする様子は、私も目にしたことがある。こういった生態学については、今後の研究が待たれる。

いずれにしてもロヴィアナの人々が生態学的な連鎖についても興味深い知識を持っていることには感嘆するのである。

2 人間と動植物

このような関係を体系的に明らかにする研究として、グアテマラのマヤ人において調査された研究があり、それはフォークエコロジー（folkecoogy）と呼ばれた（Atran et al. 1999）。フォークエコロジーは、民俗生態学（folk ecology）と同様に、在来の生態系知識を調べるものであるが、そこに数理的な分析を加えたことに特徴がある。

人々の認識を体系的に明らかにするために、ここではフォークエコロジーの手法を導入して、さらなる分析をする。これは、先に老人たちに話を聞いてから一年後に行われた（二〇〇二年）。

まず聞き取りの範囲をしぼるために三二種類の植物と、二八種類の動物が選ばれた。この植物リストでは、これまでの章で挙げてきたように、住民からの聞き取りによって人間とかかわりがあるものから選ばれた。食用のイモ類七種、食用の果実・種実七種、建築用五種、薬用五種、カヌー用一種、造林・販売用四種、それから有害だとされる三種である。これらは、人間の認識が、どの種とどの種では似ていて、どの種では異なるか、という多様性がわかりやすくなるように選んだ。動物は、前節で説明した聞き取りで言及されたものの中から選んだ。

聞き取りはオリヴェ村で行い、対象者として男性八人と女性六人の合計一四人を選んだ。全員三〇歳以上で、別々の世帯から選び、しかも三親等以上離れている住民から選んだ。これはできるだけ幅広い知識を対象にするためである。

人間—植物—動物の関係についての聞き取りは次のようにして行われた。最初は、それぞれの植物を指しながら、「この植物は人間を助けるか（ヴァリトカエ *vari tokae*）／人間に利益をもたらすか（ヴァレアニ *va leani*）」、あるいは逆に「この植物は人間に害をもたらすか（ンゴンゴヴァリ *ngovali*）」、それとも「どちらともいえない」、「しらない」を聞いた。続いて、今度は「人間はこの植物を助けるか」それとも「人間はこの植物に害をもたらすか」ということを聞いた。つまり植物と人間の相互作用についての認識を聞いたのである。

それから、それぞれの植物ごとに、それぞれの動物を指しながら「この植物はこの動物を助けるか（利益をもたらすか）」、「この植物はこの動物に害をもたらすか」、「どちらともいえない／しらない」を聞いた。人間の場合と同様、逆に「この動物はこの植物を助けるか（利益をもたらすか）」、「害をもたらすか」も聞いた。これが、植物と動物の相互作用についてである。

最後は、それぞれの動物を指しながら、「人間を助ける（利益をもたらす）」か、それとも「害をもたらす」か、を聞いていったものが人間と動物の相互作用である。

これらの質問を通して、「助ける／利益をもたらす」と答えたらプラス一、「害をもたらす」と答えたらマイナス一、「どちらともいえない」と答えたら〇というポイントを付けた。

こうして聞き取りをした一二人の平均を算出した。そのスコアは全員が「助ける」と答えたらプラス一、「害をもたらす」と答えたらマイナス一、そして皆が「どちらともいえない」と答えたり「助ける」と「害をもたらす」が同じだったりした場合に平均は〇になり、中立的であるといえる。

ここでスコアの絶対値が高いということは、より多くの人がそのような関係を知っているということであり、この地域の文化あるいは共有された知識として、正しいとされていることを表すものである。

なお、すでにみたように、動植物には「良い面もあれば、悪い面もある」関係もあるが、回答者は、ほとんどの場合、総合的にみて、「良い」もしくは「悪い」のどちらかを明言した。「良い」と「悪い」が同じくらいである回答は、「どちらともいえない」と判断された。

また、スコアが〇に近いことは、回答がばらばらであって知識が共有されていないことを表す場合と、種間に関係が「ない」という知識が共有されている場合の両方があり得る。これについては、カルチュラルコンセンサス分析という数理的手法を用いて、ほとんどの場合は「関係がないという知識が共有されている」ことが確認されている。この数理的手法については、先行研究（古澤 二〇〇四；二〇一六）をご参照いただきたい。

1……人間と植物の相互作用

さて表4―1が、人間と植物の関係についての結果を示している。

結果をみてみると植物三二種のうち二八種で、スコアはプラスであった。そもそもリストにある植物のうち二九種が有用植物であることからすれば、これは当然のことであり、ほとんどが全員一致のプラス一であった。

しかし興味深いのは、薬用植物として高頻度で用いられてきたミカニア・コルダタ（第3章参照）のスコアはマイナス〇・四三であったことである。このつる植物は、道沿いや畑などの開けたところに繁茂する。畑では作物の邪魔にならないように除草する対象であるし、道では歩行が不便にならないように除かなければなら

図4-4　漁のとき不運を祓うために舟に積まれたシマウオクサギの葉がみえる（著者撮影）

ない。ある老人によると、この植物は一九九〇年代になってムンダ町で見かけるようになり、それからあっという間に、オリヴェ村にも広まったという。二〇〇一年にはすでに広く薬用に使われていたが、この使い方も外国から伝わったのではないか、ということであった。このように、体系的な聞き取りをすることにより、意外な認識がわかった。

一方、人間が植物にもたらすスコアのほうをみてみる。まず当然ながら、人間が植えて栽培している、畑の作物にはすべてプラス一に近かった。また、人間が栽培することがほとんどであるカナリアノキ、ソロモンカナリウム、サガリバナ、ココヤシも同様であった。それから、植林・販売用の四種もプラス一であった。

ロヴィアナ名ゴリティは自生であるにも関わらず、プラス〇・四三であった。ゴリティ

表4-1　植物と人間の関係についての認識

植物 ID	和名等	学名	ロヴィアナ名	主な用途等	スコア	
					植物→人間	人間→植物
畑の作物						
P1	パパイヤ	*Carica papaya*	マニオコ	食（果実）	+1	+0.93
P2	バナナ	*Musa* spp.	ハクア	食（果実）	+1	+1
P3	サツマイモ	*Ipomoea batatas*	ルズワカ	食（根茎）	+1	+1
P4	キャッサバ	*Manihot esculenta*	オレマリヒ	食（根茎）	+1	+1
P5	アメリカサトイモ	*Xanthosoma sagittifolium*	カルヴェラ	食（根茎）	+1	+1
P6	ダイジョ	*Dioscorea alata*	マリヒ	食（根茎）	+1	+1
P7	トゲドコロ	*Dioscorea esculenta*	ディキディキ	食（根茎）	+1	+1
P8	タロイモ	*Colocasia esculenta*	タロ	食（根茎）	+1	+1
P9	野生ヤムイモ	*Dioscorea* sp.	ロケテ	食（根茎）	+1	+1
集落や畑の周辺に生える樹木・ヤシ						
P10	カナリアノキ	*Canarium indicum*	オケテ	食（果実）、薬	+1	+1
P11	ソロモンカナリウム	*Canarium salomonense*	トヴィニア	食（果実）	+1	+1
P12	サガリバナ	*Barringtonia procera, B. edulis*	キヌ	食（果実）	+1	+1
P13	モモタマナ	*Terminalia catappa*	タタリセ	食（果実）、薬	+1	+0.93
P14	シマウオクサギ	*Premna corymbosa*	ゾヴィ	薬	+1	+0.14
P15	ココヤシ	*Cocos nucifera*	ンゴハラ	食（果実）、薬	+1	+1
P16	ビンロウ	*Areca catechu*	ヘタ	食（果実）	+1	+1
草本・つる						
P17	ミカニア・コルダタ	*Mikania cordata*	ルルズ	薬	−0.43	−1
P18	ウェデリア・レチンゲリアナ	*Wedelia rechingeriana*	ランブトゥンギラ	薬	+0.36	−0.86
森の低木・小高木						
P19	セメカルプス・フォルステニイ	*Semecarpus forstenii*	サキタ	有害	−1	−1

P20	コメルソニア・バルトラミア	*Commersonia bartramia*	ザマラ	建	+1	−0.29
P21	ガレリア・セレビカ	*Galearia celebica*	ジジト	薬	+1	−0.07
P22	デンドロクニデ・ネルヴォサ	*Dendrocnide nervosa*	ジラトンゴ	有害	−1	−1
森の中・大高木						
P23	アニスラッグ	*Flueggea flexuosa*	マヴアナ	建	+1	−0.14
P24	ゴリティ	*Gmelina moluccana*	ゴリティ	具（カヌー）	+1	+0.43
P25	ソロモンビワモドキ	*Dillenia salomonensis*	カプフ	建	+0.86	−0.36
P26	ニューギニアバスウッド	*Endospermum formicarum*	カカディカナ	有害	−0.36	−0.64
P27	ニューギニアヴィテクス	*Vitex cofassus*	ヴァサラ	建	+1	−0.50
P28	カロフィルム	*Calophyllum* spp.	ブニ	建	+1	−0.14
植林樹種						
P29	レインボーユーカリ	*Eucalyptus deglupta*	ユーキ	売	+1	+1
P30	チーク	*Tectona grandis*	ティキ	売	+1	+1
P31	オオバマホガニー	*Swietenia macrophylla*	スイム	売	+1	+1
P32	キダチヨウラク	*Gmelina arborea*	メライナ	売	+1	+1

食：食用、薬：薬用、建：建築、具：道具、有害：人間に害をもたらすと知られているもの、売：販売用

はカヌーを作るために必要であり、それを守る慣習ルールもあるからである。しかしながら、ゴリティは自生し、しかも二次林のように人々が頻繁に利用し、やがて畑にする土地に生えるため、生業にとって邪魔なところに生えていた場合には、取り除く対象になるからプラス一ではなかった。

それから集落など浜辺に生えるシマウオクサギに対して、プラス〇・一四であった。呪術、調理、その他たくさんの用途があるが、これも望まぬ場所に生長していると取り除かねばならない。特に手入れをしなくてもそのまま育ってくれるため、わざわざ助けることも少ないから有用植物でもプラスマイナス〇に近かった。

さて、それ以外の植物については、人間は植物に害を与えるとされた。もともと有害植物として、聞き取りリストに選ばれた三種がマイナス〇・六四からマイナス一であったのは当然であるとして、有用植物であるはずのミカニア・コルダタとウェデリア・レチンゲリアナ（*Wedelia rechingeriana*）に対してもそれぞれマイナス一とマイナス〇・八六であった。前述のミカニア・コルダタほどではないが、ウェデリア・レチンゲリアナも勝手に生えてくると困る草本植物である。ウェデリア・レチンゲリアナのロヴィアナ語名ランブトゥ・ンギラは「引っこ抜きにくい」という意味である。

建材等になる有用樹木ニューギニアヴィテクスやソロモンビワモドキは、大木であるが、森林を畑に切り開く際や、歩行の邪魔になる幼木は、積極的に取り除くということであった。また二次林の小高木コメルソニア・バルトラミアやガレアリア・セレビカもマイナスではあるが、相対的にわざわざ取り除こうという人は少なかったのは、あってもそれほど邪魔にならないためである。

これらのことを通して、作物などは当然人間に利益をもたらし、人間もその生長を助けるが、それ以外の有用植物については人間が必ずしも助けるとは限らず、邪魔になる場合には積極的に排除することがわかる。有害さが大きい植物だけでなく、有用さの大きい植物でも、邪魔になれば排除の対象になるのである。希少で慣習的に保護されているものは、大切にされる。どこにでもありふれたような植物は排除される、ということも読み取ることができる。

またニューギニアヴィテクスやソロモンビワモドキ、それからカロフィルムのように森林伐採の対象になってきた樹木に対して、人々は日常生活の中でもマイナスの態度をとっていたことにも留意する必要がある。伐採対象の樹木は、もともと人々にとって大切に守る対象ではなかったのである。

逆に植林樹種に対して、人間がみなプラス一のスコアであったのは、象徴的なことでもあった。実はこれらの樹種はいまだ何も利益をもたらしていないのに、それを植えるための労力がかかっているし、村で苗木代を負担していて、むしろ経済的にはマイナスの状態であった。にもかかわらず、これらの樹木は利益をもたらしてくれると考え、そのために助けているのである。

2……人間と動物の相互作用

続いて人間と動物の相互作用についてまとめたのが表4―2である。動物二八種類は、次節で植物と動物との関係が分かりやすくなるように、便宜上動物を順番に並べ、グループに分けた。この順番とグループ分けは、住民が認識する植物とのかかわり方に応じてクラスター分析という数理的統計手法により分類したものであるため、必ずしも実際の生態とは一致していない。

有用なものを中心に選んだ植物とは異なり、日常では直接のかかわりがすくない動物を多く含んでいるため、

表4-2　動物と人間の関係についての認識

動物 ID	和名等	学名	ロヴィアナ語名	生活型	スコア	
					動物→人間	人間→動物
猛禽類						
A1	ソロモンウミワシ	*Haliaeetus sanfordi*	アタタ	鳥類	−0.14	−0.29
A2	ミサゴ	*Pandion haliaetus*	マヌヴ	鳥類	+0.14	0
A3	シロガシラトビ	*Haliastur indus*	ナエ	鳥類	−0.14	−0.29
森の周縁部で多くみられる鳥						
A4	ミカドバト	*Ducula* spp.	バルク	鳥類	+0.86	+0.79
A5	カレドニアオオサンショウクイ	*Coracina caledonica*	ヒンドコ	鳥類	0	−0.14
A6	パプアオオサンショウクイ	*Coracina papuensis*	ピサレ	鳥類	0	+0.07
A7	ムネアカヒメアオバト	*Ptilinopus viridis*	ククヴァ	鳥類	+0.36	+0.29
集落内の樹木でもみられる鳥						
A8	ミツスイ	*Myzomela* spp.	ヒリリンボエ	鳥類	0	0
A9	カラスモドキ	*Aplonis* spp.	ヒウヘゼ	鳥類	0	+0.07
主に森の中でみられる鳥						
A10	ミノバト	*Caloenas nicobarica*	バクパ	鳥類	+0.36	−0.21
A11	ブッポウソウ	*Eurystomus orientalis*	キコラ	鳥類	−0.14	−0.14
A12	ソロモンオウギビタキ	*Rhipidura cockerelli*	ピティコレ	鳥類	0	−0.14
A13	カワセミ	*Alcedo* spp.	タラブア	鳥類	0	0
A14	キガオムクドリ	*Mino dumontii*	キニオ	鳥類	−0.21	+0.07
A15	クスクス	*Phalanger* spp.	マヌエ	哺乳類	+0.36	−0.29
A16	メラネシアツカツクリ	*Megapodius eremita*	エオ	鳥類	+0.36	−0.43
A17	ヨコフリオウギビタキ	*Rhipidura leucophrys*	ヴィエ	鳥類	+0.07	+0.14
A18	メラネシアオナガバト	*Macropygia mackinlayi*	ブティ	鳥類	−0.21	−0.43
A19	パプアシワコブサイチョウ	*Aceros plicatus*	オメヘ	鳥類	−0.29	−0.07

畑に現れる動物						
A20	ソロモンオウム	*Cacatua ducorpsii*	カキア	鳥類	−0.43	−0.21
A21	キガシラインコ	*Geoffroyus heteroclitus*	カラ	鳥類	−0.57	−0.36
A22	ネズミ類	Myomorpha	クレズ	哺乳類	−1	−0.64
A23	ヨコジマカッコウサンショウクイ	*Coracina lineata*	マタケケヴェ	鳥類	−0.07	−0.07
A24	アカガシラケラインコ	*Micropsitta* spp.	ヴィリスル	鳥類	+0.07	+0.21
A25	ベニインコ	*Chalcopsitta cardinalis*	シリ	鳥類	−0.21	−0.07
地上をあるく動物						
A26	セイケイ	*Porphyrio porphyria*	バリクフ	鳥類	−0.86	−0.71
A27	ブタ	*Sus scrofa*	ボコ	哺乳類	+0.43	+0.86
その他						
A28	コウモリ	Chiroptera	ヴェケ	哺乳類	−0.36	−0.57

次節で植物と動物との関係が分かりやすくなるように、便宜上動物をグループに分けた。このグループ分けは、住民が認識する植物とのかかわり方に応じてクラスター分析により分類したものであるため、必ずしも実際の生態とは一致していない。

当然ながら人間にプラスのスコアを持つものは少なかった。その中で、特に高いプラス〇・八六をつけたのはミカドバトであった。これは、事前の聞き取り調査でもあったように、肉として食べることができるから、カナリウムの種子散布をしてくれるからという理由に加えて、「人間に懐いてくるから」、「ペットとして飼っている（飼ったことがある）から」という理由が聞かれた。またプラス〇・三六のムネアカヒメアオバトとミノバトは「食べられるから」、「ペットになるから」という理由が聞かれた。ハトの仲間はこのように評判がよい。

またプラス〇・四三のブタ、プラス〇・三六のクスクスとメラネシアツカツクリ (*Megapodius eremita*) は、肉や卵を食べられるからであり、人々にとってのプラスは食料としての要素が大きいのである。なお、これらは平均してプラスになっているが、「果実を食べてしまうから」、「畑のイモ類を食べてしまうから」という理由で、マイナスをつけた人も少数ながらいた。

マイナスが特に大きいのはネズミ類（マイナス一）やセイケイ（マイナス〇・八六）であった。これはみな「畑を荒らすから」という回答であり、食料となる動物がプラスになることと対照的であった。なおネズミ類については、家屋の中も走り回り、寝ている人間をかんだりするので、とにかく評判が悪い。

ソロモンオウムやキガシラインコも作物や果樹を荒らすから、スコアはマイナスであった。しかし、少数意見では「ペットになるから」、「人間の言葉を覚えるから」、「外国人に売ることができるから」という好意的な意見もあった。なおソロモン諸島に寄港する外国人にこれらの鳥を売るのは違法であるが、「どうせ出航前の税関検査で見つかって、鳥は逃がしてもらえるから自然に悪くないんだよ」と言う人もいた。

猛禽類の中で、ソロモンウミワシは家畜のニワトリを奪う、シロガシラトビは魚を奪うというマイナス意見があった一方、ミサゴは「ペットにできる」という理由でプラスをつける人がいた。実際に畑で飼っている個体をみせてもらった。

逆に、人間がそれぞれの動物にどう影響しているかを見てみよう。プラスがもっとも大きいのはブタであった（プラス〇・八六）。ブタは貴重な肉であるし、域内で売買もされ、飼育している家庭もある。そのため、大切に飼育する世帯もある。

続いてミカドバトがプラス〇・七九であったが、人々が「エサをあげる」、「ペットにする」からという理由であった。それ以外にムネアカヒメアオバトやアカガシラケラインコなどゆるやかにプラスになっているものは、ペットにするという人が少数いたからであるが、一方でこれらの二種は「飼育するのは難しい」という逆の意見も聞かれた。

なお、調査をする数年前までは猟銃や手製銃を持っている人もおり、ミカドバトを含む美味な鳥を撃って捕まえていたが、民族紛争エスニックテンションで武器回収が行われたりしたために、今はもうやらない、という人もいた。またミカドバトなどには、絶滅が危惧されていて殺すことや卵をとることが禁止されている種もあり、そのため捕らないという人もいた。

マイナスをつけているのは、作物を荒らすとか、家を荒らすなど害をもたらすと認識されている動物であり、それらを人間は「追い払うから」である。

人間から動物へのスコアをまとめると、プラスを示したものは九種類（三二・一％）で、対してマイナスを示したのは一三種類（四六・二％）で、スコアがちょうど〇が六種類（一八・七％）であった。

このように人間と動物の関係をみてきたが、植物の場合に比べると身近ではないためか、詳細な知識を持ち合わせていない様子もあった。たとえば「たいていの動物は何か悪いことをするから、見かけたら何でも追い払う」という人や、逆に「たいていの動物は何かの役になっているから、悪い動物で無い限り、特に何もしない」という人もいた。

3 生態系の認識

1……植物と動物の相互作用

これまで人間—植物、もしくは人間—動物の関係を調べてきたが、つぎは植物—動物の関係を調べることで、植物—動物—人間の生態系認識をはっきりさせたい。

植物が動物に及ぼす影響については、植物三二種と動物二八種のすべての組み合わせについて、図4—5のように三次元図で表すことができる。表4—1と表4—2で、植物にはP1〜P32の番号を、動物にはA1〜A28の番号を付したが、この図ではそれぞれの番号の組み合わせごとに、スコアがプラスであれば山になり、マイナスであれば谷になるようにして示している。

これによると、植物が動物に多くの場合プラスの影響をもたらしていると認識されていたことがわかる。たとえばP1のパパイヤはA4のミツスイにプラス〇・四になったが、これは集落や畑のパパイヤの花の蜜を吸う様子を、人々が目撃することを反映しており、人々はそれを植物が動物に食料を提供していると認識していたからである。またパパイヤはA20のソロモンオウム（プラス〇・七一）やキガシラインコ（プラス〇・六四）、

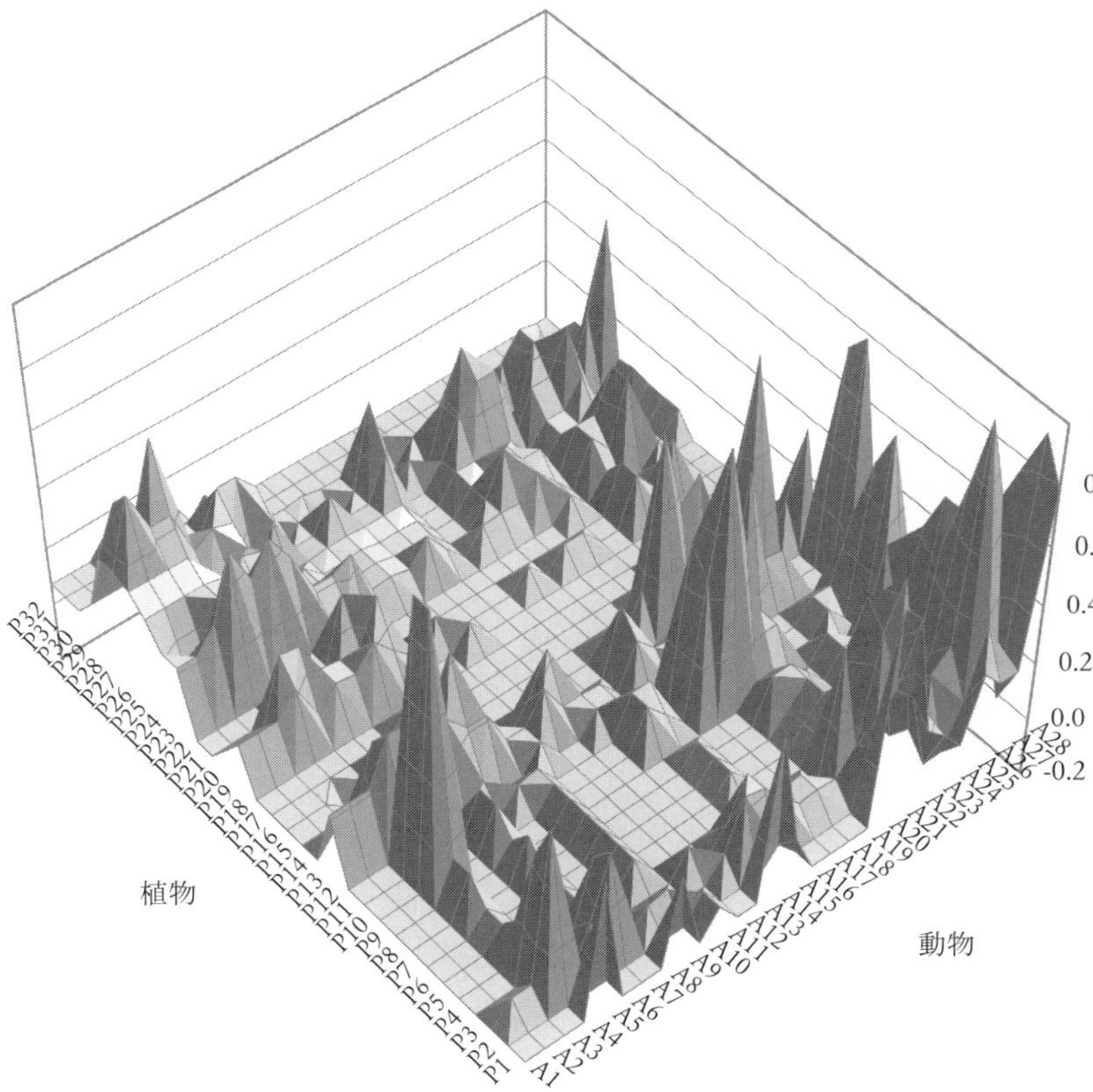

図4-5　植物が動物に与える影響の認識（良い影響がプラス、悪い影響がマイナス）

それからコウモリ（プラス〇・七九）にも大きくプラスであるが、パパイヤの果実がこれらの動物の食料になると認識していたからである。

　サツマイモ（P3）がブタ（A27）にプラス〇・七一であるのは、野ブタが畑のサツマイモをほじくり返して食べてしまったり、人間が集落内で飼育しているブタに餌として与えていたりしていたことを反映している。サツマイモはセイケイ（A26）にもプラス一のスコアを持っているが、これは植えて間もないような若い芽をセイケイが食べてしまうことから、食料を提供しているとする認識であった。サツマイモはミカドバト（A４）にもプラス〇・五七であったが、これはミカドバトが畑のサツマイモを食べるのではない。人間がペットとして飼っていたり、家の近くにきたミカドバトに、食べかけのサツマイモを餌として与えたりするからである。

一方P５〜P９はアメリカサトイモ、ダイジョ、トゲドコロ、タロイモ、野生ヤムイモという在来の主食である。ブタ（A27）に食料を提供するものとして、ダイジョ（プラス〇・五七）、トゲドコロ（プラス〇・四三）、野生ヤムイモ（プラス〇・六四）というヤムイモ属でスコアが高かった。サトイモ科植物がブタにあたえるスコアでは、アメリカサトイモでは高く（プラス〇・五七）、タロイモでは相対的に低めであった（プラス〇・二二）。一方、アメリカサトイモ（プラス〇・五〇）とタロイモ（プラス〇・三六）がセイケイの食料になるのに対して、ヤムイモ属はそうではなかった（〇〜プラス〇・一四）。イモ類であっても種によって違うことが認識されている。

カナリアノキ（P10）やソロモンカナリウム（P11）は、いずれもミカドバトにプラス〇・九三であり、これは最初に人々から聞き取ったように、実を食べることが広く知られていたからである。ところが同じ実でもサガリバナ（P12）は、ミカドバトの食料にはなっていない（プラス〇・〇七）。これはサガリバナの花序は垂れ下がるため、ミカドバトが枝にとまって実を食べることができないからである。しかしコウモリ（A28）は枝にぶら下がったり花序にしがみついたりできるので、サガリバナの実を食べることができる（プラス〇・七九）という。人々は動物と植物の生態をよくみているのである。

ココヤシ（P15）は、ソロモンオウム（A20：プラス〇・六四）やベニインコ（A25：プラス〇・七一）の食料になるとされる。

図4-6　森林でとらえられてきた有袋類のクスクス（著者撮影）

草本類やつる植物（P17・P18）や、低木から小高木（P19～P22）については、動物との関係はあまり認識されていなかった。しかし集落内に生え、呪術などさまざまな用途のあるシマウオクサギ（P14）については、ミツスイ（A8）にプラス〇・四三のスコアがあり、これは集落内でミツスイがこの木にとまることが目にされており、蜜を吸っているからである。

高木では、伝統家屋の柱になるアニスラッグ（P23）はミカドバト（A4）に巣作りの場所を提供する（プラス〇・五〇）ということであった。

また林業会社が製材にする樹木であるニューギニアヴィテクス（P27）やカロフィルム（P28）は、ミカドバト（プラス〇・四三、プラス〇・六四）に加えて、猛禽類のミサゴ（A2：プラス〇・五七、プラス〇・五〇）やシロガシラトビ（A3：プラス〇・四三、プラス〇・四三）にも巣作りの場所を提供するから、助けていると、人々は認識していた。

カロフィルムは、これらに加えてコウモリ（A28）に住処や身を隠す場所を提供しているということであった（プラス〇・五〇）。

最後に植林に用いられている樹木については、これらの樹種が入ってきてから、まだ間もなかったため特に強い関係は見出せなかった。それでも当時植えられた本数がとくに多く、集落の近くにも植えられたレインボーユーカリ（P29）については、ミカドバト、パプアオオサンショウクイ（A6）、ムネアカヒメアオバト（A7）に身を隠す場所を提供するなどとして、プラス〇・二〇程度のスコアを示した。

マイナスになるところはほとんどなかったが、唯一ビンロウ（P16）についてはミカドバトとムネアカヒメアオバトにわずかなマイナス（マイナス〇・〇七）であった。これは飼っているハトにビンロウをエサにしたら具合が悪そうになったから、ということであった。一人の意見であり、あまり広く認識されているものではなかった。

一方、動物が植物に与える影響については図4―7に示してある。

この場合、スコアが〇になっている部分、つまり動物が植物に特に何もしない、という部分が多くを占めている。

それ以外では、マイナスの影響が多いことも目に付く。特にマイナスが大きいところから見ていくと、ソロモンオウム（A20）とキガシラインコ（A21）は、パパイヤ（P1）に対してそれぞれマイナス〇・七九とマイナス一となった。これは、この動物が果実を食べて、種子をダメにしてしまうと認識されているからである。

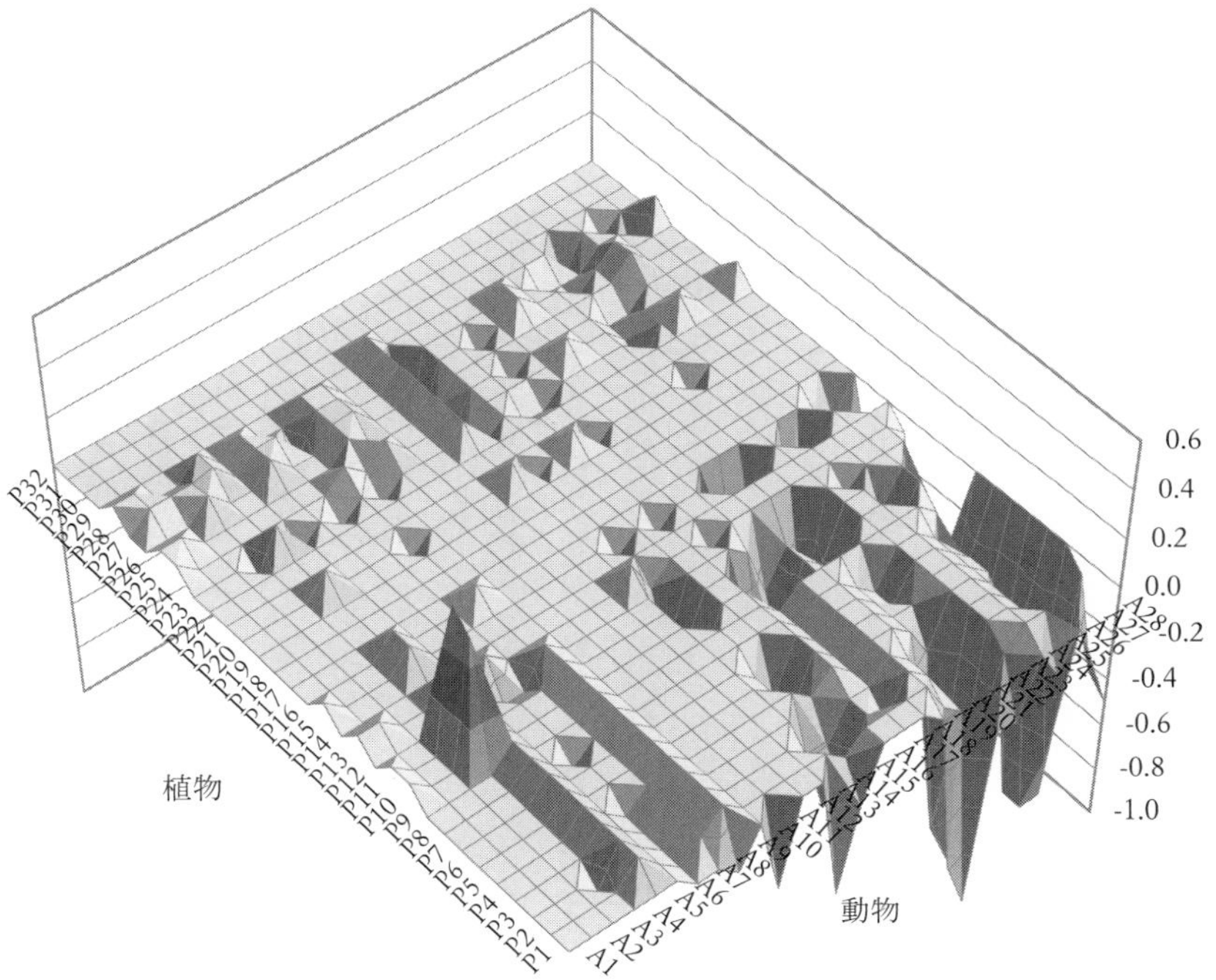

図4-7　動物が植物に与える影響の認識（良い影響がプラス、悪い影響がマイナス）

ソロモンオウムは他にもカナリアノキ（P10：マイナス〇・七九）やソロモンカナリウム（P11：マイナス〇・五〇）、ココヤシ（P15：マイナス〇・八六）を食べてしまうものと認識されていた。

メラネシアオオナガバト（A18）とパプアシワコブサイチョウ（A19）もカナリアノキ（マイナス〇・八六、マイナス〇・七九）やソロモンカナリウム（マイナス〇・八六、マイナス〇・五〇）を食べてしまう。ネズミ類（A22）やセイケイ（A26）やブタ（A27）がサツマイモ（P3）を食べてしまうことなど、前の「植物から動物」ではプラスであったところが、そのまま「動物から植物」ではマイナスになってしまっている。

そのような中で、プラスになってい

るのは、ミカドバト（A４）がカナリアノキ（P10：プラス〇・五〇）とソロモンカナリウム（P11：プラス〇・五七）にもたらす影響であり、これは先の聞き取りにもあったように種子散布に貢献するからである。

事前に聞いた話の中に、猛禽類は木に止まって土を豊かにするという話も聞かれたが、猛禽類がそうしてカナリアノキ（P10）やソロモンカナリウム（P11）、ゴリティ（P24）やソロモンビワモドキ（P25）に与えるスコアはプラス〇・〇七程度にすぎなかった。あまり広く認識されている知識という訳ではなかった。ミツスイ（A８）とカラスモドキ（A９）が受粉を助けるというのも、プラス〇・〇七程度のプラスとしてしか現れなかった。

人々は一つの島の中で動物と植物が「共生」していることを認識していたといえる。多くの植物は動物に利益をもたらしていて、ミカドバトだけは植物にも利益をもたらす相利共生関係にあったといえるが、ほかの動物は利益を返していない偏利共生関係であった。そして利益を得るだけで相手を破壊してしまう寄生関係も多く認識されていた。

2……人間―植物―動物の関係

これまで人間と植物、人間と動物、そして植物と動物の関係について、人々が認識していることをみてきた。それでは、これをさらに拡大して、人間―植物―動物という生態系の中の連鎖が、数字としてみられるであろうか。

まず、これまでの「人間が植物に及ぼす影響」と「植物が動物に及ぼす影響」のスコアの間で、相関関係を分析してみた。しかし、ここに関係は見られなかった。つまり動物を助ける植物を人間が助けるという関係はなかった。人間にとって有益な植物をこそ、人間が助けるからである。

続いて逆に「動物が植物に及ぼす影響」と「植物が人間に及ぼす影響」の間で相関をみると、有意な負の相関があることがわかった（スピアマンの相関係数ρ＝△〇・三八、P＜〇・〇五）。このことは、動物が害を及ぼす植物こそ、人間にとって有益な植物であるということである。

そこでさらに「動物が植物に及ぼす影響」と「動物が人間に及ぼす影響」の相関をみると、正の相関がみられた（ρ＝〇・三九、P＜〇・〇五）。つまり植物を害する動物は人間にも害をなし、植物を利する動物は人間にも利をなしている。このような動物が植物を介して人間に将来利益や損害をもたらすという、時間を経た生態学的連鎖の認識がみられたのである。

人間がミカドバトを助けると、有用樹種の種子散布を通じて人間に利益をもたらしてくれることや、少数意見であっても人間が猛禽類を助けると土壌を肥沃にして、実りを良くしてくれる、といったプラスの連鎖を認識していることは重要な発見であった。その一方で、動物が植物の生長を阻害し、自分たちの利益を阻害するとも認識していた。そのような違いは種ごとの生態の違いに応じた知識であった。こういったことが人々の自然利用の背景にあったのである。

4　土地に根づいた認識

本章は、オリヴェ村の人々による、動植物の認識を明らかにした。種子散布、土壌肥沃化などの形でいくつかの種の動物は植物の役に立ち、逆にいくつかの種の植物は食料や住処を提供する形で動物の役に立ち、このような生態学的な連鎖が、有用樹木を増やすことや、作物の生長を良くすることで、人間にとっても役に立つと、村の人々は認識していた。

その一方で、このような植物と動物との相利共生的な関係はごく一部の種に限られ、あとは片利共生的であったり破壊的であったりする種間関係であった。また人間に利益をもたらすという動植物を人間が害するということもあった。

ソロモン諸島やパプアニューギニアにおける、環境学や文化人類学の研究においては、伝統的な社会に保全倫理があるかどうかが、議論されたことがある。環境保護活動家は、住民が保全に消極的であることに、しばしば失望を表わしてきた。伝統的な社会は、森林伐採や海洋資源利用などの開発プロジェクトを受け入れ、時にはみずから誘致するから、その周囲の生態環境を大切にしているわけではないというのである（Foale 2001）。ロヴィアナの人々はどうであろうか。

破壊の典型ともいえる森林伐採をめぐる認識を見直してみよう。ソロモン諸島では、企業が森林伐採を行うに当たっては林業法（Forestry Act）の定めがあって、川の近くや急傾斜地での操業禁止や、胸高直径六〇センチメートル未満樹木の伐採禁止に加えて、住民との話し合いで伐採してはいけない樹種を指定することとしている（古澤 二〇〇九）。サイキレ慣習地で伐採禁止樹種は、伝統的にカヌー材になるゴリティと、伝統的な食用果実で土地所有権の証明にもなるソロモンカナリウムであった。

人々の認識スコアは、ゴリティやソロモンカナリウムについて高く、人々がその生長を助けてきていることを反映している。このように、住民の認識は森林伐採という開発を受け入れているからといって全ての森林破壊を歓迎している訳ではない。

一方、林業会社の主要な伐採対象のうち、今回の聞き取り調査で取り上げられたのはニューギニアヴィテクス、カロフィルム、ソロモンビワモドキなどである。これらの樹種は、有用樹木であるにも関わらず、人々はその生長を意図的に害するという。前の例と合わせて考えると、認識において助けるべき植物は、契約においても守られており、認識において害する対象が伐採樹種になっているのである。

もともと人々にとって森林は短期的にみれば、やっかいな存在でもあった。ヨーロッパ人が鉄斧をもたらし、そして近年になってチェーンソーが利用できるようになるまで、森林を切り開くことは大変な作業であった。多大な労力をかけて樹木を切り倒すことによって、食料のための畑を作り、生活のための林産資源を得てようやくウェルビーイングを満たしてきたのである。そのことからすると、有用さのある樹木であっても、人間はそれを取り除こうと意図することも多いのは当然のことといえる。

つまり行動からみても認識からみても、伝統的な社会は熱帯雨林の樹木全てを大切に保護していたわけではなかった。

ところで、目先のことだけで言えば、鳥が果実を食べてしまうという知識だけでは、人々の生活や生産に役に立つ知識とは考えにくい。それなのに、それよりさらに先に何が起こるかという知識、つまり食べた後で鳥が種子散布に貢献するという知識は、何のために共有されているのであろうか。それは人々の生活に役に立つのであろうか。

このような生態系連鎖の知識は、数十年かけて起こる樹木の生長と、種子散布を通じた森林のダイナミクスの認識を表すものである。動物の働きで「森林ができる」、そして「ロギングからロイヤルティがもたらされる」といったことは、世代を超えた知識が伝えられてはじめてできる認識である。自分が生きている間に直接その利益を得ることができなくとも、将来にその利益があることが伝われば知識が時間を超える資本になる。人々は目先の利益のために動植物を害する一方で将来を見通せるような知識を持つのである。

人々の認識は、一部の樹木や動物を直接的に保護するものであり、また動物を介して樹木を保護する部分があったが、他の樹木や動物に対しては「破壊的」なものでもあった。ただし、これは人々にとって邪魔な個体を取り除くということであり、破壊の対象と破壊の範囲は限定されていた。意図的な破壊は、短期的な破壊でもあった。人々の知識をつなぎ合わせると、短期的な破壊のあとには、パイオニア種の植物が入り、そこに来る鳥が種子散布を行い、やがてそこは自然にはなかった有用な森林になる。破壊の後に長期的には新たな樹木が生長することは、表面的には「非意図的」「無自覚」に見えながら、人々がそれを認識しているとみなすのが妥当である。

このように、人々が認識では破壊的でありながら、森林には生物多様性がある。それは偶発的な産物ではなく、人々は破壊により、どのような動物への影響があり、どのような森林になるかは、予測の範囲内であると考えられる。「保全」の定義では「意図」の有ることが欠かせなかったが（Smith and Wishnie 2000）、生物多様性には「非意図」の果たす役割が大きい。このことについて、次の章でさらに深めて検討する。

第5章

経験に植える

図5-1　ラン科の花で飾られた新郎と新婦（著者撮影）

1　伝統的知識の多様性と変容

1……謎の植物名「キキラパ」

これまでの章は、生業や生活を通じた森林と人間の相互作用が生物多様性に結び付くことを明らかにし、そしてその背景として人々の生態系認識があることを指摘した。この章は、そのような認識の成り立ち過程を明らかにしようとするものである。

この章の前半では調査地域をロヴィアナ地域全体に広げた「横断的」研究を行い、後半ではオリヴェ村における一八年間の変化を調べる「縦断的」研究を行う。

ロヴィアナ地域は、同じような生態環境の中で、祖先が共通する、一つの言語集団が暮らすところであるが、この地域の中でも、知識が単一という訳ではない。例えば、次のようなことがあった。

オリヴェ村で、人々が「キキラパ *kikilapa*」と呼ぶのは、ラン科デンドロビウム属（セッコク属）の種類であり、蝶のような形をしたかわいらしい蘭の株を、人々は森林でとってきて、家の近くで木性シダに着生させて、観賞用にすることもある。

ところが後にわかったことには、ムンダ町で人々が「キキラパ」と呼ぶのは、軟らかく、軽い材になる高木で、外来樹のバルサ（*Ochroma lagopus*、パンヤ科）のことなのである。バルサがロヴィアナ地域に来たのは比較的近年のことであり、ムンダ町とその近辺でしか栽培されておらず、オリヴェ村の人々はバルサのロヴィアナ名を知らない。

それでは、ムンダ町で蘭のことを何と呼ぶのかというと、「ウンブトゥ *umbutu*」である。そして、ウンブトゥがオリヴェ村で何を意味するかというと、苔類である。ここでいう苔類とは、特定のコケ植物を指すのではなく、日本庭園でみられるような、苔が広く分厚く成長したような場所・状態を指す。

サイキレ集団が、全ロヴィアナの元となったヌサロヴィアナの集団から分かれてから二〇〇年以上が経っている。その後も頻繁に往来があったとはいえ、それぞれの定住先に応じて固有の知識が生じているのは当然あり得ることである。またロヴィアナ地域の中心地ムンダ町がヨーロッパ人との接触が長く、今でも外来植物や外国の知識に接することが多いという、社会的事情も影響しうる。(11)

---

(11) ところでキキラパがバルサを指すか、デンドロビウムを指すかを、ロヴィアナ地域の村々で聞き取っていった。するとムンダ町とその周辺ではバルサを指すが、東部のサイキレ慣習地ではオリヴェ村以外でもデンドロビウムを指した。逆に、ムンダ町から西に進んで、ロヴィアナ地域西端のラルマナ村にいくと、ここでもデンドロビウムの意味であった。このような方言周圏論的な用語は、他には確認されていない。

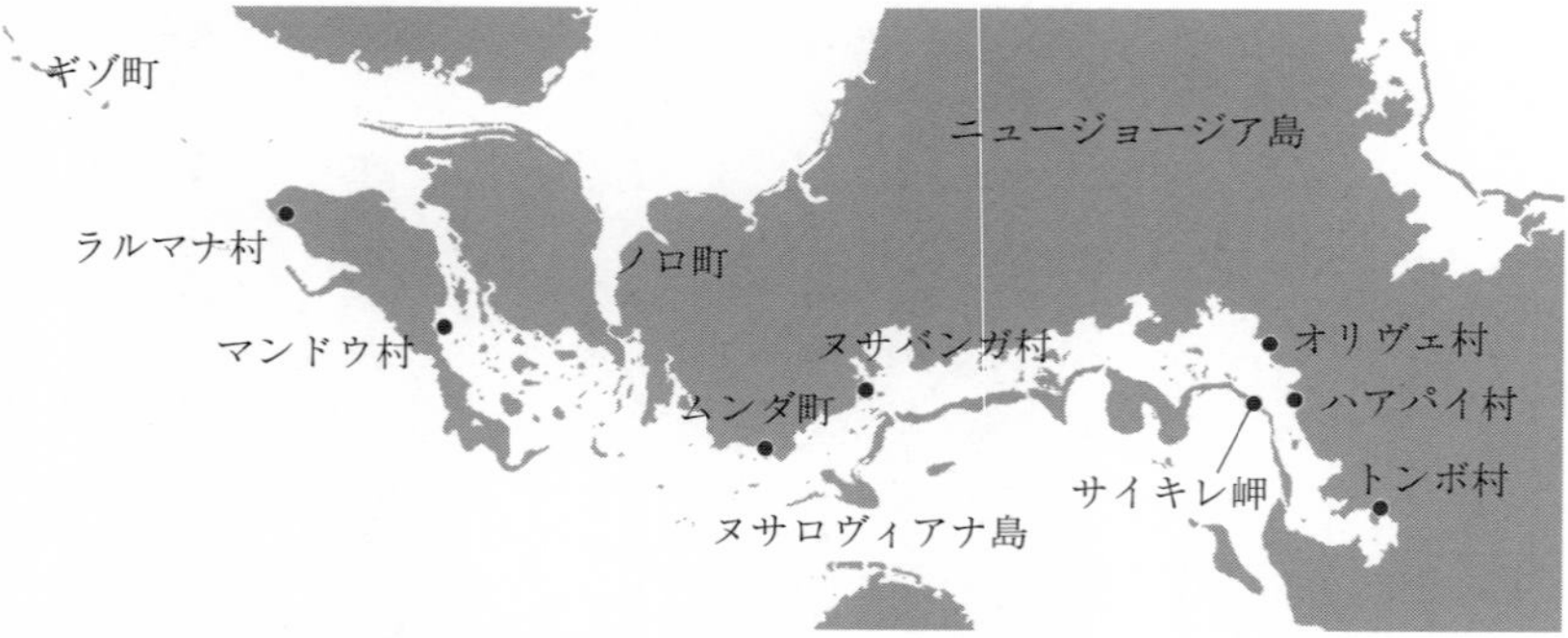

図5-2　ロヴィアナ地域横断調査の対象地

2 民族植物学的知識の横断調査

1……ロヴィアナにある村々の近代化の違い

このようなロヴィアナ地域の中での、自然知識の多様性を見るために、次の調査を実施した。とくに村ごとの開発状況の違いと知識の多様性との関連に注目した調査である。

二〇〇四年に調査したのはロヴィアナ地域の七村・町であり、これにはオリヴェ村とムンダ町を含む（図5―2）。七村・町は、似たような生態環境の中にあり、共通祖先をもつが、一八世紀以降の歴史や近代化の程度に違いがある。調査村の特徴は表5―1のとおりである。

東端はサイキレ慣習地のトンボ村である。ムンダ町から最も遠く離れ、もちろん道路や定期船はない。森林に囲まれた、わずか八世帯ほどの小さな村には、花がたくさん植えられているのが印象的であった。オリヴェ村と同じ一九七二年頃、サイキレ岬から移住してできた村である。

東から順にみていくと次は、ハアパイ村であり、二〇世帯があった。

表5-1　ロヴィアナ地域横断調査対象村の開発状況

	ムンダ町	ラルマナ村	ハアパイ村	マンドゥ村	ヌサバンガ村	オリヴェ村	トンボ村
世帯数	202	103	20	105	64	65	8
現在の場所での村成立年（西暦）	1891	1915	1952	1916	1957	1972	1972
最寄りの町までの直線距離（キロメートル）	1.4	22.3	32.7	11.8	7.7	31.7	38.7
西洋式家屋数／総世帯数	0.86	0.74	0.85	0.50	0.30	0.28	0.63
雨水タンク数／総世帯数	0.93	0.96	0.30	0.57	0.36	0.17	0.38
船外機数／総世帯数	0.33	0.28	0.45	0.17	0.17	0.11	0.25
チェーンソー数／総世帯数	0.24	0.16	0.10	0.04	0.05	0.05	0.13
発電機数／総世帯数	0.08	0.07	0.05	0.04	0.03	0.03	0
商店数／総世帯数	0.05	0.07	0.05	0.04	0.02	0.03	0
水道（あり＝1、なし＝0）	1	0	1	0	1	0	0
診療所（あり＝1、なし＝0）	1	1	0	0	0	0	0
小学校（あり＝1、なし＝0）	1	1	1	1	0	1	0
無線通信設備（あり＝1、なし＝0）	1	1	1	1	0	0	0
開発プロジェクト（あり＝1、なし＝0）[a]	1	1	1	0	0	1	0
モダニティスコア[b]	4.36	2.66	0.35	0.11	−2.09	−2.45	−2.94

[a] 開発プロジェクトは、地域社会に経済的利益をもたらすものであり、海草キリンサイ栽培、農業支援、海洋資源保護（保護の代わりに農村開発支援をするもの）が含まれる。

[b] モダニティスコアは、開発に関するすべての変数を主成分分析した結果の、第一主成分である。ここでカテゴリカル変数は、事前に数量化された（統計ソフトSASのPROC PRINQUAL procedureが用いられた）。

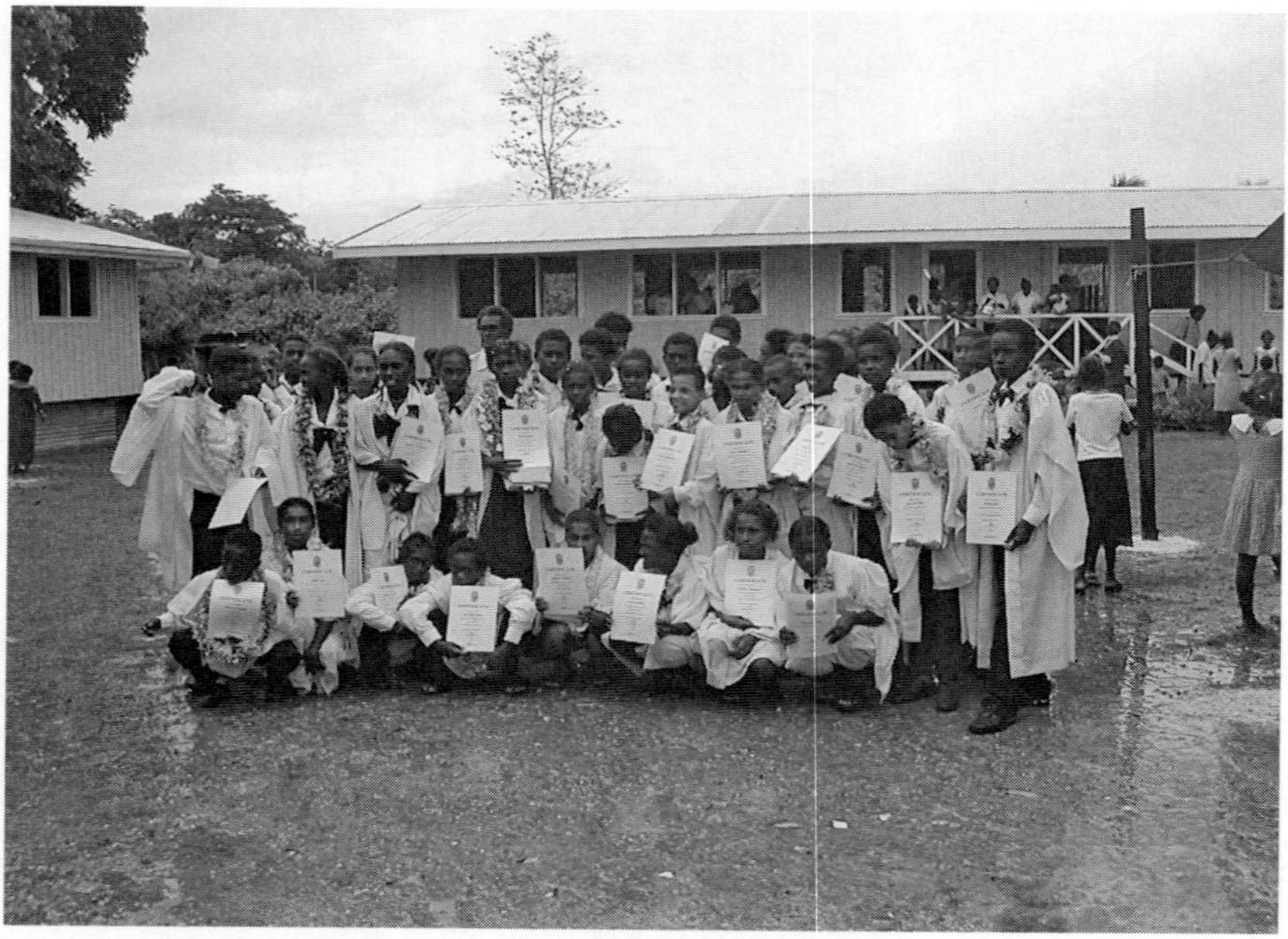

図5-3　ムンダ町にある公立小学校の卒業式（著者撮影）

ムンダ町から三二・七キロメートルのところにある。サイキレ岬から一九五二年にこの地に移動した。移動した経緯には不明な部分もあるが、近代化・開発に前向きな人々がハアパイ村に移り、そのころ開発に否定的であった人々がサイキレ岬（のちのオリヴェ村など）に残ったようである。[12] 町で働いた経験のある世帯が多く、一九八〇年代にサイキレ慣習地へ林業会社を誘致するのに中心的な役割を果たした世帯がある。八五％が西洋式家屋であり、四五％が船外機を持っていた。診療所はないが、小学校や通信設備などがあった。

ハアパイ村の西は、これまで繰り返し登場したオリヴェ村である。ここでの説明は省く。

それから、ムンダ町とサイキレ慣習地の間にあるのがカリコング慣習地であり、ここではヌサバンガ村を調査した。ムンダ町から八キロメートルほど東にあり六四世帯があった。

ニュージョージア島から、百メートルほど離れた小さな島が、まるごと集落になっている。一八九一年イギリス軍の攻撃後、ヌサロヴィアナから分かれたカリコング集団が、ササヴェレ村に住み始め、そこから一九五七年に分かれたのが、ヌサバンガである。町に近いわりには近代化はそれほど進んでいない。

その次は、これまでにも分析してきたムンダ町のドゥンデ地区である。ドゥンデ地区から町の商業的中心地までは一キロメートル台である。イギリス軍によるヌサロヴィアナ島攻撃から居住がはじまった。村の八六％が西洋式家屋であり、九三％の世帯が飲料水源となる雨水タンクを持ち、三三％の世帯が船外機を所有しており、水道、診療所、小学校などのインフラも整っていた。

そこから西に行って、ヴォナヴォナラグーンに入って、マンドウ村は一〇五世帯があった。ムンダ町まで一五キロメートル程度、港町ノロまでは一二キロメートル程度の場所にある。二〇世紀になってから、ムンダ町近辺から移住してできた村である。しかし、開発はあまり進んでおらず、西洋式家屋の割合は半分程度、船外機所有も一七％にとどまった。

そしてヴォナヴォナラグーンの西端で、ロヴィアナ地域の西端でもあるラルマナ村である。もともとキリスト教化に反対して移住してきた人々により一九一五年にできたとされる。なお、定住して数年後にはキリスト教を受け入れた。調査時点では一〇三世帯が暮らしていた。州都ギゾまで二二キロメートルのところにあり、ムンダ町との中間にある。浅い湾沿いにできた村は、緑豊かながら、現金経済からみた状態も良好である。これはEU支援のプロジェクトにより、湾内でキリンサイ類の海藻養殖に成功したためである。村の七四％が西

(12) サイキレ慣習地は宗派がCFCの村が多い中で、ハアパイ村はキリスト連合協会派である。

洋式家屋、九六％の世帯が雨水タンク所有、二八％が船外機を所有で診療所や学校もある。

表のように各村では近代化や発展の程度に関するデータを集めたが、これをもとにした主成分分析を行い、近代化（開発）の指標「モダニティスコア」を算出した。モダニティスコアが最も高かったのは当然ながらムンダ町でプラス四・三六であった。続いてラルマナ村がプラス二・六六であった。ハアパイ村はプラス〇・三五、マンドウ村はプラス〇・一一であった。

ヌサバンガ村はマイナス二・〇九であり、続いてオリヴェエ村がマイナス二・四五で、最もスコアが低かったのはトンボ村のマイナス二・九四であった。

2……植物知識の広がり

続いてこれらの七村・町で、植物利用の知識を調査した。トンボ村からは八世帯すべて、ハアパイ村、ヌサバンガ村、ラルマナ村からは各一〇世帯、マンドウ村からは十二世帯、オリヴェエ村から一五世帯、ムンダ町から一七世帯を無作為に選び、合計八二世帯を対象にした。それぞれの世帯で世帯主、もしくはその配偶者である成人一名を聞き取りの対象にした。

これまでに実施したオリヴェエ村とムンダ町での植物利用調査から、ロヴィアナ語方名で一四九種の植物が、何らかの目的で用いられることが分かった（第3章）。このうち両地域で使われていたのは九八種であった。なお、本研究の九八種の中から、無作為に二〇種を選び、それらについての知識を、統一的に聞き取りした。これが植物を「無作為」に選ぶのは、すべての植物について詳細な聞き取りをするのが困難である場合、恣意的に

表5-2　横断調査での聞き取りに用いられた植物

和名	学名	ロヴィアナ名	主な用途*
タケ類	*Bambusa* spp.	ベティ	建、具
ミズガンピ	*Pemphis acidula*	ボンボゲレ	建、具
カロフィルム	*Calophyllum* spp.	ブニ	建、具
スイカ	*Citrullus lanatus*	デリ	食
スターフルーツ／ゴレンシ	*Averrhoa carambola*	オピティ	食
スワンプタロ／ミズズイキ	*Cyrtosperma chamissonis*	ゴレヘ	食
ミント	*Mentha arvensis*	ハンベ	薬、具
インゲンスビワモドキ	*Dillenia ingens*	ヘンベレ	建
シジジウム	*Syzygium* sp.	ヒプヒパラ	建
マレーフトモモ	*Syzygium malaccense*	ヒパラ	食
ジャックフルーツ	*Artocarpus heterophyllus*	ベタ／ジャックフルーツ	食
パラキウム／ニャトー	*Palaquium erythrospermum*	パロト	建
パイナップル	*Ananas comosus*	パエナポロ	食
カボチャ	*Cucurbita moschata*	パムケン	食
バンリュウガン	*Pometia pinnata*	ゲマ	建、具
チーク	*Tectona grandis*	ティキ	具
ソロモンカナリウム	*Canarium salomonense*	トヴィニア	食、薬
ニューギニアヴィテクス	*Vitex cofassus*	ヴァサラ	建、具
ガレアリア・セレビカ	*Galearia celebica*	ジジト	薬
シマウオクサギ	*Premna corymbosa*	ゾヴィ	建、薬、具

＊建：建材、具：道具、食：食料、薬：治療

選んだ植物について聞くアプローチ（第4章）だけでは、見落とされがちな植物についても情報を得るためである。

聞き取りの対象にした植物の一覧は、表5―2である。それぞれについて、食料、建材、治療、燃料、伝統文化・慣習、道具、現金収入、という七つの用途のどれに使うことができるかを聞き取った。用途を知っている場合には、具体的な使い方も説明してもらった。ここで伝統文化・慣習というのはロヴィアナ語でカシトム（ピジン語のカストム／カスタム）であり、呪術的な物も含む。

こうして聞き取られた植物の用途の多くは、オリヴェ村やムンダ町ですでにみられたものであったが、今回新しく明らかになったものもあった。以下には、それらのうちから、ロヴィアナ地域の植物知識の特徴や、地域内での知識のばらつきを反映する、

具体例をいくつか紹介する。

タケ類は今でも家の床や壁になるほか、道具・漁具[13]に使われる。変わった用途としては、タケが風に揺られてこすれる部分は、薬になるという。木と木がこすれる音は、まるで人間が話しているように聞こえることから、「話す」を意味するロヴィアナ語のザマに由来して、ザマザマと呼ばれることもある。

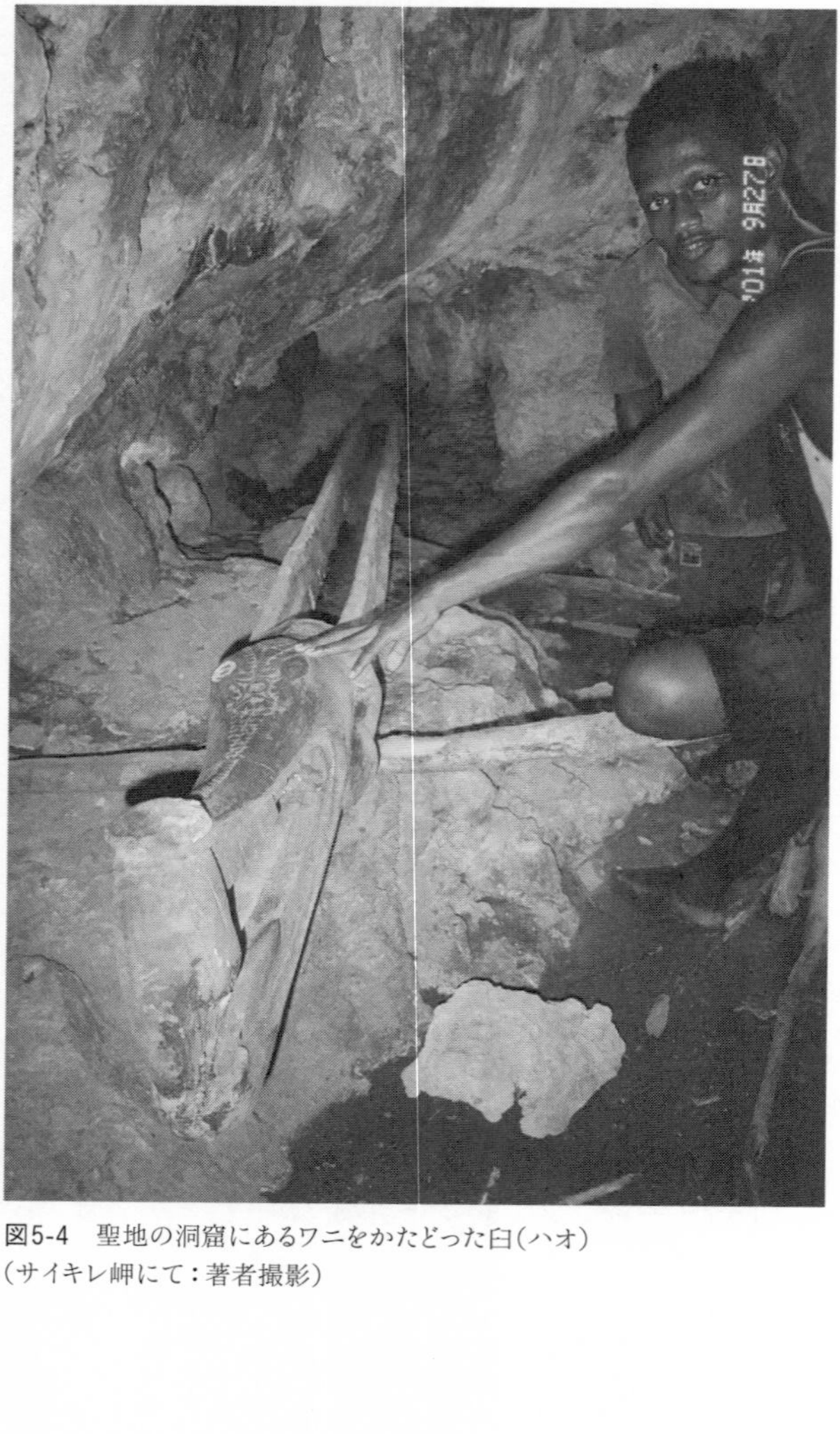

図5-4　聖地の洞窟にあるワニをかたどった臼(ハオ)
(サイキレ岬にて：著者撮影)

ロヴィアナの東部では中国系マレーシア人が、林業会社のマネージャーとしてこの地に来るようになってから、彼らがタケ類を食べるのを見るようになったという回答者たちがいた。一方、ムンダ町から西では、日本軍が来た時にタケ類を食べているのを見た人たち（親世代）がいて、それ以降食べられることを知っている、という人たちがいた。これは、ムンダ町とその西の地域が、日本軍と接触することが多く、林業会社はイギリス系企業が多かったことによるであろう。

ミズガンピは、幹が非常に硬いことから、杵や臼や耕起棒などの道具に用いられていた。特にヤムイモを植える穴を掘るために使う棒はディゴモという。この木はかつては戦闘用棍棒（クンバオリ）にもなったという。一部の人は、この木を薬にして、日の出の方向（カリガサリマタ）を向いて飲むと、体が頑丈になると回答したが、それができるのは特定の家系（トゥトゥティ）だけであるということであった。

建材や道具としてよく利用される樹種カロフィルムであるが、その実から出る液は、潜水漁で使う水中眼鏡のくもり止めに使われるという。また、目の薬にもなるという。[14] 花は香りがよく、ココナツオイルに加えることもある。乾いた実は、ヴァリヒンディという子供の玉遊びにも使われたり、笛にされたりするという。カロフィルムの枝を銛にすることもあり、それは銛を投げて魚に刺さったとき、沈むことなく、獲物と一緒に海面

---

(13) 漁具としては、釣り竿（ササヴル）、筏（バナ）、釣りの浮き（コパラ）、オオウナギを取る罠、また道具としては食料や水の容器や調理器具、あるいは楽器のパンパイプ（ロヘ）、ウミガメの甲羅をはがすためのものである。

(14) 水に葉を浮かべ、それに目をつけると、目の病気が治るという。熱湯で葉をゆでて、その湯気を目に当てるという治療法もあるそうである。

に浮かぶから良いのであるという。

やはり建材や道具になるニューギニアヴィテクスにも、他の用途があった。聖地で祖先の頭蓋骨を入れる箱（ホペエマ）や、カナリウムとヤムイモをモチ状にする神聖な臼ハオを作るために用いられる、神聖な樹木であるという。また、特定の家系の人だけは薬を作ることができ、患者は日の出の方向を向いてこの木の薬を噛むという。さらにこの木にできた洞《うろ》で、ヘビやクスクスが水浴びをしたら、そこのたまり水は人間の身体を強くする薬になる、という人もいた。この木は森林伐採の対象であるし、前章でみたとおり人々にそれほど大切にされている様子もないが、実はこのように神秘的なものと認識されていた。

ソロモンカナリウムは、すでに見てきたことと同様、ほぼすべての用途に使われると回答した人が多かった。伝統文化・慣習に関わる用途としては、ソロモンカナリウムの実を、イモ類と一緒にハオでついてモチ状にしたものは、祖先霊・精霊に捧げるものであったという。なおソロモンカナリウムの殻を燃やしてしまうと、次回に実った実はすべて中身が腐るといわれるので、決してしないという人もいた。(15) なおミカドバトがソロモンカナリウムの種子拡散に貢献するという話は、オリヴェ村以外でも各地で聞かれた。

ソロモンカナリウムと、ニューギニアヴィテクスは、木と木がこすれるザマザマ部分の樹皮を削って、動物に与えると、その動物が言葉を話すようになるというものもあった。また、ある家系の人だけが、ソロモンカナリウムの実の殻を使って、霊を閉じ込める（死別した妻の霊が嫉妬して現れたマンゴコノ）ことができるという。

スワンプタロは主に湿地で育つサトイモ科の食料であるが、普段はあまり食用にされない。しかし、植えられた状態や自生の状態で、何十年も生きているので、非常食・救荒食としても大切であるという。その葉をオスのブタの性器にこすりつけると発情するようになり、家畜ブタの繁殖に使うことができる。

伝統文化の利用では、魔よけのように使われるシマウオクサギの葉がある。前章までは、漁撈での利用を示したが、他のときにも用いられる。[16] ある老人によれば、すべての物（生き物だけでなく道具も）には霊（マンゴマンゴ）があって、触れると相手の霊が移ることがある。それを防ぐためにシマウオクサギで祓う（ロヴィアナ語グラ *gula*）ようにするのだという。また赤潮（ハンガムンゲ）のようになったときは、シマウオクサギの葉を海に投げ入れると、収まるという。この葉を焼くと、悪い霊を追い払うことができる。

ガレアリア・セレビカは、薬として飲用が観察されていたが、伝統的には葉を火であぶって、治療師がその葉を患者の身体に充てて治療したり、茹でた葉で湿布したりするのに用いられる。このような葉をあぶった治療法をジトと呼ぶが、そのための葉だからジトという名がある。なおジト治療を行う家系の人は、本種を薪に使ってはいけない。

果実類が食用以外に薬になる、という意見も聞かれた。たとえばマレーフトモモの新芽や、外来のパイナップルがそうである。同じく外来のカボチャは食用以外に、健康に良いという人もいたが、それは町に住んでいる人で、病院の医者から聞いた、ということであった。

---

(15) ソロモンカナリウムは神聖だから、薪にしてはいけないという意見もあった。
(16) 例えば初めて訪れた地では、シマウオクサギを身に着けて歩いたほうがよい。また、出産直後の女性が、雨水タンクに触ると、水が溜まらなくなるので、もしそのような女性がうっかりタンクを触ったら、すぐにシマウオクサギで祓う。またウミガメを食べた後には、シマウオクサギでお払いしないと、畑の作物が「沈んで」しまい、食べ物に困るようになるという答えもあった。なかなか異性に縁がない時にも、シマウオクサギで厄払いをする。好みでない異性に付きまとわれたときも、これで祓うという。

ミント（*Mentha arvensis*）は香料や食用のほか、薬として咳の治療に使われる。さらに、畑に植えておくと害獣・害虫除けになるという。在来のミントは、かつて毎年五〜六月頃に行われた大儀礼「ハエ（*hae*／*bai*）」に用いられたという老人もいた。(17) また、首狩りの首からにおいを消すために使ったともいう。帽子につけて飾りにするという意見もあり、そしてそれは伝統的なカツオ漁をするときによかった、という話もあった。

高級木材となるチークについては最近の外来樹種である。それでも用途が知られはじめており若い芽をこすって染色用の赤が取れるので、タコノキで編み物をするときに、色付けに使っているという女性がいた。またチークの幹は斧の柄になると答えた人もいた。

ロヴィアナ語名ヒプヒパラ（*Syzygium* sp.）は、外来食用種マレーフトモモ（ロヴィアナ名ヒパラ）の同属異種の在来自生種であるが、食用にはならない。ロヴィアナ地域全体では知名度の低い植物である。しかし、ラルマナ村でのみ聞かれたのは、この村で行われるキリンサイ類の海草栽培の杭に良いということであった。

これらの知識をまとめてみると、まず第3章などですでにみたように、植物の生物としての特徴が、人間にとって現実的に有用なものであることの知識があった。これは祖先がここに暮らす中で経験的に学んだことが、世代を超えて伝えられてきたのである。また、一方で植物の生物としての特徴が、「非現実的」に有用であるという知識もあった。例えばシマウオクサギやミントのように、臭いを放ち、動物を嫌がらせるという特徴を祖先が観察・経験したことが、悪霊を追い払うという知識に結び付いたと推察させられるものがある。

ムンダやラルマナのように町に近いところで聞かれたのは、樹木については「いまは、どんな樹種でも、町では売れる」ということであった。建材や薪として、需要があるというのである。また、タケ類も細工を施せば観光客に売れる、といった意見もあった。これは観光客とは疎遠で、森林は所有権に関係なく採集に用いられる遠方の村では聞かれないことである。

これらを通じてみると、ロヴィアナ地域を通して共通の知識があった一方で、特定の家系でのみ代々知られて生きた知識、今では使われない昔の知識、外部から伝えられた知識、開発プロジェクトにかかわる人だけが持つ知識、特異的で詳細な知識、非特異的で抽象的な知識があったということができる。

3 近代化との相関関係

1……村レベルでみた相関

このように見てきた知識の違いを、統計的に分析することにした。そのためにはカルチュラルコンセンサス分析という概念を取り入れた（Furusawa 2009；Atran et al. 1999）。

（17） 月が沈むと同時に太陽が昇る日、すなわちこの時期の満月の真夜中であったという。ロヴィアナ地域東部の村で、人々が大声で「ハエ！」と叫び、その声は順に西隣の村に伝わっていき、地域を横断して、西端の村まで続くという。この儀礼は疫病（オザ *oza*）を追い出す意味があったといわれる。サメやワニ、エイや魚をわざと村にばらまいて腐らせて、ひどい悪臭を漂わせる。それから大声を上げたり、物をたたいたりして大きな音を立てる。悪臭漂わせ「ここでは、すべての人は死んでしまった（*tani ele mate beto*）」ことを表した。これは西暦が到来する前に、ロヴィアナの伝統暦における新年であったと言われている。

この手法では、同じ質問をいろんな人にした後で、人と人とでどれくらい同じ回答をするかが分析される。もし同じ知識を持っていたら、人々はどの質問にも同じように回答するはずである。しかし、人によって知識は異なる。もちろん同じ文化に属していれば、その文化について同じ回答をできるが、文化への精通度には個人差がある。

学校のテストであれば、問に対して「正解」がある。しかし、植物利用についての質問には、かならずしも正解はない。例えばスイカは食べられる、というのは誰からみても正解である。しかし、ソロモンカナリウムで霊を閉じ込められるというのは、それを知っていて信じている人、知っているが信じていない人、そのこと自体を知らない人がいて、どれが「正解」ということはない。

そこで、カルチュラルコンセンサス分析は、正解かどうかを判定するのではなく、どれくらい共有された知識であるかを算出する。そのためにこの分析は、まず人々が同じ文化を共有しているかどうかを調べ、そしてそれぞれの個人がその文化にどれくらい精通しているか、を計測する。ここで「共有された文化」あるいは「文化的合意」が意味するのは、「スイカは食べ物だ」という場合だけでなく、「ソロモンカナリウムで霊を閉じ込められるかについては、いろんな意見がある」という場合もある。つまり問題に対する一つの回答が文化的合意の場合もあれば、一つの回答はないとか回答を知らないことが文化的合意の場合もある。

このような複雑なものを数値化するためには、主成分分析という手法を改良したものが使われる。そして、人々の回答パターンが一つの主成分因子にまとめられれば、それが文化的合意とみなされる。そして、その一つの因子に、個人の回答がどれくらい貢献するか（因子負荷量）を、個人が文化に精通している程度として表される（古澤 二〇一六）。ややこしく聞こえるかもしれないが、要は個人がどれくらい各地の植物文化を知っているかを、数値化したということである。

さて、二〇種の植物のそれぞれが、食料、建材、治療、燃料、伝統文化・慣習、道具、現金収入に使われるかどうかを分析した。最初の結果として、全七村の対象者八二人の回答は、たった一つの因子で回答パターンの八八・八%を説明することができるという結果であった。これは、ロヴィアナ地域全体として高い共通性があることを示したと同時に、残る一一%程度は、村・町ごとにバラツキがあることを示した。なお、いうまでもなく、それぞれの村・町の中では高い共通性を示した。

続いて、このカルチュラルコンセンサス分析の手法を応用すれば、村（町）と村（町）の間で、どれくらい知識が同じかを測ることができる。七つの町と村で組み合わせを作り、組み合わせごとの文化的合意に対して、回答者がどれくらい精通しているかを計算した。ここで村によって回答者の人数が異なることが影響しないように、回答者への因子負荷量（因子への精通度）の平均を、知識の類似度とみなした。

一方、町・村の組み合わせごとに、先ほどのモダニティスコアの差を算出し、それを開発進行の類似度とみなした。こうすることで、町・村の知識の類似度が、開発進行と相関するかがわかるようになり、そして町・村の知識が開発に影響されているかを、みることができるのである。

図5―5（A）では、縦軸は植物知識でムンダ町を基準にして、他の六村がどれくらい近いかを調べたものである。横軸は、ムンダ町と各村との開発の差である。ムンダ町は最も開発が進んだ場所であったことからすると、それよりも開発が遅れるほど（軸の右側になるほど）、知識が伝統的になっていくことが仮定されたが、予想に反して、ここでは有意な相関は見られなかった。

逆に、もっともモダニティスコアが低かったトンボ村の植物知識を基準にして、他の六村・町における回答がどれくらい近いかを縦軸にしたのが図5―5（B）である。ここでも横軸は開発の差であるが、トンボ村を基準にしているため、より開発が進むほど、横軸の値が大きくなる。こうすると、トンボ村よりも開発が進むにつれて、知識が変わっていく強い傾向がみられた（スピアマンの順位相関係数△〇・九五、P＝〇・〇〇三二）。

町の知識を基準に、各村と開発の相関をみるとそれは存在せず、逆に開発の遅れた村を基準にすると開発と

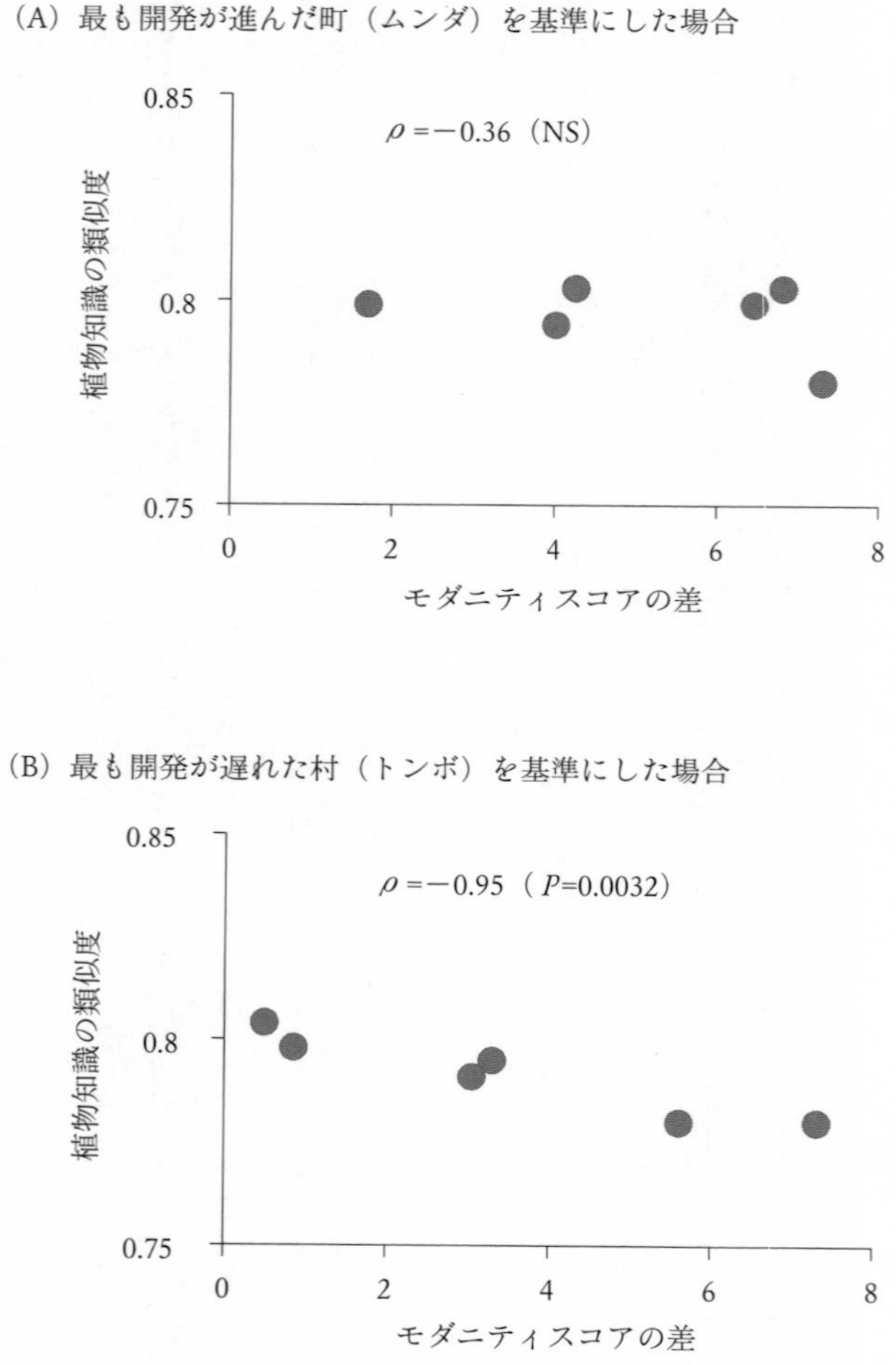

図5-5　知識の類似度と近代化との相関関係

表5-3　各町・村を基準にしたときの植物知識とモダニティスコアの相関

基準となる村	全組み合わせの相関係数(N)	基準よりモダニティスコアが高い町・村との組み合わせのみでの相関係数(N)
ムンダ町	−0.36 (6) *NS*	N.A. (0)
ラルマナ村	−0.32 (6) *NS*	N.A. (1)
ハアパイ村	−0.48 (6) *NS*	N.A. (2)
マンドゥ村	−0.38 (6) *NS*	−0.54 (3) *NS*
ヌサバンガ村	−0.52 (6) *NS*	−0.99 (4) $P = 0.0055$
オリヴェ村	−0.40 (6) *NS*	−0.93 (5) $P = 0.0203$
トンボ村	−0.95 (6) $P = 0.0032$	−0.95 (6) $P = 0.0032$

の間に相関があるのは、どういうことであろうか。ムンダ町は、開発の中心であったばかりでなく、ロヴィアナ人発祥の地でもある。一方、トンボ村は、数あるロヴィアナの村々の一つである。それにも関わらず、なぜトンボ村を基準にしたときに、強い相関がみられたのであろうか。

2……近代化により減る多様性

このことを解釈するために、表5―3のような分析をした。この表で左側には、すでに図示したムンダ町とトンボ村だけでなく、すべての町・村を基準とした場合の知識の類似度とモダニティスコアの差を相関で示しているが、統計学的に有意なのはトンボ村の場合のみであった。

ここで、基準となる村よりも開発が遅れた村があると、知識と開発の相関が消えるのではないか、という可能性が考えられた。そこで、表の右側では、それぞれの村を基準にして、そこよりもモダニティスコアが高い村との相関だけを示している。すると、トンボ村だけでなく、オリヴェ村、ヌサバンガ村を基準にしても、非常に強い知識と開発の相関があることがわかった。なおマンドゥ村を基準にした場合は、統計学的に有意なレベルではなかったが、分析対象となる組み合わせの数がわずか三になっていることが影響している。

また、ハアパイ村以上に開発が進むと、組み合わせの数が少なすぎて、相関分析をすることができない。

さて、低開発の村から、開発という指標だけを物差しにして、だんだん進んでいくと、知識が変わっていくということは、開発により知識が減っていく、もしくは一方向に変わっていく様子を表している。しかし、そうならば最も高開発の町から、逆に見た場合にも、同じく相関するはずなのに、そうではない。

これはムンダ町から、他の村々の知識をみると、開発による変化よりも、もっと別の要因で、村ごとの変異があると解釈できる。調査した村・町は祖先を同じくして、似たような生態環境で暮らすとはいえ、ヌサロヴィアナ島からサイキレの人々が分かれたり、サイキレ岬から各地の村へと移住したりと、それぞれの村で数十年〜二〇〇年くらいの時間が経過している。先にみたように独自の知識が生まれているのが当然である。

また、おそらくボトルネック効果のようなことも起こっている。つまり、もともと家系により受け継ぐ知識には違いがある。新しい村ができた場合、最初に住み始めるのは数世帯程度であるから、その少数の世帯の知識が、次の世代に引き継がれるのである。

なお、独自の知識があるといっても、改めて図5―5をみると八〇%近くは同じであることは変わらない。今回のように数字で分析することで見出せるが、そうでなければ気がつかれないほど小さな変化である。

さて分析結果をまとめると、ムンダ町を基準にすると相関がみられなかったことは、歴史的にみてそれぞれの村で独自の知識が形成されてきたことを示唆する。その一方、トンボ町を基準にすると相関がみられることは、開発にともなって、だんだん知識が一つの方向に収束していくことを示唆する。

表5-4　各用途に使われるとされた植物の数（平均±標準偏差）[a]

	N	食料	建築	薬	燃料	伝統・呪術	道具	換金[b]
ムンダ町	17	9.4±1.1	8.5±3.4	5.5±3.4	11.4±2.5†	4.9±3.0	9.0±2.5	16.4±2.1
ラルマナ村	10	9.6±1.3	9.1±3.3	6.1±2.4	12.1±1.9	6.5±2.1	10.5±2.8#	16.2±2.3
ハアパイ村	10	9.7±1.3	8.2±2.5	7.5±2.5#	12.7±1.6	5.7±2.2	10.3±2.6#	16.2±1.9
マンドウ村	12	9.8±0.8	8.7±2.2	4.0±1.5†	12.8±1.9	4.0±2.1	9.2±2.3	15.7±2.2
ヌサバンガ村	10	8.5±0.5	7.6±2.7	6.1±1.4	12.2±2.0	3.6±1.8	7.0±2.4†	14.8±1.3
オリヴェエ村	15	9.1±1.4	10.2±2.3	6.3±2.1	13.9±1.1#	5.1±2.6	10.1±1.7#	15.5±2.1
トンボ村	6	8.7±0.5	7.3±3.0	7.0±3.6	11.0±3.6	6.0±2.6	9.2±3.1	15.3±2.1

[a] 各用途における村間比較で、統計学的に有意な差があった場合、#印は†印よりも数が多かった。
[b] 用いられる植物の平均数とモダニティスコアの間で有意な相関があったのは換金目的（$\rho=0.85$, $P=0.015$）だけであった（他の用途はρの範囲が-0.29〜0.64で$P>0.12$であった）。

3……近代的植物知識の導入

各村・町で、各用途に、平均何種の植物が挙げられたかを、表5―4にまとめている。

食用を見てみると、ムンダ町では、二〇種の植物のうち平均九・四種が食用に挙げられ、ラルマナ村では九・六種、マンドウ村では九・八種であった一方、トンボ村では八・七種、ヌサバンガ村では八・五種であった。ヌサバンガ村より、ムンダ町のほうが、平均して約一種多く食用植物を知っていたわけであるが、これはムンダ町では昔からタケを食べることを学んだ人が多かったことなどによる。

町であるからこそ、植物知識が「増えた」わけであるが、それはロヴィアナ地域で伝統的な植物利用とは異なるものである。ただしこの食料については統計検定したところ、開発（モダニティスコア）との間には正（プラス）でも負（マイナス）でも関係はなかった。

薬に使われる植物は、ムンダ町では五・五種で、トンボ村では七・〇種となり、低開発の村で多そうにも見えるが、実は最も多いのはハアパイ村（七・五種）、最も少ないのはマンドウ村（四・〇種）であって、開発との間にきれいな相関がみられるわけではなかった。

開発との間に相関は見られなかったが、ムンダ町で燃料として知られる樹種が少ないのは、森林で薪を採集することが少ないためと考えられる。

そうした中で、用いられる植物数が開発と強く相関したのは、換金目的であった。現金獲得に用いられる植物はムンダ町で一六・四種、ラルマナ村で一六・二種、ハアパイ村で一六・二種、マンドゥ村で一五・七種、ヌサバンガ村で一四・八種、オリヴェ村で一五・五種、トンボ村で一五・三種となった。現金収入に使えるかどうかは、そのようなマーケットへのアクセスがあるかどうかが大事であり、また外部からの情報を得られるかどうかにも関わっている。そのため、有利な町の人々は、近代化の遅れた村の人々と比べて、平均して一種以上多く、売れる植物を知っていたのである。

さきほどの結果と合わせて解釈すると、ロヴィアナ地域で共通する知識のほかに、各地でできた固有の知識があった。しかし開発が進むと、取りまく自然環境との接触は減り、外国の知識が入ってくるようになり、換金性という単一な価値基準や西洋的な生物学知識へと収れんしていくようである。

4……個人による知識の違い

オリヴェ村とムンダ町では、回答者の属性について、より詳しい情報が利用できる。そこで、どのような人が、知識があるか（文化的能力が高いか）を分析することにした。ここで用いられる属性は、基本的属性として年齢と性別、ライフステージの属性として結婚してからの年数、世帯の生産者単位あたりの消費者単位（第6章参照）、開発の属性として世帯収入、雇用・事業からの収入が占める割合、世帯に定収入労働者がいるか、

図5-6　森林伐採に伴って作られた林道沿いに人々が植林地を作った（著者撮影）

西洋式家屋か、船外機を持っているか、小学校よりも高い教育を受けたか、生態学的特性として世帯あたりの農収量、面積あたりの農収量、居住地（オリヴェ村かムンダ町か）である。

重回帰分析という統計解析を行った。また、ステップワイズ法という方法で、有効な変数だけを取り出した。知識のほうは、ロヴィアナ地域全体（調査した七村の合計）に対する知識と、それぞれの村・町での知識に分けた。

まずロヴィアナ地域全体の知識として、有意な因子を探ったところ、世帯現金収入が高いほど、知識が減る（文化的合意への精通度は下がる）ことが分かった（係数△〇・〇一五、P値＝〇・〇二〇五）。これはロヴィアナ地域全体として、現金経済よりも自給的生業が中心であり、現金収入が高いのは一部の人に限られており、ロヴィアナ地域共通の知識は、現金収入が低い人たちのものであることを反映している。また、すでに論じたように、町では西洋的な知識が増えているため、町の知識はロヴィアナ地域の平均的知識からは変容している。

続いてムンダ町だけ、オリヴェ村だけに分けて分析をした。するとオリヴェ村の中では、まず男性のほうで、知識が多い（精通度が高い）という結果であった（係数〇・〇四九五、P値＝〇・〇四七八）。また、ステップワイズ法によって西洋式家屋に住んでいることも変数として加えられた。オリヴェ村の場合、男性のほうが村のリーダー（リーダーシップ委員会のメンバー）になっており、林業会社が社会的地位が高い人に西洋式家屋を贈る場合がある。村では、人々は社会的リーダーの知識に頼ることも多いため、このような結果になったと考えられる。

一方、ムンダ町の中でみると、能力に影響する要因は一つも検出されなかった。これはとても興味深い結果であった。

というのも、オリヴェ村を見ていると、植物のことで分からないことがある人は、よく他の人に聞く。家庭の中で誰かに聞くこともあるし、村の中で別の人に聞くこともある。集団的な社会なので、聞かれた人は、見返りを求めることなく、それに答える。そのため、必要な知識は村の中で誰かが知っていれば良い。特に社会的地位の高い人が知っていれば、コミュニティワークなどの機会を通じて、必要な時に情報が伝わる。社会的に頼られる男性で、地位の高い人の知識が、中心になって広まるのである。

一方ムンダ町は、個人主義化しつつあるのでそうはいかない。家族の中で聞くことはできても、他の世帯には容易に聞くことができない。特に、町の人は儲かる作物の栽培方法のように収入に関わるような植物知識を、しばしば他人には隠そうとする光景にもでくわした。そのため、生活に必要な知識は、それぞれの世帯で持っている。逆に、特に知識が豊富な人というのもいなくなる。

このようなことから、知識は伝統的に引き継がれてきたものが多くあり、そこに地域の生態環境による村ごとの違いがあり、さらに個人の経験による違いがあることが分かってきた。

4 生態系知識の一八年後

1……「人間—植物」関係の変化

続いてこのような知識多様性の背景を知り、人々の認識の形成過程を理解するために、オリヴェ村における縦断的な調査を行った。二〇〇二年に行った植物—動物—人間の生態系認識の聞き取り(第4章)と同じ調査を、二〇二〇年にも行い、一八年間の変化を分析した。

ソロモン諸島の生業においては、文字化できない個人の経験に根差した知識や、個人の身体に刷り込まれた知識が、大切な機能を持っている(Takekawa 1995)。長期間における知識の変化は、その間の人々の経験を反映するものと考えられ、単独の調査では文字化できなかった知識に迫ることができるのである。

変化を把握しやすいように、前回調査よりも聞き取りする動植物の数は絞った。植物は作物のバナナ、サツマイモとタロイモ、果実類のソロモンカナリウムとビンロウ、皮膚にかぶれを起こす樹木セメカルプス・フォルステニイ、重要な伝統建材のアニスラッグ、カヌーになるゴリティ、建材や道具になるニューギニアヴィテ

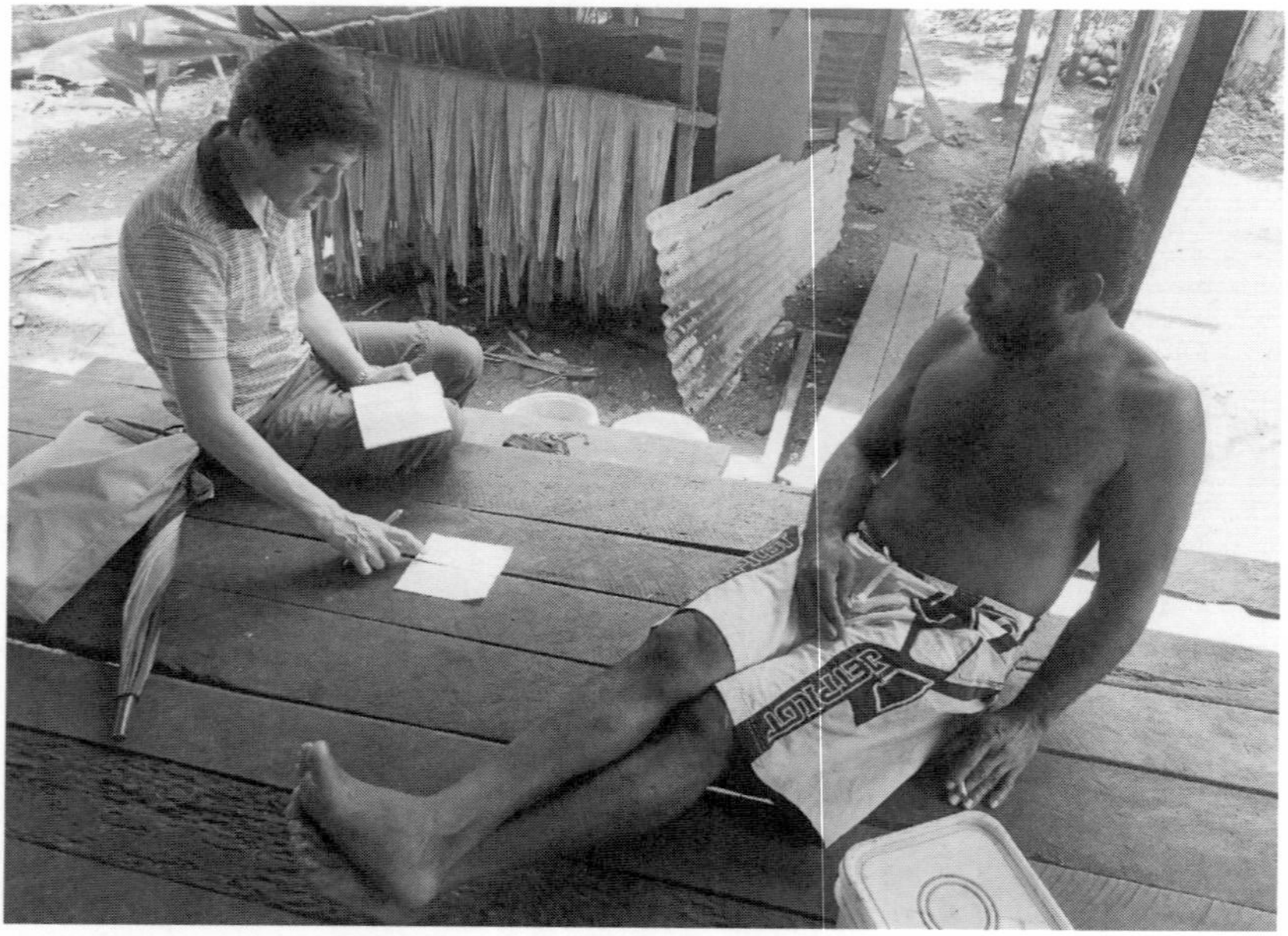

図5-7　動植物知識を聞き取りする様子（オリヴェ村にて：エドウィン・フティ氏撮影）

クス、それから外来の植林種チークの一〇種である。

動物は猛禽類のミサゴ、森の周縁部で多くみられるミカドバトとムネアカヒメアオバト、主に森の中でみられる鳥ソロモンオウギビタキ、キガオムクドリ、メラネシアツカツクリ、畑に現れる動物キガシラインコ、主に地面にいるネズミ類、セイケイ、ブタの一〇種類である。これにヒト（人間）を加えた。

質問は、前回とまったく同じロヴィアナ語文によって行った。第4章のとおりである。聞き取りの対象者は前回と同じく三〇歳以上で、お互いに血縁が遠い人々である。ただし、前回の聞き取り対象者は、今回は除いた。私のロヴィアナ語能力が向上した可能性はあるが、調査方法に明らかな違いは存在しない。

結果では、まず植物が人間に与える影響と、人間が植物に与える影響を二〇〇二年と二〇

表5-5　2002年と2020年における植物―人間関係の認識

	植物から人間への影響		人間から植物への影響	
	2002年	2020年	2002年	2020年
バナナ	1	1	1	1
サツマイモ	1	1	1	1
タロイモ	1	1	1	1
ソロモンカナリウム	1	1	1	0.9
ビンロウ	1	1	1	1
セメカルプス・フォルステニイ	−1	−0.8	−1	−0.6
アニスラッグ	1	1	−0.1	1
ゴリティ	1	1	0.4	1
ニューギニアヴィテクス	1	1	−0.5	1
チーク	1	1	1	1

二〇年で比較する。表5―5は前回と同じように集計したもので、左側が植物から人間へのスコア、右側が人間から植物へのスコアである。

結果として植物が人間に及ぼすスコアは、二〇〇二年と二〇二〇年でほとんど変わらなかった。セメカルプス・フォルステニイが人間に害を及ぼすという以外は、植物は食料、建材、カヌー・道具、現金などとして人間の役に立ち、最高点のプラス一なのである。

一方、人間が植物に及ぼす影響は、二〇〇二年と二〇二〇年で興味深い違いがみられた。

先に変化がなかったところをみると、人間が栽培している畑作物や樹木に対しては、ほぼプラス一であり、つまり良い影響をしている。また有害なセメカルプス・フォルステニイも排除の対象である。ただし、この樹木については二〇二〇年には「危ないから近づかない」、「わざわざ何もしない」という意見もあり、前回マイナス一であったのが、今回はマイナス〇・六となった。

大きな変化としては二〇〇二年にはマイナスをつけていた、アニスラッグやニューギニアヴィテクスが、二〇二〇年にはプラス一になったことである。前回調査では、「有用樹木であるが、道端で邪魔だったら切る」、「特に理由もなく、切ることもある」という回答があった。しかし、二〇二〇年には「以前より数が減った。大切だし、お金にもなるから、見かけたら面倒（コプ）をみる」という回答となった。生長をたすけるよう、邪魔になりそうな周囲の灌木を取り除いたりするのである。

また、アニスラッグについては「幼木や種子を見かけたら、畑や育ちやすいところに植える」という意見すらもあった。食用以外で、しかも在来の樹木を植える、というのは、以前は決して聞くことがなかった。

ロヴィアナ名ゴリティも、二〇二〇年には「植える」と答えた人がいた。二〇〇二年には「（有用樹種だが）邪魔な時は切る」という答えもあった（プラス〇・四）が、二〇二〇年にはそのような意見は全く聞かれず、全員一致でプラス一になった。これは、ユーカリやチークといった外来種の植林を学んだことで、在来種も植林するという行動が出てきたようである。

ここから見えてきたのは、徐々にではあっても開発が進んだ一八年後には、樹木を「大切にする」という意識が増えていたことである。そして、その理由としては「樹木が少なくなってしまったから」、「残しておくと生活や収入に良いことがあるから」ということが聞かれ、いわば「現代的」な意識であった。

さきほど植物が人間にもたらすスコアには変化がなかったと書いたが、実は表にはでてこない、用途の詳細では、変化がみられた。まずチークの用途について、二〇〇二年時点では、換金できる、新葉が染色に使えるという知識だけであった。しかし二〇二〇年には回答者一〇名中五名が建材（柱・床などの製材）に使える、二人が薪に良い、一人が斧の柄になる、と回答した。時間が経つにつれて、経験と知識が増えたことがわかる。なお、オリヴェ村では二〇二〇年時点でチークやレインボーユーカリが販売された例はない。

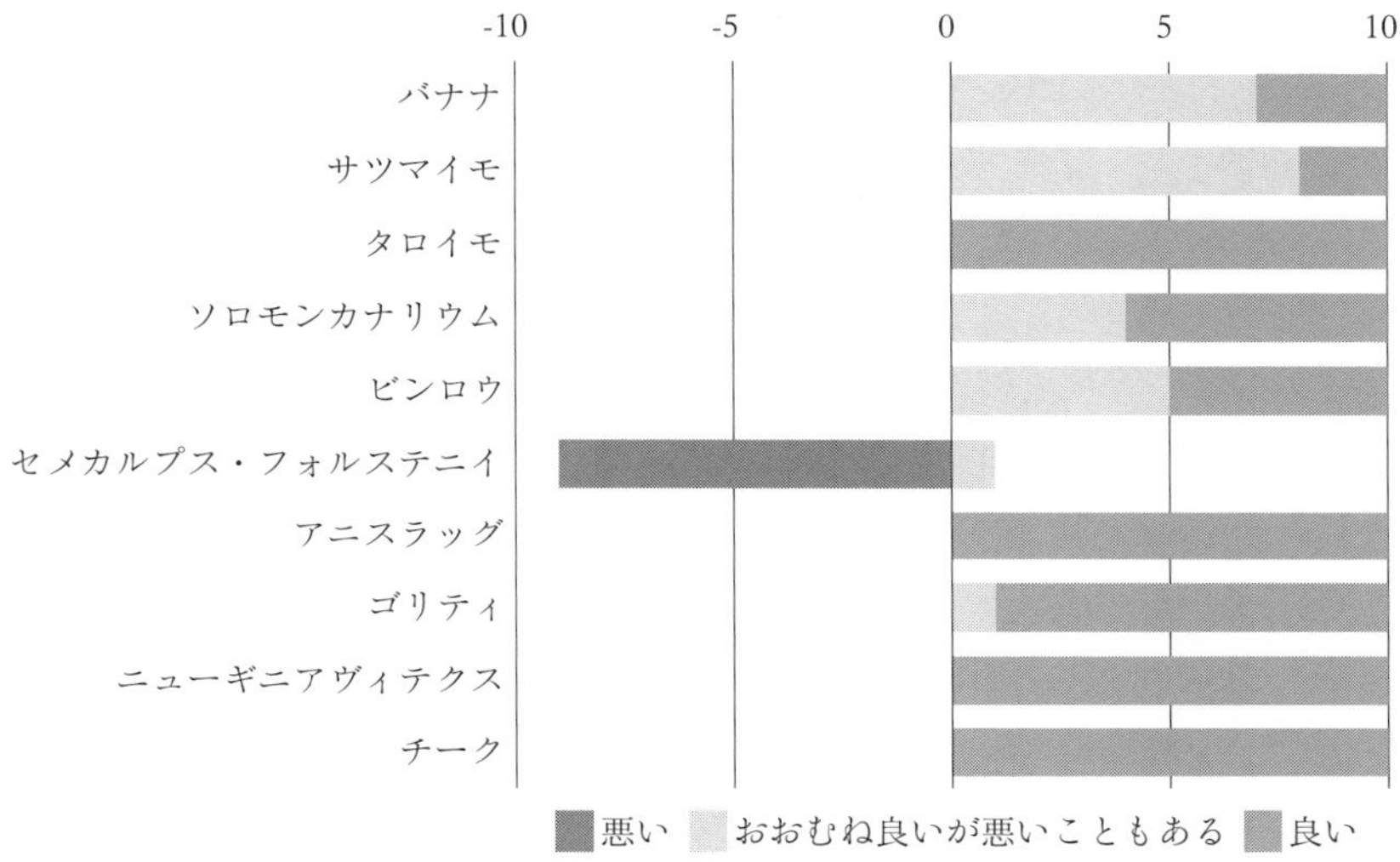

図5-8　植物が人間に及ぼす影響（2020年）を「良い」、「おおむね良いが悪いこともある」、「悪い」に分けた場合

また二〇二〇年に聞き取りをしていると、おおむね良いが、場合によっては悪いことがある、という意見が多いことに気付いた。そこで、「良い」、「おおむね良いが悪いこともある」、「悪い」に分けて、植物が人間に及ぼす影響をまとめたのが図5—8である。

たとえばサツマイモは食料であるが、「糖尿病によくない」という回答が一〇人中八人からあった。サツマイモは血糖値の上昇が早く、糖尿病患者は忌避するべきであるという現代医学的知識が関係すると考えられる。

またバナナは「プトゥプトゥの症状がある人には良くない」という回答が一〇人中七人の回答であった。プトゥプトゥとは、ロヴィアナ語で不整脈もしくは高血圧を指す。バナナはカリウムを豊富に含むために、不整脈患者は避けた方がよいというのが現代医学の知識である。

ビンロウは伝統的な嗜好品であるが、「やりすぎると体によくない」、「口腔がんになると聞いた」という意見がある。またソロモンカナリウムについては「食べすぎると良くない」という意見があり、脂肪分が多いためのようである。

実はビンロウやソロモンカナリウムについては、二〇〇二年時点でもそういう話題が少しでたことがあった。しかし、バナナやサツマイモは、「悪い場合もある」というのは二〇〇二年の聞き取りでは決して出てこなかった。改めてフィールドノートを確かめても、そのような記述はまったくない。

この一八年間に、ソロモン諸島では肥満・糖尿病や高血圧症といった非感染性疾患が増加した。逆に熱帯熱マラリアがほぼゼロにまで減った。政府でも非感染性疾患対策を健康増進と啓発普及活動の中心にし、いまでは保健省や病院が年に二回程度村々を回って、糖尿病や高血圧の検査と、予防の啓蒙をする。このような活動が、知識にも影響したようである。

2……「植物—動物」関係の変化

続いて、植物と動物の関係についてみていく。

植物が動物に及ぼす影響を図5—9に示した。上側が二〇〇二年(第4章の図4—3からの抜粋と同じ)、下側が二〇二〇年である。なお、聞き取りの際に「鳥がその木に止まっているのを見た」というだけでは、「助ける」に数えないが、「その木に巣をつくる」、「その木にとまって実を食べる」、「その木にとまって食料(昆虫)を探す」というように、役立つ内容を説明する場合を「助ける」に数えた。これは二〇〇二年と変わらない。

二〇〇二年と二〇二〇年を比べると、やや意外なことに、二〇二〇年のほうで山が高くなっているところが多かった。今の人々のほうが、植物—動物関係を「たくさん」知っていたのである。たとえばサツマイモが、ネズミ類、セイケイ、ブタの食料になると回答する割合が高くなった。実は、この間毎年訪れるたびに、セイケイによって畑がダメになった、貨物船からネズミが逃げ出し、畑が荒らされたといった話が聞かれるようになった。つまり二〇二〇年までに、これらの動物によって畑のサツマイモが荒らされることが増えたことが関係しているようである。

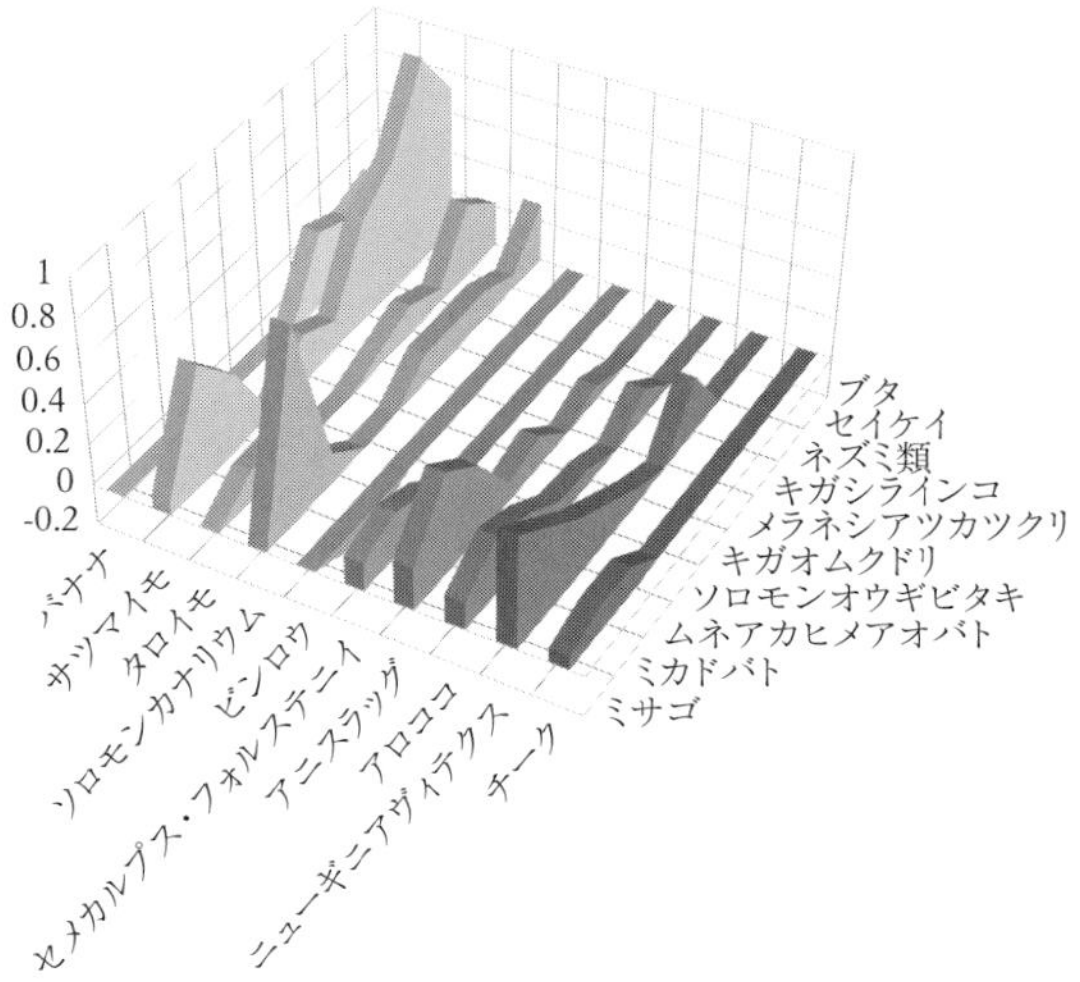

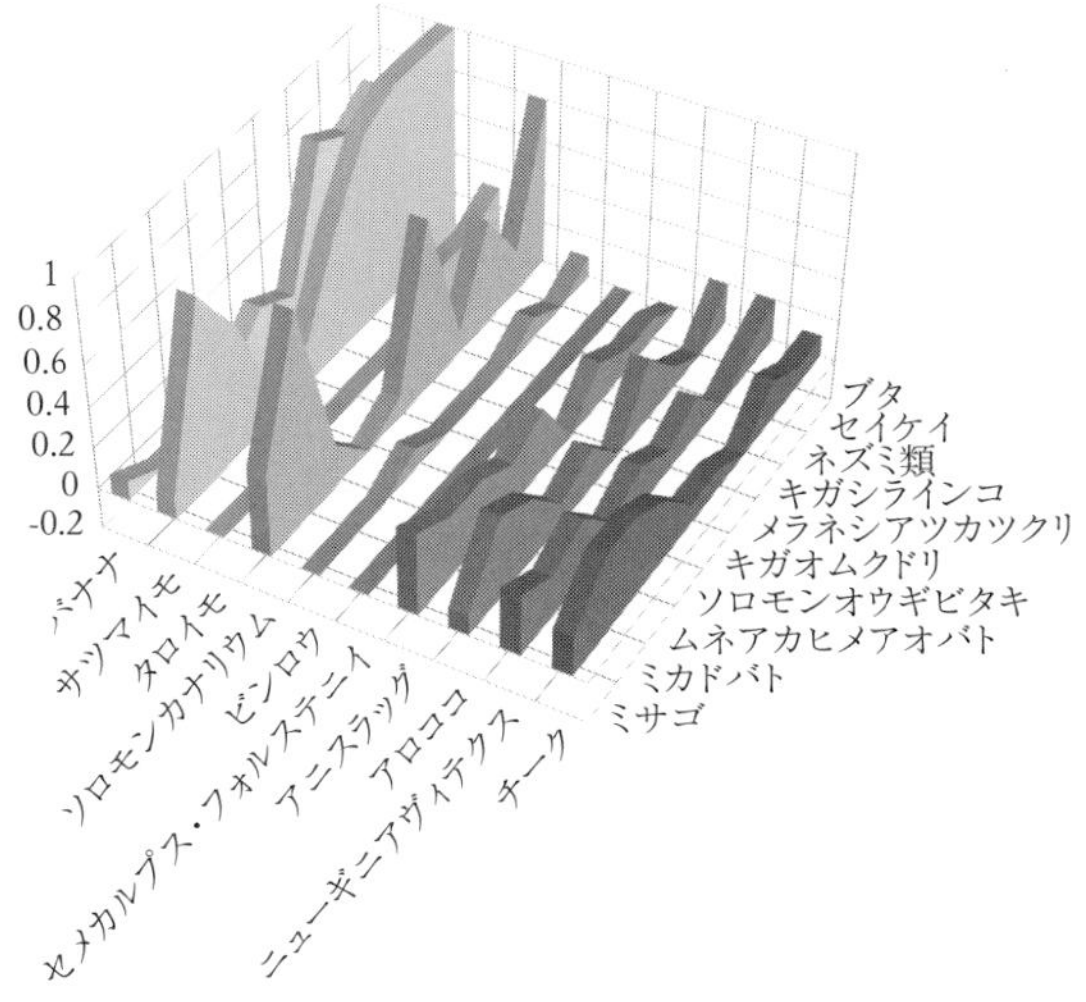

図5-9　植物が動物に与える影響の認識：（上）2002年、（下）2020

セメカルプス・フォルステニイ、アニスラッグ、ゴリティ、ニューギニアヴィテクスといった高木については、鳥が巣をつくっているのをみた、ネズミ類が餌を探していた、といった回答があった。この解釈としては、表5―5のように人間がこれらの植物に与えるスコアが向上したことからしても、人々の関心が高まったため、それらと動物の関係もより多く経験したことが考えられる。また別の可能性としては、農地、植林、森林伐採の拡大により、開けた土地が増え、結果として人々がパイオニア種であるこれらに触れる機会が増えたことがある。

外来種であるチークについての知識が増えたことも特徴的である。なかでもミカドバトやムネアカヒメアオバトの巣作りの場所になる、巣の素材になるという意見は、チークが高木に生長したことで、在来高木と同じような高木―鳥関係がみられるようになったからと考えられる。また少数意見ではあるが、「ミカドバトやムネアカヒメアオバトが、チークの実を食べるのを見た」(一名)、「ツカツクリやセイケイやブタといった主に地上に生息する動物が、チークの根元で餌を探していた」(一名)というように動物との関わりについての、細かい知識も形成されていた。

続いて動物が植物に与える影響は、図5―10に示されている。

二〇〇二年(上)と二〇二〇年(下)を比べると、ブタ、セイケイ、ネズミ類が作物に悪い影響をすることは、今回も多くの人々が認識することであったが、むしろ今回のほうが、有害さを認識する人が増えた。

二回目の調査で特徴的であったのは、ミカドバトがソロモンカナリウムに良い影響をもたらすか、悪い影響をもたらすか、についての意見が割れたことである。二〇〇二年には多くの回答者が「良い影響」だと回答し、図中に高い山(〇・五七)ができたが、二〇二〇年に「良い影響」と回答したのが六人、「悪い影響」と回答したのが四人であり、スコアにするとプラス〇・二と大きく下がった。具体的な関係としての説明は、変わりはなく、ミカドバトが実を食べることでソロモンカナリウムの種子を破壊しているから「悪い」、もしくは表面だけ食べて種子をほかのところに落として散布に貢献するから「良い」であった。しかし、二〇二〇年には種

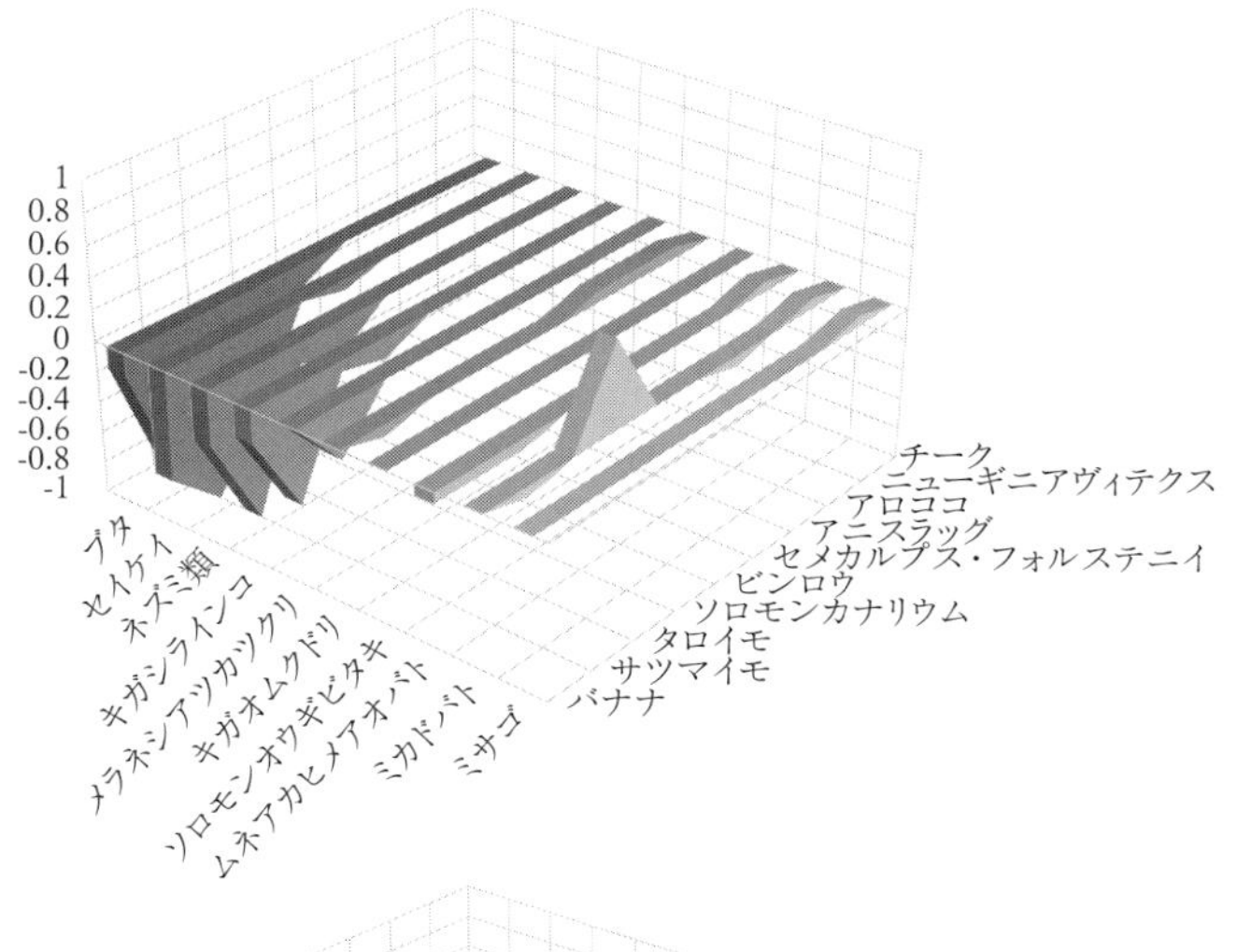

図5-10　動物が植物に与える影響の認識：（上）2002年、（下）2020年

子散布に役立つという生態学的連鎖に言及しない人が増えたのである。

二〇二〇年の聞き取りでは、三〇歳代前半の女性など、むしろ若い世代が種子散布に言及をした一方、五〇歳代の男性が「ミカドバトは悪い」と回答した。伝統儀礼が無くなってから久しくなり、そして保存食にも用いられることが少なくなりソロモンカナリウムの重要さが下がりつつあるとはいえ、今でもこれは保護される樹木である。そのため、これまでの間に、ソロモンカナリウムの個体数が大きく減った、ということはない。そのためこれは、人々の間で、種子拡散のように観察に時間がかかる生態系知識が減ったのであると考えられる。

また全体的にみて、動物が植物に与える正の影響が無くなり、負の影響認識が増えたようであった。

3……一八年間の認識の変化

このように一八年間を比較すると、まず生態学的な植物―動物関係の多くについては、人々の間で忘れられることはなく、いまでも認識されていた。

違いがみられたのは、商業的価値が高く、そしてそれゆえに最近になって個体数が減少している樹木についての人々の関心が高まっていたことである。特に人々がこれらの植物を助けようとする認識が増え、これらの植物が動物と関わる知識が増えたことは注目するべきことである。アニスラッグやゴリティにいたっては、「植える」という人が出てきた。個体数の減少が、保全意識を高めたようである。

二〇〇二年時点ではまだ極めて新しい導入種であったチークが、地域生態系の一角をなすようになり、人々がこの樹木が動物と関わると認識することが増えたことは、経験と時間が植物知識の形成に及ぼす影響を示すわかりやすい変化であった。

また、単純に外部からの啓蒙知識によって、サツマイモやバナナが、良いことだけでなく、「食べすぎると良くない」ということが知られるようになったのも特徴的であった。

前節は、知識はミクロな生態系におうじて独自化するし、開発の進展によって単一化すると考察したが、縦断的追跡調査の結果もそのような現代化の影響を裏打ちするものであった。

その中で、ミカドバトによるソロモンカナリウム種子散布という、一九六〇年代から広くみられていた知識が（Whitmore 1966）、忘れられつつあるということは、やはり注目するべきことであった。先ほど挙げたように、植物と動物の短期的なつながりについては、減るどころか、むしろ増えていたが、森林を作りだすような長期的知識が衰退しつつあったことを示していたからである。

5　時間の中に植える

1……ロヴィアナ地域のランデスクキャピタル

これまでの結果を基に、保全倫理とランデスクキャピタルについて、ここでまとめをしたい。

本書の分析概念の一つはランデスクキャピタルであった。生態人類学の文脈におけるランデスクキャピタルとは、祖先がいったん土地改変を行うと、子孫は生まれながらにして高い生産性を得られる地理的条件であり、伝統的生業においては世代を超えて価値を生み出す資本のことであった（Brookfield 1984；Håkansson and Widgren 2016）。

しかしオセアニア島嶼部の文脈では、ランデスクキャピタルとそれにかかわる資本は、土地や地理条件に限らず、先祖から伝えられ、その社会での価値を生み続けるものが広く含まれる（Bayliss-Smith 1997）。ロヴィアナ地域では、狭義のランデスクキャピタルである棚田のような、目に見える形で改変された土地が引き継がれてきた事実はなかった。しかし、祖先が「植えた」ものから、子孫が利益を得ていることは、さまざまな場面で見出された。

まず生存に欠かせない食料生産について振りかえりたい。堡礁島は、祖先がその地理条件を見出し、常畑化した耕作サイクルを営み、樹木作物は極力植えず、共同的・集団的利用を行ったことで、高い生産性の農地となり、子孫へと受け継がれてきた。

ここで受け継がれてきたのは、土地そのものだけでなく、地理条件から生産可能性を引き出すための知識と、その高収量を持続的に利用できる慣習的制度・慣習法であった。土地を介して、違う時代の人間・社会が、連続的につながっていたのである。

森林からの恵み（生態系サービス）を得られることも、祖先の存在を抜きには理解することができなかった。ロヴィアナ地域の人々は、森林から食料、建材、薬、道具などを得ていたが、それらのほとんどは、手付かずの自然からではなく、何らかの形で人為的に改変がなされた植生から得られたものであった。

このように様々な資源が得られるために、祖先は畑の二次林、集落跡地など聖地の植生、リゼヴのような混

図5-11　タロイモ水田(ルタ)遺跡には半野生化したスワンプタロとさまざまな植物が生長していた

淆林など、様々な人為的植生を作り上げており、そのように様々な植生が一つの領域の中で景観（ランドスケープ）を形成していた。

また、認識の調査から明らかになったのは、在来生態知識（ＩＥＫ）や伝統的生態知識（ＴＥＫ）といったものは、固定されたものではなく、すべての時代において祖先の経験や観察が加えられて、できあがってきたということであった。

このように祖先により創造されたり改変されたりして、「価値」が大きくなった「資本」を、子孫としての今の世代は生まれながらに使うことができた。

ここでランデスクキャピタルについては、「土地のような形をした資本」なのか、「資本のような形をした景観」なのか、という議論もある。インドの都市景観を研究する中から提示された後者は、ランデスクキャピタルではなく、キャピタレスクランドスケープ（capital-esque landscape）という用語で例えられることもある（Morrison 2014）。

ロヴィアナ地域についていえば、景観は重要であったが、物理的に存在する植生や景観そのものよりも、資源や知識や慣習制度が土地に紐づけられて、後世に伝えられることが重要であった。そのことからすれば、ロヴィアナ地域は「土地に紐づけられた資本」なのである。その一方で、生まれながらに引きついだ農耕技術や伝統知識といったものはアマルティア・センが定義したレイバレスクキャピタルに近い要素も含む（Sen 1959）。

こうしてロヴィアナ地域の人々が生まれつき引き継ぐことができ、生存に欠かせない資本（キャピタル）とは、「時間・空間に埋め込まれて、次世代に伝えられる生態系の恵み」ということができる。そして、人々が実際に引き継ぐ土地は島である。その島は自然より価値の高いキャピタレスクアイランズ（Capital-esque Islands）である。ウェルビーイングの元が植えられた島々なのである。

2……問い直される保全倫理

本書の着眼点のもう一つは保全倫理を問い直すことである。これまでの保全は（1）人々が将来の結果を意識したもの、ないし将来像をデザインしたものであり、（2）人々の実践が実際に生物多様性の創造や持続の効力を発揮したもの（Smith and Wishnie 2000）、であるべきとされてきた。

本研究を通じて明らかになったのは、ロヴィアナ地域の人々の行動は、主には経済的合理性によって説明されうるものであり、見かけ上「意図的に保全をデザインする」訳では無いということである。ただし、ここでいう経済的合理性は単に短期的な労働力あたりや時間あたりで最大の利益を上げるというものとは異なる。例えば、堡礁島を伝統的農耕の場として使うことは、そこを開発するのではなくリスク回避の場として利用することで、むしろ長期的には合理的な戦略となっていたのである。

さらに、人々の行動の観察と聞き取りからわかったのは、都合の良い樹木を植える、残すといった目先の経済性だけでなく、植生更新を促す、動物による種子散布を利用するといった、将来の生物多様性につながることもあることである。ロヴィアナ地域の人々は、地域の生態系において、どのように動植物が結びついているかを確実に認識しており、人間がそこに手を加えることが、将来どういう結果をもたらすかを、予測できる人々である。

ある人が、森林を切り開いて作物を畑に植えるとき、その目的は、近い将来に必要な食料を得るためである。

しかしその先に、畑が放棄された後に、そこにパイオニア種による二次林が生まれることを、人々は知っている。つまり、「植える」ことによって「非意図的」な副産物があるということは知られている。研究者の視点からすれば、その副産物は、生物多様性であり、そこから得られる恵みとしての生態系サービスである。

ソロモン諸島マライタ島北部アシ／ラウ社会を研究した里見は、農耕において土地に手を加えること（耕作地）と手を加えないこと（休耕地）が併存しているように、またある人が海に暮らす集団を自認しながらも人口過密化したら陸に移住する構想を併せ持っているように、人々は自然現象と関わる場面で、「別様」と呼ぶべき多義性を示すことを指摘した（里見二〇一七）。

ロヴィアナ地域の人々は、生活に必要な利用として、意図的に自然を破壊したが、そこの回復でより生物が増えるようにと意図的に介入することはなかった。この「意図的な非介入」は、放っておけばパイオニア種が入ってくるという自然の遷移に任せることなのであり、それが最終的に生物多様性へと結びついた。ここで逆説的にいえば、人間によって意図的にデザインされた生物多様性は、つまり人間がロマン主義的に思い描く熱帯雨林は、自然ではない場合があることも考えなければならない。人間が自然を守ろうとして手入れをするとき、そこで自然に起こったのであろう自然の遷移や変化は、人間が考える「自然」の遷移へと捻じ曲げられるのである。自然の連続的で連鎖的なありかたは、人間の管理できるようなものではないからである。

つまり、生物多様性の保全という観点からすれば、人々に多義性があるというよりも、人々は自然には様々な形があるという「自然の多義性」を知り、意図と非意図の間、自覚と無自覚の間で状況を判断し、それに合わせた行動をしているとみられる。

ロヴィアナ地域の研究を通じて「意図的に保全をデザインする」ことは無かったと述べたが、「意図的に破

図5-12　祖先が植えたソロモンカナリウムの実を拾い集める人(ドラ島にて：著者撮影)

壊をデザインする」ことは、多くの場面で観察されたことである。

人々による堡礁島ランガタの農耕は、慣習制度の範囲で、生業のために意図的に行われ、デザインされた破壊であった。しかし破壊は、人々が意図したかどうかにかかわらず、本島の土地利用に自由さをもたらし、植生の多様性に結び付いていた。

またリゼヴの森林は、人々がデザインした森林を作るのではなく、人々がデザインして持続的に利用する場所であったとみることができる。ここも、人々がこの森林を意図して守るというより、意図した利用(日常に必要な資源を採集する)を行ってきたのである。それは、やはり一見すれば非意図的な結果として、一次林と二次林の中間的な植生を作りだした。

そうかと思えば、人々が最近になってはじ

めた植林は、「不自然」な植生を意図的にデザインするものである。しかし、その植生には、自然に動物が訪れるようになり、人々にも自然の恵みをもたらすようになっていた。

欧米の研究者によって定義されるような保全倫理、すなわち意図的に手付かずの自然を生み出すことは、ソロモン諸島の伝統的な生活に恵みをもたらさないばかりか、生物多様性の創造と保持にも必ずしも役立たないのである。むしろ「意図的な利用、デザインされていない保全」が、生物多様性を生み出すということが、ロヴィアナの伝統的社会で認識されてきた自然であり、それがヨーロッパ人のものとは異なる伝統的な保全倫理であったと定義することができる。

生物の多様性があり、文化の多様性もあるように、保全倫理にも多様性があるのである（古澤 二〇〇九）。

第6章

植えるウェルビーイング

1 変動するウェルビーイング

1……都市化の生態学

前章でロヴィアナ地域の伝統的な社会において、ランデスクキャピタルと在来の保全倫理が、生物多様性の創出と存続に役立ちつつ、人々に恵みをもたらすことを指摘した。そして人々はそのような人間と生態系のつながりに関する知識があることも指摘した。いずれも時間経過の中で形成されてきたものであった。

しかし、人々はあくまで経済活動として農耕を営み森林利用をしてきているのである。経済活動が生物多様性や生態系サービスと調和してきたのは、必然なのか偶然なのか。経済活動が伝統的なものからグローバルなものに移りつつある中でも調和は可能なのか。将来に目を向けると今後の森林開発や都市化とともに、このような人間―生態系関係が成り立たなくなる可能性もある。

最後の章では、ウェルビーイングを経済活動の最終的な帰結であると考え、特に人々の身体的な健康に着目し、ソロモン諸島の全域から選ばれた村や町、災害や気候変動の影響を受けた地域を対象としてみてみる。それから、日本でみられた特徴的な事例も取り上げつつ、ランデスクキャピタル、保全倫理、ウェルビーイングを一つの時系列に載せ、普遍的な人間―生態系の理論的モデルを探り、人間と生態系の将来を考える。

まずは都市の生態学に焦点をあてる。ソロモン諸島の町として、首都ホニアラは政府所有地に官公庁が建てられ、工業や商業が誘致され、それ以外の土地には権利を購入したり貸借したりした人々が、各地の慣習地から移入してできている。こうして移入してくる人の多くは、仕事や就学の都合が多く、以前は用事が終わると再び自分の慣習地に戻るものであったが、今では家族と共に定住する人も多い。（関根二〇一五）

一方、ムンダ町は、わずか数ヘクタールの土地だけが政府所有地であり、ほとんどの人々はドゥンデ地区などの広い慣習地に暮らしている。慣習地に住むことができるのは、慣習によって定められた親族集団のみである。つまりムンダ町ドゥンデ地区は、慣習地で都市化が起こって町になったものである。言い換えるとムンダ町は、現在の「町」の中では例外的であるが、ソロモン諸島で大半をしめる「村」の将来を代表するものである。

そのような視点に立つと、本書がすでに示したように、ムンダ町にいても定収入を得られる世帯は三分の一程度にすぎなかったことはソロモン諸島における慣習地都市化の一つの特ちょうを示している。三分の二の世帯は、人口過密化により農地の生態条件が劣化しており、生産性は低く、かといって現金収入源も限られていたのである。

ここからは第2章でも分析した生業調査から得られた表6―1に基づいて町と村の生産性の違いを、詳しくみていきたい。農収量や時間利用の調査方法は既に述べた通りである。収入と支出は二八日間毎日私が各世帯で聞き取りをした結果である。

町の定収入なし世帯は、農耕をしても一日の収量は世帯当たりで七・二五メガジュールとなり、村世帯の一九・七二メガジュールと比べて半分以下である。ここで世帯における人口構成が違うため、各世帯に暮らす人々の年齢・性別・体重から、各世帯に必要なエネルギーの量を「消費者単位」（成人男性一人あたり）として算出して調整することにする。この場合、町で定収入なし世帯は一日あたり、消費者単位あたりで一・三四メ

表6-1　町の定収入あり世帯、定収入なし世帯、および村の世帯の生産と消費：平均［標準誤差］

	町：定収入あり	町：定収入なし	村
消費者単位：CU [a]	6.0［0.5］	5.4［1.9］	5.8［2.2］
生産者単位：PU [b]	3.0［1.4］	2.9［1.4］	3.3［1.5］
CU／PU	2.3［0.9］	1.8［0.6］	1.8［0.5］
畑面積（m^2）	111.6［153.7］	504.1［418.4］	846.8［510.8］
畑面積（m^2）／CU	20.1［29.3］	98.1［81.4］	155.3［72.3］
農収量（MJ）／日	1.16［1.59］	7.25［8.82］	19.72［12.50］
農収量（MJ）／日／CU	0.20［0.28］	1.34［1.55］	3.56［1.82］
現金収入（SBD）／日	147.1［120.7］	18.1［20.5］	12.6［11.2］
現金収入（SBD）／日／CU	25.1［20.6］	3.1［2.8］	2.5［2.6］
現金支出（SBD）／日	31.8［15.8］	16.4［6.8］	11.9［6.1］
現金支出（SBD）／日／CU	5.4［2.8］	3.3［1.6］	2.2［1.2］
耕作に費やした時間（時間／日／PU）	0.15	0.73	1.10
現金獲得活動に費やした時間（時間／日／PU）	3.68	1.55	1.07
現金獲得活動に費やした時間あたりの利益（SBD）／時間）	12.04	3.58	3.31
耕作に費やした時間あたりの収量（MJ／時間）	2.26	3.03	5.28
畑1ヘクタールあたりの収量（MJ／ha）	104.0	143.9	232.9

a　年齢、性別、体重ごとの食料エネルギー所要量を推定し、各世帯がどれほどの食料エネルギーを必要とするかを、成人男性の人数で現したもの。世帯の食料需要や消費の大きさを表す。
b　各世帯で生産に従事する成人男女の数。世帯の労働力の大きさを表す。

ガジュールのエネルギーを畑から得られるが、これは村の三・五六メガジュールの三分の一程度に過ぎない。労働時間は町で定収入なし世帯は生産者（成人）一人一日あたり〇・七三時間を農耕に費やしており、これは村世帯の一・一〇時間の七割程度に相当する。

また現金獲得活動の時間は生産者一人一日あたりで、町の定収入あり世帯は三・六八時間、町の定収入なし世帯は一・五五時間、村世帯は一・〇七時間であった。この場合、町の定収入なし世帯は村の一・五倍ほど働いている。世帯の消費者単位当たりの現金収入は町の定収入なしでは一日あたり三・一ソロモン諸島ドル（約四五

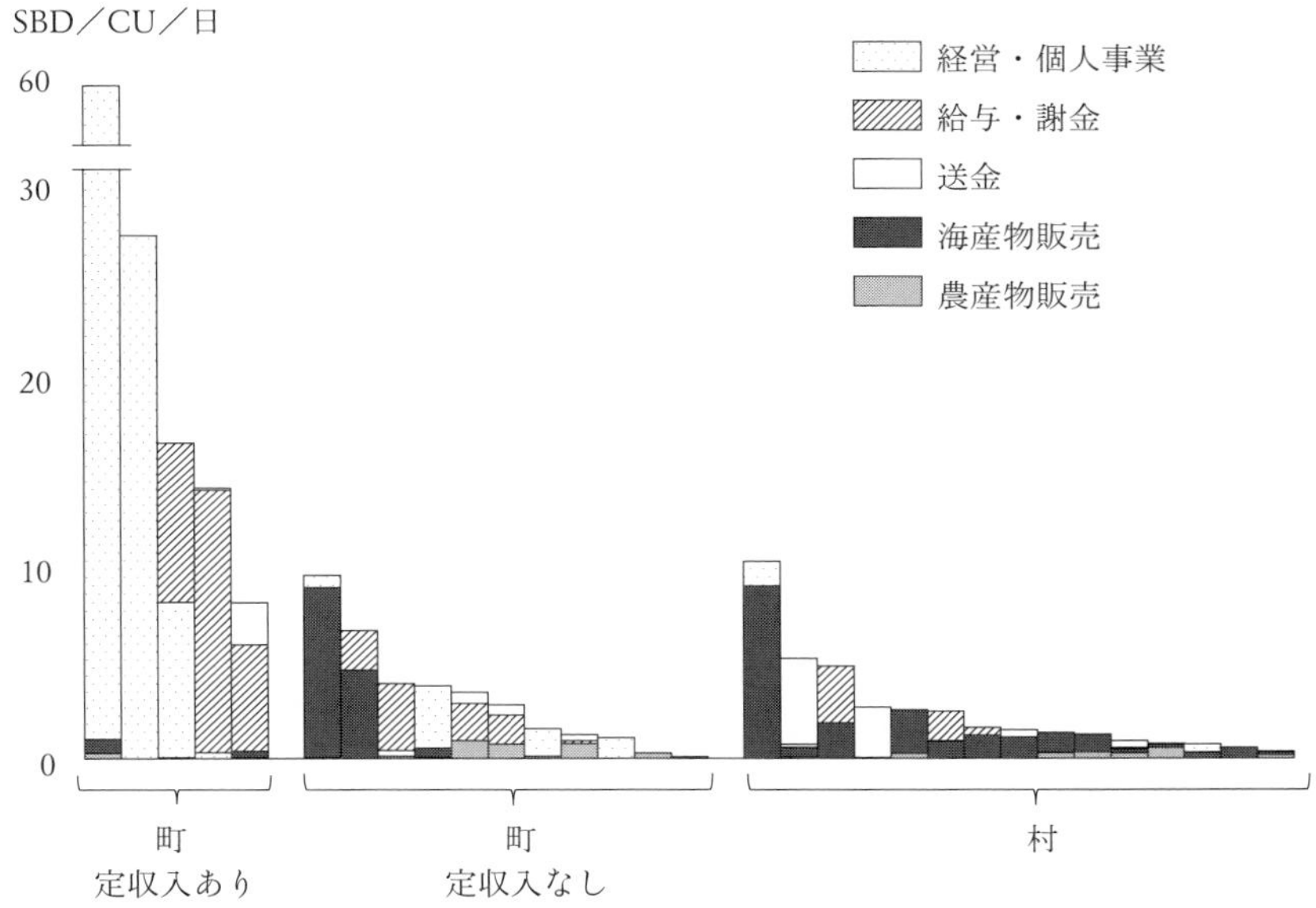

図6-1　世帯（1日・消費者単位あたり）の収入源別収入

円）であり、村における二・五ソロモン諸島ドル（約三八円）のたった一・二倍程度にすぎない。

図6—1は、世帯の消費者単位あたりの現金収入を、収入源ごとに分けて示している。ここで、町の定収入あり世帯が、事業や雇用でほとんどの収入を得ているのは当然である。一方、村の収入は海産物の販売がもっとも大きく、続いて林業会社で働く家族からの送金や、林業会社関係の一時的な労働であった。最後に町で定収入なし世帯をみると、もっとも大きいのは海産物の販売であり、続いて一時的な労働や、自宅でのちょっとした物の販売が続いた。

海産物販売に着目すると、ロヴィアナラグーンのサイキレ慣習地の範囲は、ムシロガイ（オリイレヨフバイ）類の貝に恵まれ、その貝を伝統貝貨として珍重しているパプアニューギニアの買い付け人に売ることが、村の安定した収入源になっている（深田 二〇一四）。これはロヴィ

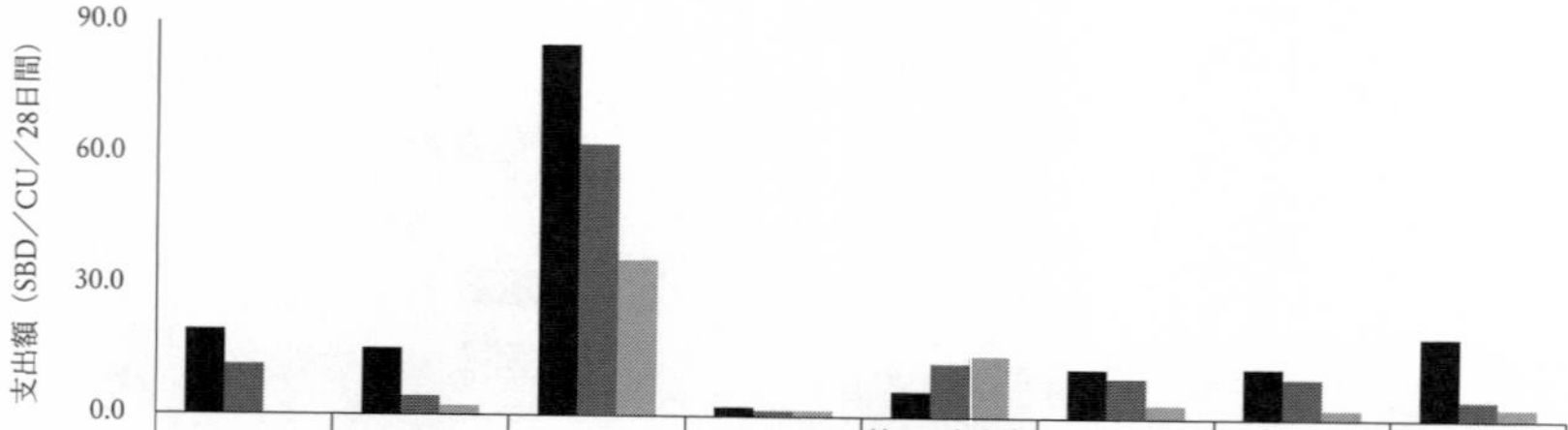

	地元農産物	地元海産物	輸入食品・商店 食料品	地元嗜好品（ビンロウ）	輸入・商店嗜好品（タバコ、紅茶等）	燃料	日用品・道具	その他（交通、教育、医療等）
町・定収入あり	19.6	15.3	84.9	2.2	5.9	11.3	11.6	18.9
町・定収入なし	11.5	4.2	62.2	0.8	12.4	9.2	9.3	4.4
村	0.2	1.3	35.7	1.0	14.1	3.1	2.3	2.7

図6-2　費目別の支出額（一消費者単位あたり）

アナラグーンの中でも、海底地形の違いによるものであり、ムンダ町にはない。

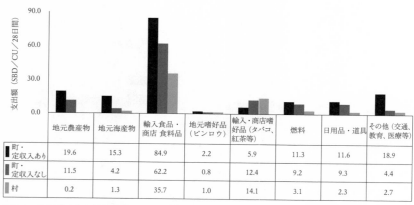

逆にムンダ町には、「フィシャリー」と呼ばれる小規模魚市場制度があって、個人が釣った魚をそこに持ち込むと、職員がキログラムあたりの金額で購入し、冷凍庫に保管する。消費者が買いにくれば、冷凍された魚を入手できるのである。一方、村には電気がないため、このようにして冷凍された魚の売買ができない。

しかし、町の人々が釣りをしても、必ずしも販売できるほどの魚を得られるわけではない。シャンカー・アスワニの研究によると、サイキレ慣習地の海は、サイキレの人々しか使うことができない。だが全ロヴィアナ人発祥の地であるムンダ近辺の海は、慣習理論上は創始者の血を引く人々すなわち、ほぼ全ロヴィアナ人がアクセス可能である（Aswani 2002）。そうでなくとも、ムンダは人口が稠密している。結果として、ムンダ町では海洋資源が乱獲されやすく、人々が漁にでてもあまり効率よくは魚が得られない。メラネシアでは、人口増加したときにいかに集約的農耕を営もうとも慣習地の面積に限界があり、現金収入や移住を通して人口を賄わざるをえないと考えられてきた（Ohtsuka et al. 1995）。しかし、

図6-3　集落内で薪が売られているムンダ町ドゥンデ地区（著者撮影）

ソロモン諸島の慣習地で人口過密化すると陸と海における慣習法の働きや歴史的経緯のために食糧生産は低く、現金収入も不十分になるのである。

図6―2は品目別の支出額を示している。支出でみると町の定収入なし世帯の支出は消費者単位あたりで一八・一ソロモン諸島ドル（約二七二円）であり、これは村における一二・六ソロモン諸島ドル（約一八九円）よりも四三％も多い。村では無料で手に入るような食料、薪、道具などの森林資源が、町では購入しなければならないためである。特に差が大きいのは、輸入食品であって、これも地元で食料が生産できるかどうかが関わっている。

村の食料生産は、世帯平均にしてみると安定していることはすでに述べたが、世帯や個人によるバラツキもある。例えば子供のいない老人で、自分で畑を作ることも、働くこともできない人もいる。しかしそのような老人は、親族の家に住んでいる。そのため、村で独居している人はいない。また、子供が多くなった世帯は、養子（ピナウス）を出し、生活に余裕があったり人手不足に困っていたりする世帯が、その子を引き受けることも一般的である。慣習的な受け皿があるのである。こうして再配分あるいは平準化が機能している。

一方、町ではその日の食事にも困る人がいる。たとえば基礎疾患を抱えて働けない男性が、独居していて、しばしば、食事を乞いに歩いていた。また、やはり疾患のある母とその子供たちだけの世帯も、集落内で家々をまわり残飯を集めることがあった。養子はしばしば見られたが、よほど経済的なゆとりのある世帯だけが、受け入れていた。これらは、農耕生産性が低くなり、換金性資源も枯渇しつつある町におけるウェルビーイング上の問題の深刻さを示していた。

2……深刻化する非感染性疾患

ソロモン諸島における生存上の問題といえば、長らくマラリアを代表とする感染症が主であった。しかし、長年の日本などによる国際的な支援を経て、二〇〇〇年前後から、簡易キットによる早期発見や副作用の少ない早期治療の体制が進み、また予防効果の高い蚊帳が普及したこともあり、いまではマラリアは少ない。

他の感染症としては、デング熱や麻疹、インフルエンザなどが流行するようになった。また、いまだに乳幼児期や老年期の人々の間では、結核や、呼吸器感染症といった、感染症と栄養不良による死亡がみられる。しかし、疫学的にみて、感染症は生存上の主要な問題ではなくなりつつある。

図6-4　健康診断調査の参加者に問診をする様子（著者撮影）

その一方で増えてきた健康問題は非感染性疾患（生活習慣病）である。

医学と人類学を結び、現在の人類生態学を築いたさきがけの一人である、ハーヴァード大学のアルバート・デイモンらは、一九六〇年代に「ソロモン諸島プロジェクト」と称される大規模調査を行い、各地で健康診断を行った。その当時には、糖尿病や高脂血症のような非感染性疾患は、ほとんど存在しなかった（Page, Damon, and Moellering Jr 1974）。

しかし、一九八五年にオーストラリアの医師らがムンダ町、ニュージョージア島北部のパラダイス村、ノロ町近郊のミクロネシア（キリバス）人集落ラヴァキ村で健康調査したところ、大きく変化した結果が得られた。この時には、町でも村でも高い割合の人々が肥満であったのである（Eason et al. 1987）。また、ムンダ町の七％程度、パラダイス村の五％程度が高血圧と診断された。さらにムンダ町やパラダイス村の一%程度、ラヴァキ村の四%程度に糖尿病がみられた。なおミクロネシア系住人は、メラネシア系に比べると、肥満や糖尿病になりやすい体質であるとされる(Furusawa et al. 2010)[18]。

つづいて大塚柳太郎をリーダーにした二〇〇四年の調査では、ムンダ町は高血圧八・〇%、糖尿病二・五%で、パラダイス村は高血圧六・五%、糖尿病三・七%、ラヴァキ村は高血圧六・三%、糖尿病一〇・三%となった(Furusawa et al. 2011)。

これらを比べると、一九六〇年代以降に非感染性疾患は出現して一貫して増えており、増加のペースも早まっているようである。そして町での患者が多い。

非感染性疾患の増加は、世界中でみられることであり、食生活における糖質や脂質摂取量が増えること、生活習慣における身体活動量が減少すること、そして感染症・低栄養が減り衛生状態が改善する中で、長生きした高齢者が慢性疾患を抱えやすいことが、主な要因となってきた。肥満についていえば、先進国では低所得者に多くみられ、その背景には食生活の偏りなどがあるとされている。

ソロモン諸島のような低開発地域における非感染性疾患の増加は、食生活・生活習慣の欧米化が大きな要因であると考えられ、そのため市場経済的に裕福な人がなりやすいことが知られてきた。

しかし近年は、肥満は農村部でも増加している(NCD Risk Factor Collaboration 2019)。むしろ、学校教育を受けて健康的な生活について知識を得ることが肥満回避につながるという報告もある(Tsuchiya et al. 2017)。そしてロヴィアナ地域においても、収入が低かったり、農収量が少なかったりする世帯に、肥満が多い傾向がみられた(Furusawa 2011)。

ムンダ町の市場と商店を調査した結果、一ソロモン諸島ドルで購入できるエネルギー量は、地元のサツマイモなら二・二メガジュール（五二五キロカロリー）、キャッサバなら五・二メガジュール（一二四二キロカロリー）であったが、輸入の米なら三・四メガジュール（八一三キロカロリー）、小麦粉なら五・七メガジュール（一三六二キロカロリー）であった。つまり地元の作物よりも輸入食品のほうが、費用あたりのエネルギー量が大きく、もっとも大きいのが小麦粉であった。小麦粉は、油や砂糖とともに調理される、自家製ドーナッツとしての食べ方がもっとも多い（第2章）。このため、農耕生産や現金収入の少ない世帯が、安価な小麦粉、調理油、糖分の摂取を増やすことが、非感染性疾患のリスクになる。

非感染性疾患はただちに生死にかかわる疾病ではないが、慢性的な苦痛と障害が生涯続く場合もあり、生活の質（ＱＯＬ）を低下させる。町の環境における農耕生産性の低さと現金収入の格差は、低所得世帯での安価で不健康な食生活に繫がり、ウェルビーイング上の問題に結びつき得るのである。

（18） 人々は、糖尿病（ロヴィアナ語のミノホシュガ *minobo suga*）に対する恐怖心を持っている。人々によると、一九八〇年ころまで、村では糖尿病はほとんど知られていなかったが、町で働いて退職して戻った村人が、謎の病気にかかった。しばらくするとこの病気にかかった人はみるみる痩せていった。また、足にウジ虫が湧き、それを毎朝塩水で洗い落していた親戚がいた。そういった、強い印象に残る病気があって、やがてそれが「糖尿病」であることを知ったのである。

2 環境撹乱と身体的健康

1……地震・津波による環境撹乱

環境とウェルビーイングの関係を、ソロモン諸島での広域な調査結果から、みていきたい。

ソロモン諸島には様々な災害があり、突発的に環境が大きく変動する場合もある。「二〇〇七年ソロモン諸島沖地震・津波」は、そのような環境撹乱の一例であった。

二〇〇七年四月二日の現地時間午前七時四〇分に、州都ギゾがあるギゾ島から南南東の沖合四五キロメートル、深さ一〇キロメートルを震源とする、マグニチュード八・一の巨大地震が発生した。この地震とその後の余震（最大でマグニチュード六・二）により数多くの家屋が倒壊した。

津波が発生してギゾ島の州都や近郊村の一部、シンボ島の村がまるごと消滅したほか、遠くチョイスル州のチョイスル島南岸の村でも被害をだした。またラノンガ島西部などでは大規模な斜面崩壊が多数発生し、集落の大半がそれに巻き込まれた村もあった（モンド村）。ウェスタン州とチョイスル州の人口は合わせて約九万人であったが、そのうち約二万五千人が被災し、倒壊家屋数は約三二〇〇、死者五三名となった（鈴木ら二〇〇七）。

ウェスタン州のタプライ村は、甚大な被害を受けた村々の中でも、他の島々から遠隔のシンボ島にあり、とりわけ町からの交通アクセスが悪いところにあり、前章まで取り上げたオリヴェ村と比べても、開発の程度が遅れた村であった。そして交通アクセスの悪さにより、復興が最も遅れた村でもあった。もとは畑であった場所に、テントなど仮設の家屋を立てて、生活していた。タプライ村はモンド村とともに、災害により移住を余儀なくされた例である（Filho et al. 2020）。

私達が健康調査を行ったところ、タプライ村では、C反応性タンパク（ＣＲＰ）という指標の値が高い人が多かった（Furusawa et al. 2011）。ＣＲＰは保健分野においては、炎症マーカーと呼ばれるが、特に発展途上国の場合には、何らかの感染症にかかっている時に高くなることが多い。タプライ村では、子供の間でこの炎症が多かった。

その理由には、生活環境が考えられる。まずソロモン諸島における感染症対策の課題には、長らく安全な飲料水の確保があった。人の糞便や自然界から病原菌が、水源に混入すると、それを利用している人々の間に流行を引き起こす。町では水道の整備、村では雨水タンクの普及、それから家庭での煮沸が行われているが、遠隔の村ではそうはいかない。タプライ村には、村では珍しく水道があったが、津波で破壊されてしまった。タプライ村には雨水タンクが足りず、また手間と薪のかかる煮沸もあまり行われなかった。そのため飲料水に高い頻度で大腸菌が混入しており、ビブリオ属細菌の汚染も見られた（Furusawa et al 2008）。

また、同村の子供の身長は、他村と比べても、標準的な成長曲線よりも著しく低いという、発育阻害が多くみられた。これは集落が破壊された結果、もともと切り開かれていた畑に集落を移転し、また漁に使う道具も破壊されたため、食料生産が下がったことが要因と考えられる。さらに外部からの物資にもなかなかアクセスができない状況にあった。

図6-5　2007年ソロモン諸島沖地震の被災地：(a)倒壊した州都ギゾの教会、(b)ギゾ島ティティアナ村の避難キャンプ、(c)津波で集落が消滅したシンボ島タプライ村、(d)斜面崩壊したラノンガ島

低栄養は子供の免疫力を落とし、感染症に対して脆弱にさせる。つまりソロモン諸島全体としては感染症の危機がなくなりつつあるなかでも遠隔で開発が遅れた村では、災害二年後において、感染症のリスクが高かったのであった。

ティティアナ村は、もっとも大きな被害を受けた村であるが、ギゾ島にあり、ギゾ町まで徒歩や安価なバスで通勤できる場所にあった。またティティアナ村の住人は、一九六〇年代に人口過密化したキリバス（当時は、ソロモン諸島と同じイギリス保護領）から移住してきた人々とその子孫である。ソロモン諸島在地の人々が住んでいなかったところを、当時のイギリス政府が政府所有地とし、そこにキリバスからの移民を住まわせたのである。そのため、津波で集落が壊滅した後になって、そもそもここは人間が住むには危険な土地だったのではないか、という意見も聞かれた。

健康診断の結果、ティティアナ村でも炎症が多くみられた。この炎症は、避難キャンプでは人々が密集して暮らし、限られた水源やトイレを共用しているため、感染症が移りやすい環境が要因であると考えられた。

その一方、ティティアナ村では、肥満（体格指数BMI≧三〇キログラム／メートル二乗）に相当する人も多かった。肥満は糖尿病や高脂血症、虚血性心疾患の増加に結び付き、問題になるものである。これは、避難キャンプに暮らす人々が、もともとの生業であった漁撈や農耕をあきらめ、収入も支出も都市に依存していることがある程度影響したと考えられた。

そういったことを反映するように、生活状況を聞き取りするとオリヴェ村とタプライ村では九〇％程度の人々が、自分たちが得られる農作物や漁獲に満足していたが、ティティアナ村では五〇％程度にすぎなかった。開発と生態環境が、災害後の生活と健康状態つまりウェルビーイングに影響をもたらしていたといえる。

2……気候変動による環境攪乱

別の環境攪乱として、気候変動に伴い、小島嶼の社会が直面している問題がある。

ソロモン諸島のチョイスル州の州都タロは、面積一平方キロメートル未満、人口は約八〇〇人の島である。タロ島は最高海抜が二メートル未満という平坦な島であり、地球温暖化に伴う「海面上昇」により水没の危機にあると言われ、全島民移住計画が立てられた。

図6-6　リーフ環礁（ニフィロリ島）で海面上昇によりプランテーションのココヤシが倒れた様子（a）と有用果樹で土地が覆われた島の様子（b）

もともとウェスタン州の一部であったチョイスル島とその近辺の島々は、一九九二年に新たな州に昇格し、その時に数少ない政府所有地であったタロ島が新州都になった。それ以前から、タロ島には小さな飛行場があり、行政や商業の中心であった。

とはいえ州独立まもなくから、タロ島では土地が狭いことが問題になってきた。ただでさえ狭い島であるが、そこに飛行場があり、その脇には大きな沼地もある。そのため、行政や商業の建物、学校、そこで働く公務員とその家族のための住居を作るだけで、農耕を行うような場所はほとんどなかった。全島民移住計画が立てられたのは、単に海岸浸食等の影響や、津波の危険性が顕在化したからだけでなく、限られた島が都市化して現れた様々な問題を解決するためであった。

その一方、海岸浸食や表土流出の影響が深刻であるところとして、オセアニアには環礁部（アトール）もある。火山性の島が「高い島」と呼ばれることに対して「低い島」であるソロモン諸島の環礁部は、各地の州都からの定期便は、一ケ月一便あるかどうかという程度であり、本島部から隔絶されている。また、住人数が限られていることから、政治的な優先度も低いことが多い。そのため、例え状況が深刻でもタロ島のようには、具体的な対策も取られていないことがある。

そのような中で、テモツ州リーフ環礁はサンタクルーズ島から船外機付きボートに乗って二時間程度で着くことができる。(19)

リーフ環礁にあるマニュオポ村は環礁の中で最大のロムロム島の中心地である。村を取り囲む地域では、海岸浸食により居住地が減退したり、沿岸植生が失われたりするなどの被害が出ていた。環礁では、もともとイモ類の農耕ができる面積が極めて限られており、人々は陸地にパンノキ（*Artocarpus altilis*）やブルケラ・オボヴァタ（*Burckella obovata*）、タイヒチアンチェストナット（*Inocarpus edulis*）などの様々な果樹植物を隙間なく植え、伝統的な主食としている。海面上昇があっても陸地を守るために、人々が自力で石を積んで防波堤を作ったり、マングローブを植林したりといった活動をしている。しかし、大規模な適応策は実施されていない。

私達はタロ町やマニュオポ村のように、海面上昇の影響を受けたところで健康診断を行った。するとタロ町では肥満が多かった。それは食料のほとんどを外部に依存し、生活が都市化しているからであろうと考えられた。

一方、マニュオポ村は、顕著な身体的な健康問題は見られなかった。しかし聞き取り調査を通じて、この村も多くの問題を抱えていることもわかった。

生活状況を明らかにするために、ＷＨＯの人道的緊急事態ニーズ認知尺度（Humanitarian Emergency Settings Perceived Needs Scale（HESPER））を用いて、何が深刻な問題であるかを聞き取った。

（19） さらに二〇二〇年からは、不定期ながら、首都ホニアラから国内線が飛ぶようになったという。

すると、マニュオポ村は、飲料水の確保に「深刻な問題を抱えている」との回答が三八・一％あったほか、同様に食料について三七・四％、住む場所について一六・五％、収入または生計について七七・五％の人々が「深刻な問題」ととらえていた。これは他の地域よりも、はるかに高い割合であった。

環礁では地下も含めて淡水源が限られているし、食料生産の土地も限られている。そのため、あまりにも町から隔絶されていると、身体的な健康に明らかな影響がなくても、心理的にかかえている不安は多く、やはりウェルビーイング上の問題を抱えるようである。

これらの結果は、かならずしも海面上昇だけによるものではないと考えられるが、とくに面積の小さな島では村でも町でも、人々が環境から受けられる恵みに限界があることを示していた。

3……環境と身体的な健康

これら環境の異なるさまざまな地域で行われた健康調査の結果を、すべて横断的に比較してみよう。調査地は図6—7に示すとおりである。

なお比較するためには、ソロモン諸島全体の年齢・性別人口構造を元に、年齢・性別調整をした有病者割合を算出した。これは、例えば高齢になるとかかりやすい高血圧は、高齢者が多い村と、若者が多い村をそのまま比較できないため、行われた調整である。また、糖尿病はムンダ、クサゲ、ラヴァキは血糖値で診断したのに対し、それ以外では糖化ヘモグロビン（HbA1C）を用いたため、厳密な数字の比較はできない。またムンダ、パラダイス、ラヴァキの三村では、炎症マーカーの調査は行われていない。

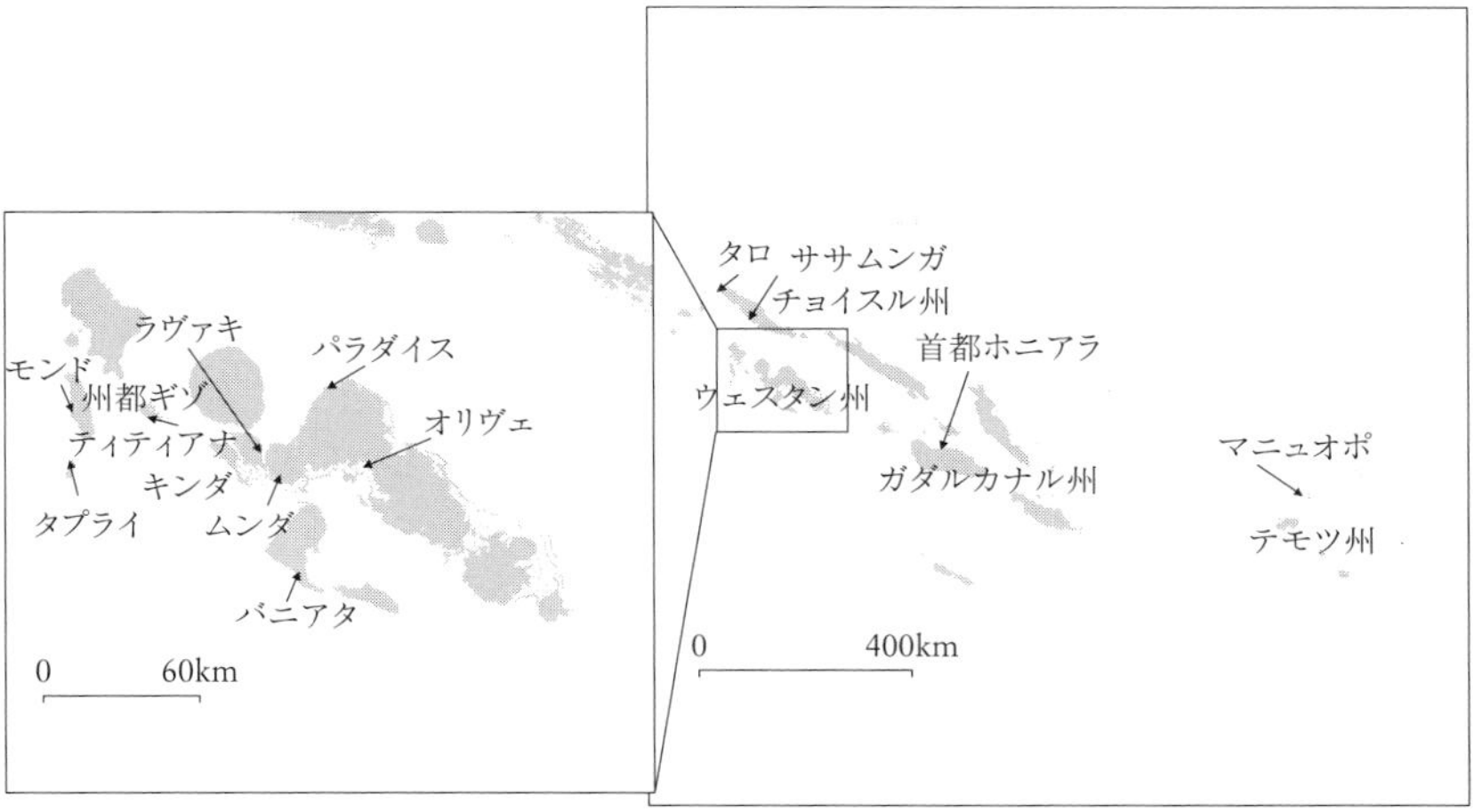

図6-7　第6章に登場する調査地の地図

図6—8の結果は、右に行くほど開発が進んだ町になり、左に行くほど開発から隔絶された村になるように、並べられている。ただし、この開発の程度は、私の主観により評価されているため、厳密なものではない。

比べてみると、ムンダ町、タロ町など、右側の開発が進んだ地域で非感染性疾患である肥満や糖尿病が多いことがわかる。これは既に述べたように、現代的な食生活と生活習慣が入ると、こういった病気を発症する確率が高くなるためである。

一方、感染性疾患や食料不足の指標である成人の低栄養（やせすぎ）と成人の炎症は、全体的に少いが、相対的にみれば、開発が進んだ右端と、開発がとりわけ遅れている左端のほうの、両端に多い傾向がある。例えばもっとも開発が遅れているマニュオポ村、バニアタ村、パラダイス村をみると、他の村よりも低栄養が相対的に多い。調査したのが、災害や海面上昇の影響を受けたところであることも一因であるが、そのような災害を受けていない村（パラダイス村）も含まれており、現代的な食品流通網へのアクセス

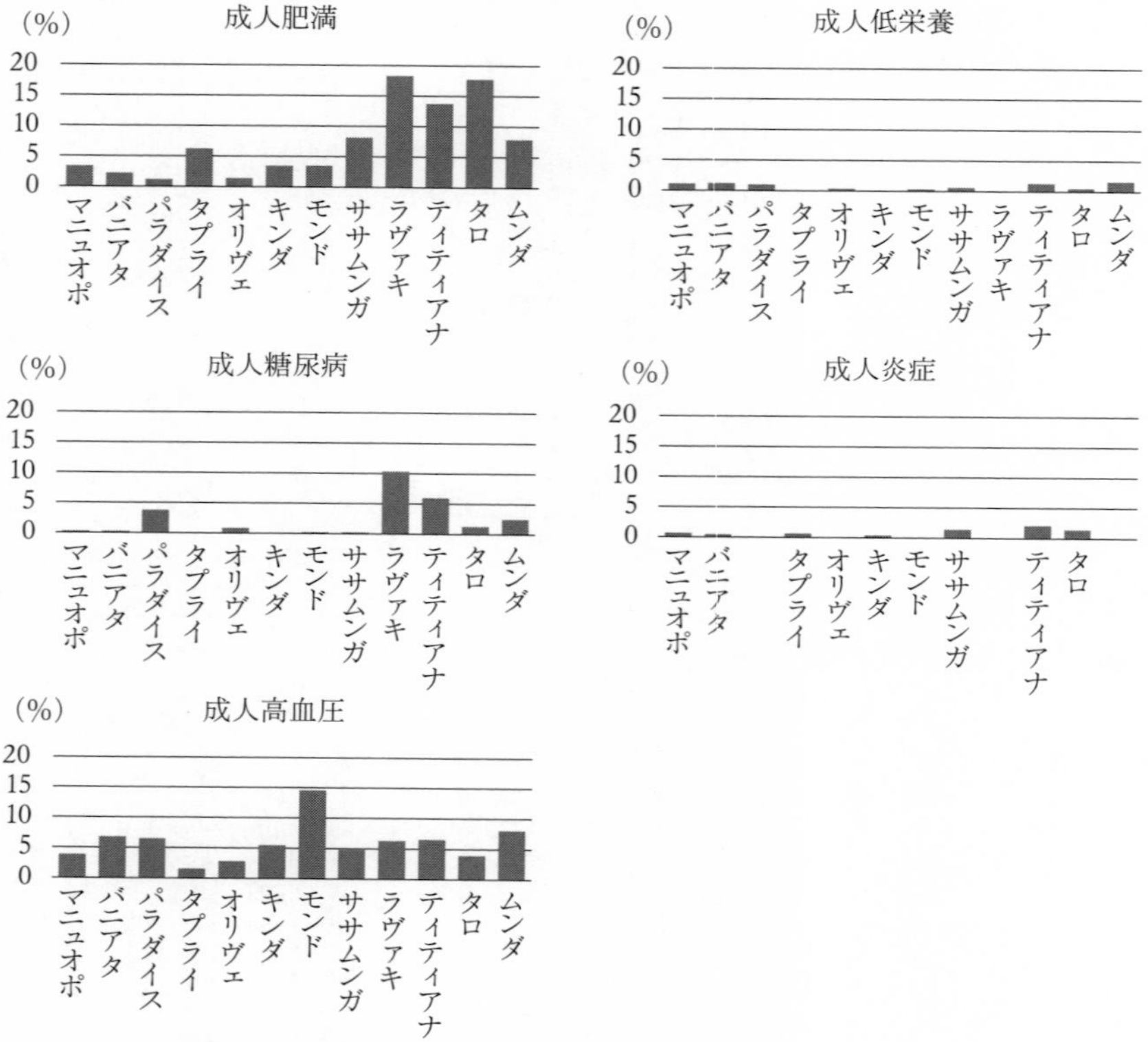

図6-8　年齢・性別調整疾病有病者割合（2005〜2018年に実施）
糖尿病の診断にはムンダとラヴァキとパラダイスでは血糖値が、それ以外ではHbA1cが用いられた。

の悪いことが原因と考えられる。町はムンダ町でみられたように、農耕生産の低さと現金経済の格差によると考えられる。

水道・トイレなどの衛生インフラに乏しく、そして医療サービスなども行き届かないことが炎症の要因にあるとも考えられる。

ソロモン諸島においては、伝統的な暮らしをしている村のほうが、健康状態は良好であるという説がある(Nakazawa et al. 2002)。しかし、西洋人と接触する前にまで遡ると、ソロモン諸島の伝統的な暮らしのウェルビーイングはどこまで満たされたものであったのであろうか。ベイリス＝スミスによれば、西洋人と接触する前のニュージョージア島も、ある程度高い食料生産を行っていた（Bayliss-Smith 2006）。彼はタロイモ灌漑農耕によっておよそ一〇〇ヘクタールで一〇〇〇人分の食料を賄ったという推計を引用している。しかし、これはニュージョージア島北部全域という広い地域での数値である。タロイモ田は、河川近くの内陸傾斜地でのみ行われるものであり、適した土地は限られている。この推計値が出された北部ニュージョージアは、面積でいえばロヴィアナ地域の二倍以上ある地域であり、そこでもせいぜい一〇〇〇人しか賄えなかったという値とみることもできる。

もともとの作物であったタロイモやヤムイモ類は、植えてから収穫するまでに時間がかかるし、面積あたりの収量がそれほど高くはならなかったが、宣教師によってもたらされたサツマイモやキャッサバは、はるかに栽培が容易であった。本書が示したように、これらの導入作物によって、ロヴィアナ地域のサイキレ慣習地だけでも二〇〇〇人以上の人口を賄うことができるようになっている。導入直後から現在までに人口は十倍以上になった。

栄養状態の向上は、それ自体が身体を良好にするだけでなく、免疫機能も向上させ、様々な感染症に対して強くなる。また感染症は、安全な飲料水のような衛生インフラや、煮沸消毒のような衛生教育、ワクチン接種のような現代医療によっても軽減できる。ソロモン諸島では、ある程度町へのアクセスがある村は、食物の流通ネットワークだけでなくこういった保健・医療サービスを、定期的に利用できる。今ではそれ以外の村へも、保健サービスを届ける努力が行われている。

そうすると、ある程度の開発をうけたオリヴェ村とそれと同程度に開発を受けた村は、相対的に健康問題が少ないこともうなずける。身体的健康のどの指標においても低く抑えられていたのが、オリヴェ村であった。私は、必ずしも意図したわけではなく、生物多様性とともに暮らす人の村として調査をしていたところ、結果としてソロモン諸島の中でも健康状態のよい村を調査地としていたようである。

こうしたことからすると、ウェルビーイングの状態が良いのは、人口密度が適度な状態で、自分たちが使える慣習地で農耕や漁撈を営むことができ、ニーズを満たす程度に町へのアクセスがあり、つまり伝統や自然と開発が混ざり合うところであったのである。ウェルビーイングの元は島の生態環境と歴史的に形成された社会的条件にあったのである。

3　生態系ボーナス

1……人口ボーナス

ここからは、環境とウェルビーイングの関係を、よりグローバルな視点あるいは人類史的な文脈から検討することにする。まずは、私たちにとって身近な日本のことに話を転じたい。

人口学において人口ボーナス（demographic dividend）という概念がある。これは社会の中で、経済的な富を生み出す人々が多くいて、その富に依存する人々が少ないと、一人当たりの富の量は大きくなるし、余剰な富がさらなる生産活動に用いられて、経済成長が促進される状態である。

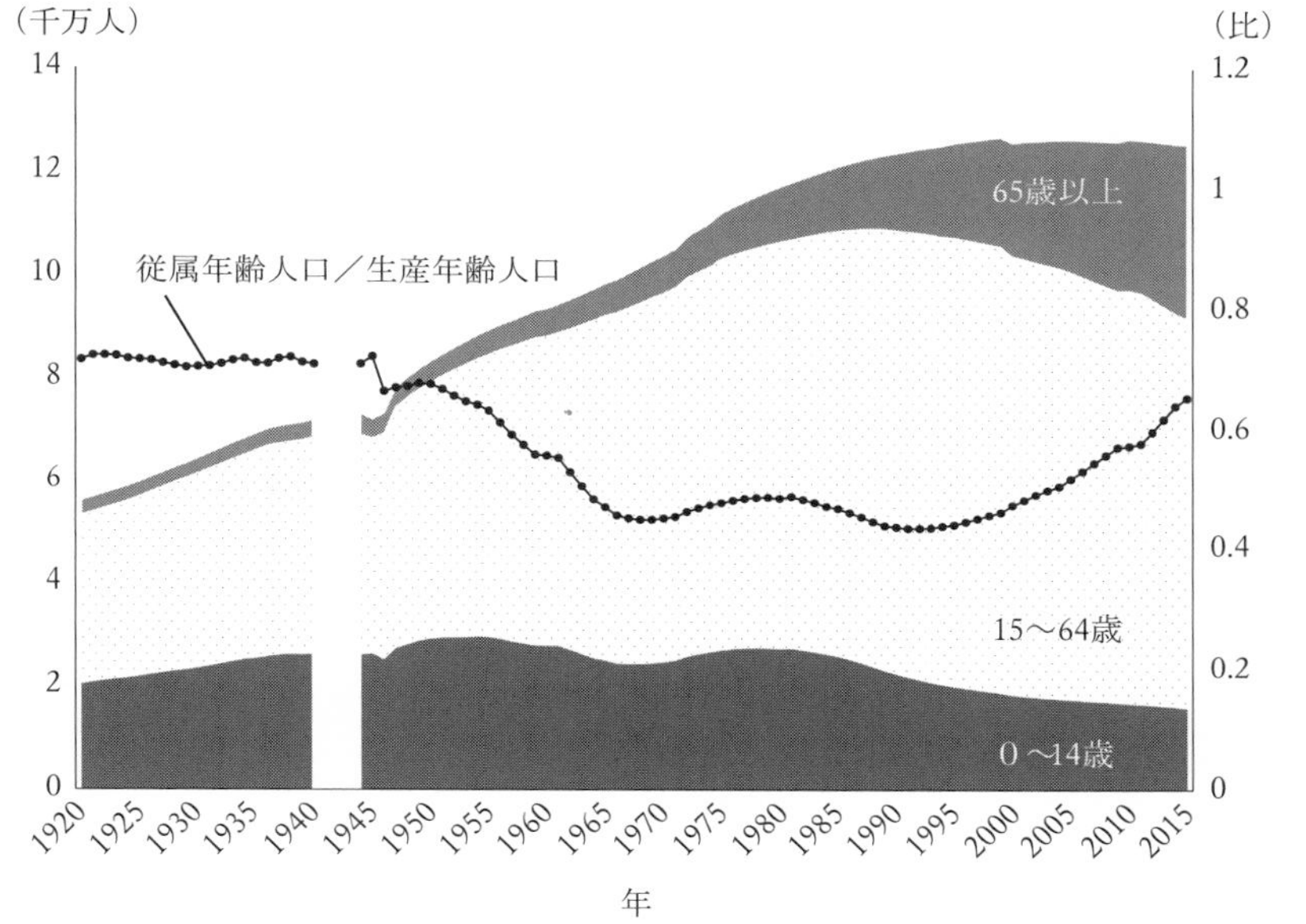

図6-9　日本における生産年齢人口（日本の定義では15〜64歳）**と従属年齢人口**（14歳以下と65歳以上）**およびその比**（総務省統計局による人口推計「長期時系列データ」（https://www.stat.go.jp/data/jinsui/2.html）を元に著者作成）

日本を例にすれば、第二次世界大戦後の数年間はベビーブームと呼ばれるようにたくさんの子供が生まれた。やがて大人になると働きはじめ、団塊の世代と呼ばれるようになった。日本にはたくさんの労働力があり、個人も企業も潤った。この期間、老人の人口は相対的に少なく、また徐々に少子化が進んでいた。税・年金・社会福祉などを通じて日本社会に所得の再配分が起こり、社会全体に富の蓄積をもたらした。人口ボーナス期間は、日本が高度経済成長を遂げた背景にある。

統計上は、生産年齢人口（日本の定義では一五〜六四歳）と、従属年齢人口（一四歳以下と六五歳以上）の比率で考えられる（図6―9）。日本が高度成長期であった一九五〇年代から一九七〇年代は、人口比でみて生産年齢人口が大きく増え、従属年齢人口の割合が年々低下していく時期に重なっていた。その後少子化傾向に入るが一九九〇年頃までは、生産年齢人口あたりの従属年齢人口は低いレベルを維持していた。この間、景気に波はありつつも、世界の中で日本経済が存在感を示していた時期である。

しかし、団塊の世代が老人になった今では、この人口構造は、社会保障に負荷をかけている。少子化が進んだせいで、いまは労働力となる人口が年々小さくなり、生産される富も小さくなる。一方、老人が増えたため社会にある富を消費する分子は大きくなっている。財政上の社会保障関連の予算額は大きくなるのに、個人の年金問題や健康保険など社会福祉サービスが、年々悪くなっていくのは、このような人口構造に起因する。これは、人口オーナス（demographic onus）という（小峰二〇一六）。

生態人類学からみた人口ボーナスの特徴は、時間経過を考慮することなしには、理解できないことである。図6—8をみてわかるとおり、ベビーブームでたくさんの子供が生まれたときには、従属年齢人口の占める割合が大きくなり、むしろ家庭でも社会全体でも、経済的には苦しい状態にあったと推察される。しかし、時間が経過し、子供たちが成長すると経済が好転した。そして、さらに時間が経つと、再び経済的に苦しくなる。このような世代をまたいだ変化は、異なる因子が連鎖的につながり、時間の中で連続的に変化してきたものであり、解決しようとしても、今すぐどうにかできることではない。

人口ボーナスが経済に大きな影響を与えることが明らかになったのは、二一世紀にはいる頃からであり、このような時間経過にともなう変化は、事前に予測されたものではなかった。

2……経済発展は環境の破壊だけではない

人口ボーナスは、時系列的な構造的変化が、人々が自覚しない間に、将来の世代に大きな影響を及ぼしていくことと、やがて人々がその問題を自覚しても、すぐには解決できないことの例になる。ところで、人々があまり自覚していない、人間社会や環境の時系列的な変化は他にもある。

高度経済成長期に、日本では水俣病のような公害が明らかになり、自動車による大気汚染の深刻化など、さまざまな環境問題が生じてきた。このような問題は、あらかじめ計画されて引き起こされた問題ではないのは当然ながら、事前に将来が予測されたものではなかった。

ところで、本書のテーマである生物多様性との関係でいえば、日本が経済成長期に示したのは、環境破壊だけではなかった。というのも、日本は今では森林被覆率が高いことでも知られているからである。第1章で挙げたデータで、日本の森林被覆は六八・五％（二〇一六年）であり、ＯＥＣＤ加盟国のなかではフィンランドとスウェーデンに次ぐもので、世界でも一九位である。

さらに森林にある樹木の総体積は、戦後一貫して増えてきた。たとえば一九六六年から二〇一七年までの間で、森林蓄積は一八億八七〇〇万立方メートルから五二億四二〇〇万立方メートルへと増加した（林野庁 二〇一七）。富国強兵政策時には森林から樹木が無くなったが、戦後に植林が行われ、樹木が生長したためである。ただし、これにはこの間に生活様式が変わったために、せっかくの植林樹木が伐採利用されることなく、残っているせいでもある。将来のために植えられた樹木は予定通りの収入源になった訳ではなかった。また、熱帯樹木の需要が高まり、ソロモン諸島をはじめとする各地で伐採された樹木が、日本に輸入されたことも忘れてはならない。

ところで時系列の変化で興味深いもう一つは、日本人の自然認識にも変化があったことである。統計数理研究所が一九五三年から五年ごとに実施している「日本人の国民性調査」という社会調査がある。その中に、次のような質問がある。


自然と人間の関係について、つぎのような意見があります。あなたがこのうち真実に近い（ほんとうのことに近い）と思うものを、一つだけ選んでください。

1. （ア）人間が幸福になるためには、自然に従わなければならない
2. （イ）人間が幸福になるためには、自然を利用しなければならない
3. （ウ）人間が幸福になるためには、自然を征服してゆかなければならない
4. その他〔記入　　〕
5. わからない

その回答を見ると「自然を征服してゆかなければならない」という回答が一九五三年の二三％から、しばらくは一貫して増え、一九六八年には三四％にまで達した（図6―10）。これはちょうど高度経済成長の時期にあたる。『生態学的転換（Ecological Transition）』という概念を出したジョン・ベネットは、この変化の中に、工業化社会による、自然軽視の精神性を見出した（Bennett 1976）。

しかし、その後、この傾向は急速に変化した。一九五〇年代から水俣病患者の存在が明らかになり、一九六

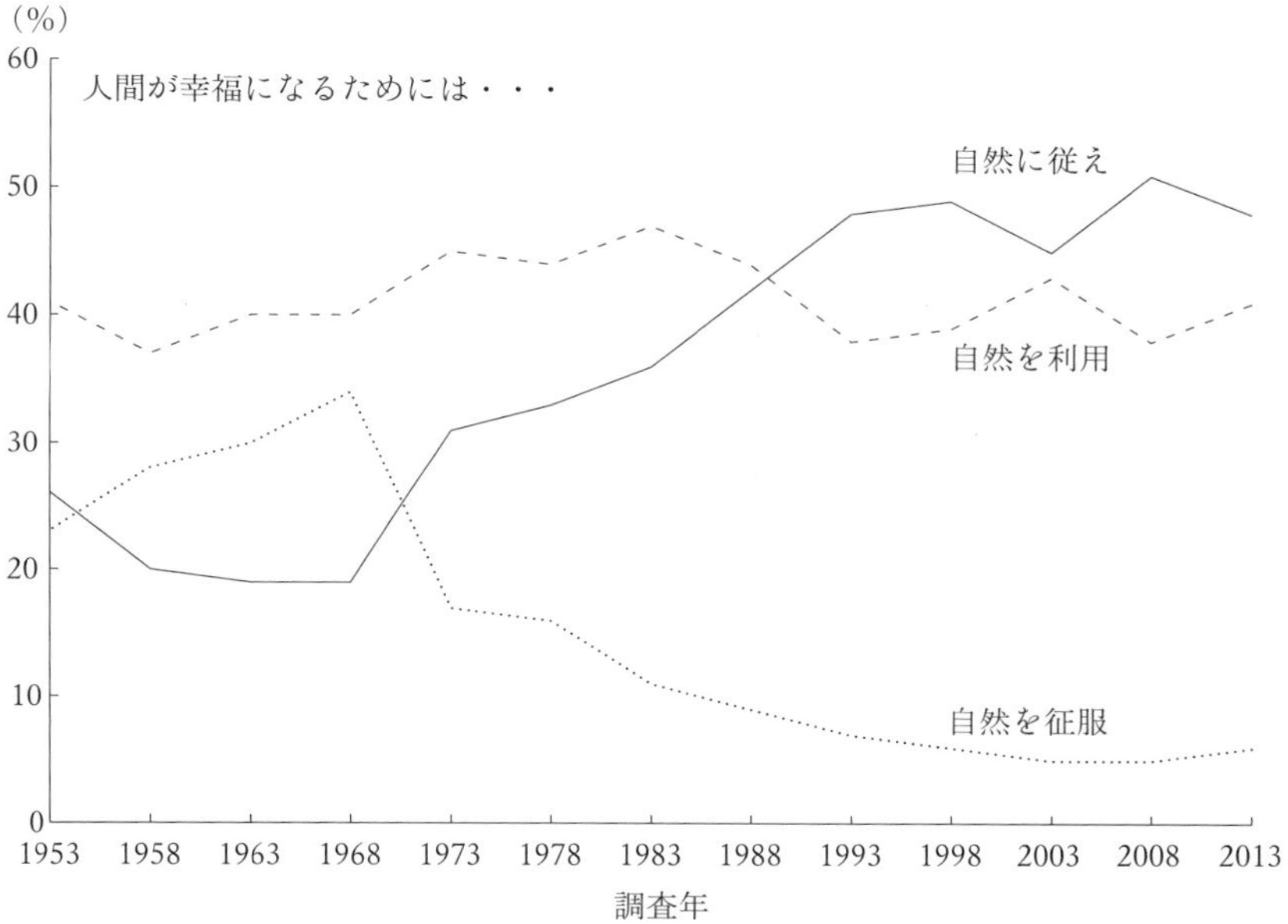

図6-10　日本人の自然観の変遷(データ出典：統計数理研究所「日本人の国民性調査」)

八年には政府が水俣病を公害認定し、一九七一年に環境庁が設置されたような時代変化の中で、一九七三年には「自然を征服」と回答した人は一七％にまで減少した。逆に、それまで一九％であった「自然に従わなければならない」が三一％にまで上昇した。わずか五年間に起こった、自然意識の大きな変化であった。

そして、一九九〇年代にはいると「自然に従え」という回答は、それまで多数派であった「自然を利用しなければならない」を抜いて、全回答者の五〇％ほどを占めるようになった。この頃には、日本人は環境問題を自分のこととととらえるようになり、世界の環境問題に、日本の責任があると感じるようにもなっている。

二〇一三年時点では「自然に従え」四八％、「自然を利用」四一％、「自然を征服」六％、

「その他・無回答」五%となっている。今の日本人の間に「自然を征服」という認識がほとんどなく、自然には従うべきである、自然はうまく利用するべきである、という考えが定着しているのは、決してもともと日本人が自然を大切にする民族であったからではなかった。経済発展や、それにともなう環境問題を経験したから、こうなったのである。このような変化は、誰かが予測したものでも、事前に意図的に計画したことでもない。様々な経験の中で、自ずから——「自然」と——形成されてきたことである。

日本の事例が教えてくれることは、第一には人口・経済・環境そして自然観は相互に関係していて、それは時間経過の中で変遷していくということである。第二には、将来は予測通りではないし、意図的にデザインできるものではないということである。

もちろん政府・行政は、経済の計画を立て、環境についても各種の政策を取っているところである。また、個人でも「将来の経済状態を良くしよう」と、将来を計画した人は多くいたであろう。自分の人生をデザインし、進学や就職で、意図的に自分の望みたい方向に進んだ人々もいた。

しかし、国でも、個人でも、今の状況を正確に予測した人はほとんどいなかったであろう。特に、国民の自然認識が変わるとは思わなかったであろう。日本では、意図的な開発と、意図しない環境問題の末に、予想外に環境についての倫理意識が広まったようである。

伝統的な社会は生物多様性の創造と保持を、意図的にデザインしていないから、保全倫理がないと言われてきた。だが、日本人や先進国の人々は、将来を考えて生きているようでありながら、予測とは違うことが多くあることに気づかされる。どこの社会のどのような人でも将来の社会や環境を思い通りにすることはできないであろう。保全倫理の定義を今一度考える必要があるであろう。

3……生態系サービスの変動

時系列的に考える意義を指摘したうえで、話をソロモン諸島に戻し、本書で取り上げられた土地生産性、生物多様性や生態系サービス、伝統知識といったことを、時間軸に載せて考えてみる。

生物多様性についてみれば、ホイットモア（Whitmore 1966）や本書の第3章が明らかにしてきたように、ソロモン諸島では人為的に攪乱されることによって、豊かになった側面がある。これは中程度の生態系改変が、よりよい生物多様性につながるということである。まったく人間の手が付けられずに自然状態にあるところは文字通り自然豊かであるといえるが、生物多様性としてみると、少し人間の手が入ったほうが豊かであることは広く知られている。

しかし言うまでもないことだが、人間による改変が大きすぎると、そこに生息する生物は居場所を失い減っていく。つまり人為的環境が入ると、緩やかに生物多様性は増すが、どこかにピークがあり、それ以上人為的環境が増えると、生物多様性は急速に低下していくことであろう。

また本書の第4章や第5章でみられた、地域環境についての知識を見ると、近代的な知識の増加は、例えば市場価値のある植物知識の増加を通じて、その地域における生存に必要な知識の増加に貢献していた。また、学校教育を通じて、現代生物学や現代農学の知識も、教えられており、そこには農耕や自然理解に有用な科学的知識も多くある。

しかし、第5章でみられたように、目先の利益についての知識が増える一方で、長期的な自然についての知識や、伝統的な知識が失われていく傾向もある。またテレビやインターネットを通じて外部の知識が入ることは地元の自然への関心を低下させる。そうすると、現代的な知識が入ることで、ある程度までは人々の間で地域の生態系についての理解が深まり、生態系知識のピークに至るが、そこを過ぎて、ローカルには適さない現代知識ばかりになると、やがて在来の知識が失われ、生態環境についての理解は大いに低下すると考えられる。

それからまた、身体的な健康についてみても、同じようなパターンが見えてくる。つまり、伝統的な生活では、感染症や低栄養などの問題があった。それが、外来作物の導入や食品流通網の発達、近代的な保健対策が入るにつれて身体的健康が良好になる。しかし、衛生状態が良好になった一方で、食や生活の欧米化につれて非感染性疾患が増えてきた（本章）。

自然から人間が恵みを得るという生態系サービスも、やはり人間社会の拡大や開発の進展に伴って増え、ピークを迎え、そして減るというパターンがあるのではないか。例えば村では道路ができることで、人々はそれまでアクセスしにくかった内陸の環境を利用しやすくなった。また、森林伐採や植林によりできた二次的な自然において、有用な植物が得られるようになった。人々が得られる恵みは、開発に伴いピークを迎えたのである。

しかし、ムンダ町がそうであったように、開発が進みすぎると、生態系から得られる恵みが、大きく減退するのである。

つまり、ランデスクキャピタルや保全によって、生態系サービスはあるところで最大化するが、やはりそこを過ぎると減少するのである。そうすると豊かな生態系サービスといわれるものは、一時だけのボーナスのようなものではなかろうか。

これまでの生態人類学研究を、時系列的にしてみてみると、やはり人間―環境系にある種の曲線的なパター

図6-11　村のバザー(ファンドレイジング)のために作物や作品に飾りをつけて持ってきた人々(著者撮影)

ンが見えてくる。例えば掛谷(一九九四：一二七)は、ザンビアの焼畑農耕民であるベンバについて、一九三〇年代に在来のシコクビエ農耕だけでは食料不足に悩まされる季節があったことを引用しつつも、その後外部から導入されたキャッサバが輪作サイクルに組み込まれて、一九八〇年代までに、食料が充足するようになったことを述べている。

しかし、一九八〇年代に焼畑農耕は森林破壊的であると政府からみなされるようになり、一方で限られた面積の土地で生産性の限界を超えた収穫を行う近代的トウモロコシ農耕が導入されることにより、ベンバは大きな変容を迎えた。掛谷は土壌の劣化や、社会経済の混乱を迎える将来を予測した。

そして二〇一〇年代にベンバを調査した吉村・大山(二〇一六)は、一九九〇年代以降市場経済に翻弄された人々は生業戦略を多様化させたが、掛谷が予測したように焼畑農耕でも近代的農耕でも自給できる世帯は限られるようになり、地域には大きな経済格差ができていた。そして、かつて平準化機構と呼ばれたものは、裕福な住人が、貧しい住人に賃労働を提供するという経済格差を象徴するものになっていた（吉村・大山二〇一六）。

このベンバの事例も在来の農耕様式に、キャッサバが導入されることで、環境もウェルビーイングも良好になったが、二〇世紀後半がピークとなり、それ以上に開発が進んだ後に、環境と人間社会が負の方向に転換していったことを象徴している。

4……生態系ボーナス

このように、農耕、生物多様性、在来知識、ウェルビーイングといったものが、時間に対して、曲線的な変化をみせ、生態系サービスの高まりは過去の行いに対するボーナスのようなものではないか。このことを検証するために、ロヴィアナ地域において、これらは具体的にどのように変動してきたのかをみていきたい。

人間が住み始めた、数千年前から人口は徐々に増加した。それに合わせて、天然林は徐々に減少し、逆に農地が増え、その放棄された二次林や、人間利用によって改変された森林などという人為林が徐々に増えた。

その後ヨーロッパ人と接触する前の一八世紀には、ロヴィアナ地域の人口規模は大きくなったと考えられている（Bayliss-Smith 2006）。固有種のソロモンカナリウムよりも収量の高いカナリアノキを植えるなど、近隣地域からの導入種も取り入れられた。そして、内陸にはタロイモ水田がおこなわれるなどし、人間による森林破壊も大きくなった。人々は自給自足の「経済効率」を求めて暮らしていた。

しかしヨーロッパ人との接触以降、感染症や、ブラックバーディング、紛争などのために、人口は急速に減少した。このことは、その世代の社会には大きな負の影響であったが、この人口減少期間にそれ以前に人間が破壊した土地には、「森林のドメスティケーション」が形成され、次の時代における生物多様性を高めることに貢献した。

一方、二〇世紀に入って以降、サツマイモやキャッサバの導入により、食料生産性が向上し、衛生状態が改善し、人口は再び増加に転じた。さらに森林伐採や、海産資源により、ある程度の現金収入もできるようになり、生活と健康に役立つ海外の物にもアクセスできるようになった。

図6―12では、このような経緯を模式的に表している。ここでは人口、天然林、人為林を取り上げているが、これらの変動によって生物多様性は一貫して増加してきたのである。

こうした生物多様性の増加は、本書で明らかにしてきた通り、地域においては人々にウェルビーイングをもたらす生態系サービスの増加でもあった。つまり自然、人間活動、認識といったものが相互に連鎖し、生態系サービスも一貫して増えてきたと考えられる。

私がオリヴェ村で調査して明らかにしたのは、このような歴史的な人間―環境系の積み重ねの上にできたものであった。そしてそれは、人間による自然破壊が、結果として新たな生物多様性を呼び込み、その生物多様性が人間に生態系サービスとしてのウェルビーイングをもたらし、そのウェルビーイングによって人口が増え、伝統的知識が豊かになり、自然のさらなる破壊がもたらされた。この「さらなる破壊」は、その後の人口減少によって、放棄され、それがさらなる生物多様性を生み出したのである。

このことからすれば、今私たちが目にすることができる島に「生態系ボーナス（ecosystem dividend）」と呼ぶべきものがある。いまの島にあるのは、予測しなかった人口ボーナスによる富を得た日本人のように時系列の

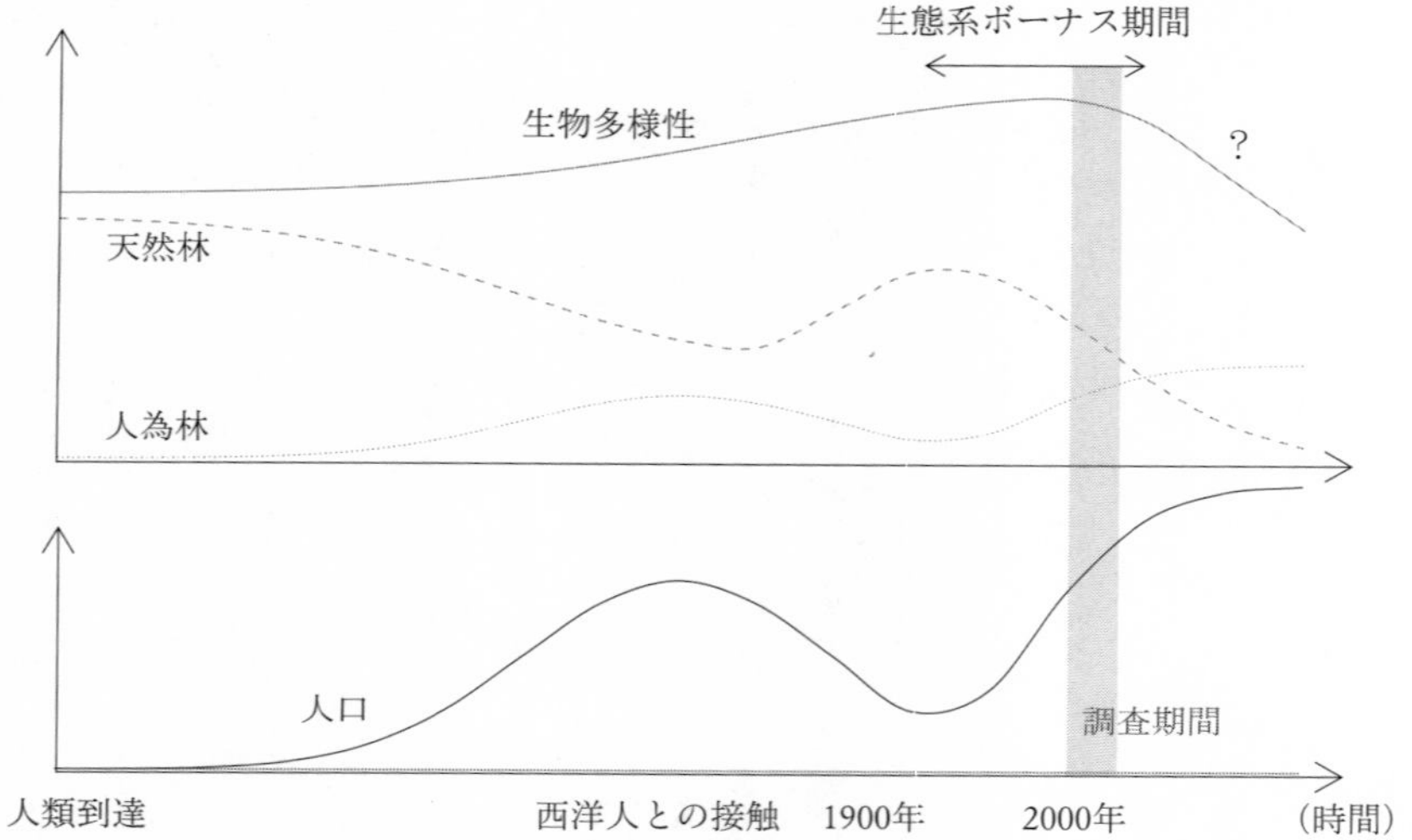

図6-12　生物多様性と生態系ボーナスの概念図（今後、人口が増加し、自然が減少する場合）

中でできあがった富であり、そして地域の人々に数十年間にわたり恵みをもたらしている。西洋人との接触以降、それまで無価値であった高木やナマコのような森林や海洋の資源が「商品化」したり、便利な導入種がもたらされたり、祖先が手を加えた森林が有用な生物多様性となったことが、ボーナス期間のはじまりといえよう。しかし、それが人々のウェルビーイングを大きく改善したのは、二〇世紀中ばになってからであり、人口増加を支えてきた。

ただし、このような生態系ボーナスは、日本にとっての人口ボーナスと同様に、ロヴィアナの人々自身、だれも予想していないし、デザインしていないということを改めて考えなければならない。

ロヴィアナの人々は、生態系認識に基づいて経済活動として、生活をよりよくするため、そしてウェルビーイングのために、環境を利用してきたのである。結果として予想していなかった生物多様性を生み出した。例えるならば、日本の人々が戦後の多産期に子供を産みすぎると生活が厳しくなることは予測できたとしても、人口ボーナスと呼ばれるほどの経済効果がもたらされるとは、予測しなかったことと同様である。

しかし、人口ボーナス期間が過ぎ、人口オーナス期間に入るのと同様に、生態系ボーナス期間を過ぎ、「生態系オーナス」期間に入ることも大いに考えられる。ロヴィアナの人々は、これまで、どれほど経済目的で自然を利用しても、「自然に」生物多様性は増し、生態系サービスは増え、ウェルビーイングが良くなっていくことだけを経験していたのである。

いまロヴィアナ地域でも人口は増え続けており、人間がもつ自然を破壊する力も大きくなった。それまでと同じ認識で自然を使い続けても大丈夫であるとは思えない。生態系ボーナスは歴史の中で、祖先から積み立てられた資産を、今の世代が使い果たしてしまう危険性を表す概念でもある。

4 「将来」へ

1……植林地の将来

二〇〇一年に調査を始めたときの私にとって、二〇二〇年というのはかなり先の将来のように思えた。しかし、いまその「将来」を迎えた。ロヴィアナ地域に何が起こったのかを、最後にみていきたい。

二〇〇一年に住民によって切り開かれ、私も一緒に植林をした地域では、二〇二〇年にはレインボーユーカ

図6-13　在来植物が侵入・生長したレインボーユーカリ植林地の2020年（ドローンにて著者撮影）

りなどが大きく生長した。植林地には、大きく育った林冠の下に、インゲンスビワモドキなどの有用パイオニア種の幼木、ハナミョウガ属のように石蒸し焼きに使われる植物、トウなどのヤシ類があった。林冠下には、人々にとっても有益な多種多様な植物が生長していたのである（図6―13）。

実はこの植林地とほぼ隣接する形で、尾根を挟んで反対側に作られた植林地は二〇一五年のサイクロン・ラクエルの影響により樹木の大半が倒壊し、荒れ果てた。

これらの植林樹木には、まだ買い手がついたことはない。しかし、こうした植林に、新たな生態系知識が生まれ、人々に知られていたことは、第5章の通りである。

つまり「植林」は市場経済として成功しないであろうことは、私の予想どおりであった。また、植林地が農地としては使われなくなったことも予測どおりであった。

しかし、予想していなかったのは、植林が失敗しても、そこが農地としても使えなくても、村では生業・生活には大した支障はないことであった。さらに人々の間には植林地を巡る新たな生態系知識が生まれ、また植林地には在来種が侵入した新しい「自然」となり、景観の中にある多様な植生の一部となっていたのであった。

一方、堡礁島のほうでは問題が発生した。二〇一二年ころから、堡礁島のドラ島に突如としてネズミが大発生した。

その少し前に、ドラ島が外海に面していることから、そこに公共の船着き場が作られた。それまでになかった大きな船が接岸できるようになった。町から荷物が届きやすくなった。しかし、そこに来ていた船から、ネズミがドラ島に渡ったらしい。ランガタの畑地域では作物が、ネズミに食い荒らされた。土の中に巣をつくるので、主食になるイモ類も例外ではなかったという。これは、生態環境の中でウェルビーイングを保っていた村であっても、グローバル化による交通の発達により、その基盤が破壊された事例であった。

しかし、人々は考えた。耕作を止めたら、食料がなくなって、ネズミは畑からいなくなるであろう。そこで慣習地の中で合意を形成し、人々はみんなで意図的に耕作を止めた。人々は、「食料がなくてお腹がすく」と言いつつ、ニュージョージア島の畑、購入する米、そして野生のスワンプタロ／ミズズイキがあるから、何とかなるといった。

このドラ島の被害は長引いたが、二〇一六年頃には改善し、二〇二〇年に訪れた際には、人々は「ネズミはいなくなったから、再び畑を作っている」と言った。実際に、私が堡礁島を訪れてみると、かつてのように大きな畑が作られ、作物は大きく育っていた。

ネズミが島から駆逐されたのかは、わからない。可能性としては、ドラ島の西部にある集落に棲みつき、森林を隔てた畑地域からはいなくなったことが考えられる。

これは、作物がなくなればネズミはいなくなるという知識と、それを集団全体で実施するという慣習的な社会関係が、この危機に際して効果を発揮した事例である。

再び本島に目を転じると、こちらにもいくつかの大きな問題が発生した。

まず新たな森林伐採が誘致されたのである。一つはサブトライブ（分節的な親族集団）がサイキレ慣習地のうち最東南にある小さな部分の所有権を明確化させ、そこでの伐採が行われたのである。もう一つは、サイキレ親族集団としても、新たな伐採を誘致し、オリヴェ村に比較的近いエリアでも操業された。実のところ、植林が収入につながっていない一方、ドラ島がネズミ害にあったにもかかわらず、人々が米を購入できた理由の一部は、これらの森林伐採からロイヤルティが得られたことであると考えられる。

前回の伐採影響を調査したところでは、オリヴェ村の人々自身による経済活動によって減少する森林面積よりも、択伐とはいえ森林伐採によって樹木が切り出された総面積のほうが広いことが分かっている（Furusawa et al. 2004）。そして、今回は、前回よりもさらに広いエリアで操業が行われた。森林への影響は大きい。

また、集落周辺の農地が拡大した。これもドラ島のネズミ被害の間、数年間の食料を支えたものである。以前は三〇年ほどの休閑期間があったが、今回は数年〜一〇年程度の休閑で、大きな土地が開かれた。森林伐採の再開と拡大、農地の拡大と耕作サイクルの変化はオリヴェ村の人間―生態系にとって回復不可能なレベルに達しているかもしれない。

さらに、慣習法や認識にも変化がみられた。二〇〇一〜二〇〇五年の調査では、聖地の森林は、そこでトウ

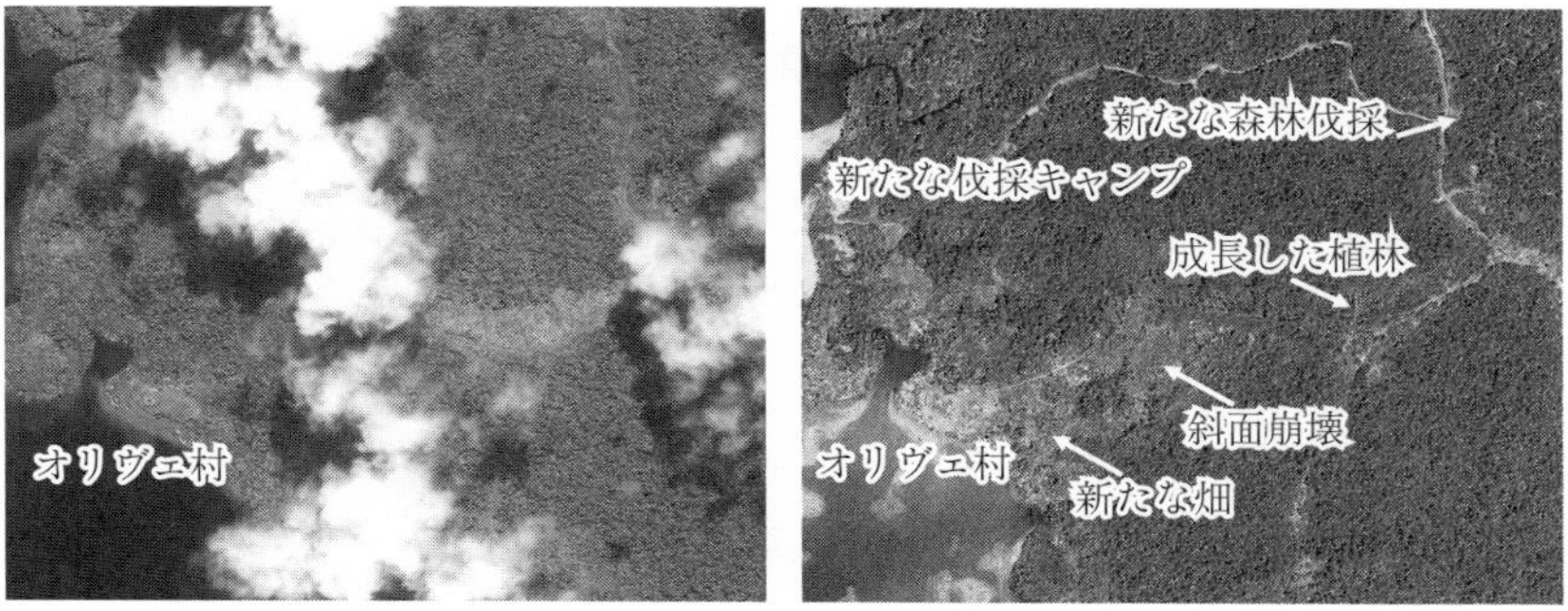

図6-14　2002年（IKONOS衛星画像）と2017年（WorldView-2衛星画像）観測による、オリヴェ村周辺の変化

や小型のヤシなどの採集は認められるが、樹木の伐採や畑づくりは、行われなかった。慣習法によって禁じられていると、私は聞いていた。

しかし二〇一五年九月に、住人たちは、ニュージョージア島内陸の丘の上にある聖地（ホペマンギニ）間際まで切り開いて、新たにアブラヤシ（*Elaeis guineensis*）プランテーションを作ろうとした。このアブラヤシは、アフリカ大陸原産であるが、そのパーム油が生み出す経済性が高いことから各地で植えられ、インドネシアではプランテーションの急速な拡大が、環境問題になっているものである（古澤二〇一七）。

このプランテーションのために、森林が切り開かれた一ヶ月後、大雨が続いたときに、丘が土砂崩れを起こし、プランテーション用の土地も、そこにいたる林業道路もすべて埋まり、聖地の森林も一部が失われた。人々に怪我がなかったのは幸いであったが、現場では数百メートルにわたって斜面が崩れ、各地にひび割れが見られた。

このアブラヤシプランテーションは、ＣＦＣ派や村のリーダーたちが考えたことであったという。私には、森林を開いてしまったために、樹木の保水・保地能力という生態系サービスを削いでしまったことが原因と思われた。

この負の事例は、市場経済のリスクを示すものであり、同時に人々の慣習法への意識が変わってきたことも表していた。

図6―14は、二〇〇二年と二〇一七年のオリヴェ村周辺の様子を、人工衛星画像によって比較したものである。二〇〇二年に住人が切り開いて植林地にしていた土地は、いまは生長した植林樹木によっておおわれた。しかし、新たな森林伐採にともない、二〇〇二年時点で森林に戻りつつあった林業道路は再び切り開かれ、新たな道と伐採キャンプ・木材積出港が作られた。また、斜面崩壊が広い範囲に影響をもたらした。そして集落周辺の畑が拡大した。二〇一七年時点では、二〇〇二年よりも、はるかに広大な森林が失われた状態になっていたのである。

このように「将来」を迎えたオリヴェ村では、新たな生態系もできつつあるが、生態系ボーナスのピークは過ぎつつあるかのようであった。

2……生態系オーナスは避けられるのか

もう一つ将来を迎えたのはムンダ町である。こちらは、二〇〇三年に集中的に調査した時点で、すでに生態系ボーナスのピークは過ぎたかのように、生物多様性に由来するウェルビーイングは少なかったところである。ムンダ町は、エスニックテンションの影響がなくなるにつれて、ますます都市化が進んだ。以前の飛行場は、太平洋戦争で作られた滑走路を利用したでこぼこしたものであったが、いまではきれいに舗装され、二〇一九年には週一便とはいえオーストラリアからの国際線が飛ぶようになった。飛行場の周りには、（ロヴィアナ地域では高層建築にあたる）二階建ての大型商店が立てられるようになり、地域の商業中心地として、より一層発展

図6-15　ムンダ町ドゥンデ地区のチーフであるエキ・リー・ダガ氏（著者撮影）

したようであった。

　また二〇〇〇年代には、それまで合意形成が難しかったムンダ町の内陸部、バオ山の近くで森林伐採の誘致が行われ、そして操業された。人々は、以前よりもいっそう現金への依存を強めていた。一見すると、人々が生態系から得られる恵みは、森林伐採による現金以外に、すでにほとんどないかのようである。

　ところで二〇二〇年一月ムンダ町ドゥンデ地区では、エキ・リー・ダガ氏が正式なチーフに就任した。ダガ氏は先代チーフが死亡した三〇年ほど前に後継指名されたが、すでに慣習的制度の必要性が低下していたこの地区で長らくチーフは不在であった。しかし、近年になって、ドゥンデ地区の人々は、国の「慣習認定法」に基づき慣習法を明文化し、それをドゥンデのクラン一同の合意として正式に中央政府に登録した。こうして現代法が正式に認める、全国的にも数少ないチーフに就任した。

サイキレ慣習地のように、開発が遅れた地域では、現代法で公認されておらずとも、伝統的なチーフの権限が続いている。しかし、ある程度開発が進んだところでは、現代法の浸透は、慣習的チーフの権限を低下させる結果になった。

そしてさらに開発が進んだムンダ町では、高度な現代法律知識と、法律家に相談したりできる財力により、現代法が認定するチーフを生み出したのである。時系列でみた場合に、慣習の効力低下にはピークならぬボトムがあり、ある時点を過ぎると再び上昇するのかもしれない。

そのダガ氏は、二〇二〇年に久しぶりに訪れた私に、次のようなことを話してくれた。

> 世界が欲しがる「ちょっと（ヒテケナ）」は、私達にとっての「全て（ドンドゥル）」なのです。どういうことかわかりますか。ナマコを欲しいと、外から買い付け人がくると、私たちはロヴィアナにいるナマコを取り尽くしてしまって、政府が保護をしなければならなくなりました。カカオを買う人が外から来た時は、私たちはカカオを植え始めましたが、後になってみると買い付け人は、販売と流通に見合うだけの十分な量が生産されないと買わないといいました。その求めを満たすためには、広大な森を切り開いてカカオのプランテーションを作らなければなりませんが、私たちにそれはできませんでした。植林も、アブラヤシも同じです。私たちが持っている土地の一部を使って、それらを植えて育てても、売ろうとすると足りないと言われてしまうのです。世界の人がそれぞれ食べるナマコの量や、チョコレートの量は、「ちょっと」だけではないですか？　でもそのために、私たちは「全て」を出さなければならないのです。

すでに生態系ボーナス期間は過ぎたかに思われるムンダ町の人々は、開発努力の果てに、自分たちの土地では開発に限界があることを悟るようになった。今後、さらなる土地開発に進むのか、それ以外の選択肢を見つけられるのかが注目される。

5 おわりに

本書はソロモン諸島ロヴィアナ地域の生物多様性と人々のウェルビーイングの関係を、保全倫理とランデスクキャピタルから明らかにすることを目的とした。

伝統的な社会には、欧米で定義されるような保全倫理は無かったが、経済（生業）活動における意図的な自然利用と、利用が生物多様性を促進するという認識によって、人々は生物多様性を半意図的に保全してきたという、在来の保全があったといえる。そして「植える」という行為の目的が、短期的には破壊的なもの（農耕、採集、収入）であったとしても、自然の遷移を経て、生物多様性の創造と保全に結び付くことは、ある程度は在来知識の中で共有されていることであった。

生物多様性というのは、人間の活動から時間を経て、将来にもたらされるものであった。そこから得られる恵みは、それにまつわる知識や慣習的制度とともに土地に紐づけられることで、時間を超えて連続的に伝えられる「ランデスクキャピタル」となるのであった。さらにロヴィアナ地域の場合は、火山性の本島（高い島）

とサンゴ性の堡礁島（低い島）それぞれに、異なる生態環境と在来知識・慣習法が祖先から伝えられており、キャピタレスクアイランズというべきものであった。

自然というのは、「意図的な破壊」が「非意図的な保全」に、「自覚的な資源利用行動」が「無自覚な生物多様性創出」に、時間を経て、変わっていくことで、できたものなのである。そこには、人間の諸因子と、環境の諸因子が、連続的で連鎖的に絡まっていた。畢竟、「豊かな自然」というのものは、純粋に手付かずの自然ではなく、過去に人間からの作用を受けたものであり、時間軸の中で、どこかにピークがあるものであった。

しかし、ロヴィアナの人々は、生業を行っていけば、よりよいウェルビーイングを得られてきたことを知っているが、その一部は偶然であったことは知らない。ロヴィアナ地域の場合、西洋人との接触以降に起こった人口減少が無ければ、その後の恵みをもたらす生物多様性はもたらされなかったかもしれないのである。そのため、人々がこのまま生業や開発を拡大し続けることが、さらなるウェルビーイングに結び付く保証はない。

二〇〇〇年代初頭においても、豊かな恵みを受けていたのは村だけであって、人口増加や市場経済化と土地・資源の劣化に直面した町では、それほどの恵みは受けられていなかった。そして、それから二〇年が経過する間に、村でも大きな変化が起こった。ここでは人間の活動が生物多様性の劣化を促進し、それによってウェルビーイングも劣化するという負のサイクル、すなわち生態系オーナスに入りつつあったのである。

破壊が恵みをもたらす時代は過ぎ、破壊がさらなる破壊だけを招く時代が来つつある。

ところで生態人類学研究は、五〇年にわたる歴史がある。二〇世紀後半に行われた、生態人類学の成果の多くは、人間と生態環境のある種の調和がとれた様相を描いてきた。しかし、今の時代にたってこれらの研究を振り返ってみると、それらの生態人類学研究は、各地が生態系ボーナス期間にあった時、つまり最も美しい瞬間に、偶然行われたのではなかったであろうか。

二一世紀に入るころから、生態人類学研究は、開発、グローバル化、災害、貧困といった、負の側面に注目した研究が増えてきている。これからの世代は、生態系オーナス期間をみつめる世代になっていることを、表しているようである。

世界各地で「開発」が最も大きな目標になっている。国際連合は持続可能な開発目標（ＳＤＧｓ）を掲げており、持続可能性に配慮しつつも、開発を世界共通の目標にしているのである。このような時代にあって、「伝統的な社会」は様々な挑戦をして行かざるを得ないのである。

生態系オーナス期間において、「伝統的な社会」と自然との関係はどのように変化していくのであろうか。そして、開発が進む時代における、人々の進化と適応とは何なのか。それを探求するために、生態人類学の挑戦が続くのである。

あとがき

本書は、私がソロモン諸島に初めて訪れてから、ちょうど二〇年目に出版されるものである。研究をはじめてから最初の一〇年間、私はソロモン諸島でのフィールドワークだけに集中し、毎年現地に訪れていた。その後は、インドネシアやパプアニューギニアにもフィールドを広げた。一つの地域をずっと見続けていることは、その地域についての理解を深めさせてくれたが、他の地域での経験は、ソロモン諸島についての認識を多面的で相対的なものにしてくれた。

そして時間が経過することで、過去に自分が予測した将来と、実際の「将来」を比べてみることができるようになった。日本で人生経験を得た私は、将来を予測して生きるというのは、必ずしも正しい規範ではないのではないか、と哲学的に考えるようになった。

さて、本書の執筆依頼をいただいたのは二〇一九年のことであった。依頼をいただいた時、私はソロモン諸島での一八年間を振り返り、思ったのは次のようなことであった。

はじめてロヴィアナ地域を訪れたとき、私はそこの生物多様性や、人々の暮らしの将来について、悲観的な予想をしたものであった。しかし、いまでも村の人々は幸せそうに暮らしているし、豊かな森林がまだ多く残っている。人々の行動が、環境破壊的であるとか、保全的であるとか、というのは、しょせんは外部の人間による、価値観の押し付けであったとすらいえる。人々の行動の意義は、時間が経ってからしかわからない多元的なものなのに、事前に予測することは一元的な評価にすぎないのである。このことを本書で著すつもりであった。

ところが二〇二〇年に、短期間ながら、幸いにもソロモン諸島を訪れる機会に恵まれた。このときにも、人々は明るい笑顔で私を迎えてくれたし、森林はまだ豊かにみえた。だが、本島の内陸や離れた島のみえにくいところから、生物多様性とウェルビーイングの崩壊のはじまりが見いだされた。とても楽観的な「将来」には、見えなくなった。

つまり執筆を始めたときとは大きく異なる意見を持つようになったのである。

これまで人間―環境関係は良好な状態にみえていたが、いつのまにか悪化していくのを見落としていたのではないであろうか。そういう視点に立って近年の情報を整理してみると、原因と結果との間には、時間のうねりがあることに気が付くようになった。大きな曲線的な変化、つまり一つのピークを過ぎて、悪い方向へと進む流れが存在すると考えるようになったのである。長きにわたり「人口オーナス」という構造的な財政難から抜け出せない日本との共通点すら見出すようになった。

そのため本書は、長い時間軸の中でできた「自然」のすばらしさを中心的に論じながら、実はその自然は歴史の中で一時的に現れた「生態系ボーナス」なのであるという現実と、やがてはそのボーナス期間が過ぎつつあるという、厳しい予測を示して終わることとなった。

本書の前半は、すでに出版された英語論文および英語書籍のデータに基づいたものであり、私としてはそのような「一部再利用」には抵抗があったが、その後の新たなデータと新たな知見によって、今一度ロヴィアナ地域を生態人類学から描きたいという自らの欲望にあらがえなかった。今でこそエコヘルス、ワンヘルス、プラネタリーヘルスといった概念も提唱され、生態環境と人間幸福のつながりが注目されている。しかし、はるか以前よりこのつながりを研究してきた生態人類学から改めてウェルビーイングを描きたかった。また、英語書籍をご覧くださった諸先輩から、日本語でも残すべきであるという助言をいただいたことが、背中を押してくれた。

本書の執筆は、新型コロナウイルス感染症（COVID-19）のパンデミックが、大きな影響をもたらしている最中に行われた。この社会状況も、本書の構想に影響を及ぼした。

この感染症は、もともとは野生哺乳類にあったコロナウイルスの変異が、人間に入ってきたとみられ、それが国をまたいで動くヒト・モノ・カネとともに世界各地に伝わり、都市で「密」という現代社会で感染拡大をもたらした。これは人間と自然との関り方と、グローバル化が現代社会にもたらした弊害であり、ロヴィアナ地域で起こっていることにどこか似ていることであった。

パンデミックによって、国が閉じられた。ソロモン諸島は、いち早く外国からの入国を制限し、二〇二〇年九月までは（一〇月に帰国した留学生から、最初の感染が確認されるまでは）、新型コロナウイルスがない人口最大の国であった。しかし、社会経済が受けた打撃は甚大であった。いずれまた国が開かれ、人々の笑顔に触れられる日が来ることを願ってやまない。

そしてまた、各地の人間と自然についての地域研究、人類の進化と適応を理解する生態人類学が、再び積極的なフィールドワークを展開し、世界に新たな知見をもたらすための、挑戦が続くことを祈る。

本書のための研究は、以下の研究費により行われた調査に基づいている。またそれぞれに対して、ソロモン諸島国教育・人材省もしくは同国保健医療省から調査許可を受けた。また調査実施にあたっては、各地の人々、チーフ、大チーフに事前の説明を行い、同意を得た。

- 「オセアニアの海面上昇と適応策が地域にもたらす影響解明と社会への将来シナリオの提示」（研究代表者：古澤拓郎）科学研究費補助金基盤研究（A）（二〇二〇〜二〇二三年度）
- 「水没危機にあるオセアニア島嶼の全島民移住における社会・生態・健康の研究」（研究代表者：古澤拓郎）科学研究費補助金基盤研究（B）海外学術調査（二〇一五〜一八年度）
- 「地域社会の災害レジリエンス強化に向けて——SNSとクラウドGISを用いた共時空間型地域研究」（研究代表者：古澤拓郎）課題設定による先導的人文・社会科学研究推進事業（領域開拓プログラム）（二〇一四〜一七年度）
- 「自然災害と復興という生態学的・社会的変化へのメラネシア漁撈農耕社会の適応」（研究代表者：古澤拓郎）科学研究費補助金若手研究（B）（二〇〇九〜一〇年度）
- 「「民族紛争」終結後の急速な再都市化フェーズにおける生活・食・健康の変化」（研究代表者：中澤港）科学研究費補助金基盤研究（B）海外学術調査（二〇〇八〜一〇年度）
- 「Understanding Socio-ecological Impacts and Responses to Large Scale Environmental Disturbances in the Western Solomon Islands」（研究代表者：Shankar Aswani）US National Science Foundation, AOC: Collaborative Research（二〇〇九〜一一年度）
- 「ソロモン諸島における海洋保護活動と漁撈農耕民の生活・健康にかんする包括的研究」（研究代表者：古澤拓郎）科学

研究費補助金若手研究（B）（二〇〇六〜〇七年度）

- 「オセアニア地域住民の成人病ハイリスクに関する遺伝生態学調査研究」（研究代表者：大塚柳太郎）科学研究費補助金基盤研究（A）（二〇〇二〜〇四年度）
- 「アジア地域の環境保全――地域社会に対する開発の影響とその緩和方策に関する研究」（研究代表者：大塚柳太郎）日本学術振興会未来開拓学術研究推進事業（一九九九〜二〇〇三年度）

感謝している方々を挙げるときりがない。

故・掛谷誠氏には、生態人類学会大会を通じて、大切な助言をいただいた。ある時、私は大変出来の悪い発表をしたと自分自身が落ち込んだときに、フロアにいた掛谷氏が、うんうんと頷いている様子が目に入り、心が救われたことがある。また別の時には、数字で見えたことだけを発表したときに、掛谷先生からは「現地の人々がもつ、自然や霊的なものへの畏怖を、軽んじてはいけない」というようなご意見をいただき、自分の狭量さを反省したこともある。

そして今回このような形で出版の機会をいただけたことに同氏と掛谷英子夫人に心より感謝する。

大学院生時代から今に至るまで、私の研究に大きな影響と助言を与えてきてくださった方は多くいる。学生時代の指導教員であった大塚柳太郎氏には、本書執筆にあたってすらも、繰り返しの助言をいただいた。またとくに羽田正氏、松井健氏、篠原徹氏、須藤健一氏、菅豊氏、小林繁男氏、岩田明久氏、竹田晋也氏、安藤和雄氏、小坂康之氏、山田勇氏、清水展氏、中澤港氏、梅﨑昌裕氏、山内太郎氏、夏原和美氏、塚原高広氏らの諸先生方から頂いた助言は、本書の完成に深くかかわっている。それからソロモンキタノメンダナホテルの総支配人であった山縣雅夫氏、ソロモン諸島国のマイニー・グサ・シリコロ氏、バシレ・グア氏、フリーダ・ピタカカ氏、ローレンス・フォアナオタ氏、リッキー・エディ氏らの協力なくして、本研究は成し得なかった。これまでお世話になった全ての方々へ、深甚なる謝意を表する。

また、私の人生を肯定してくれる家族に感謝したい。家族なくして本書は完成できなかったし私の研究生活自体も成立しなかった。

何よりソロモン諸島の「家族」として、いつも研究を助けてくれたエドウィン・フティ氏、エキ・リー・ダガ氏、リサ・ドンガ氏、レックス・ダガ氏、故ロジー・ダガ氏、ビレ・ヴンデレ氏、コーネリウス・マーレー氏、故ルパス・マーレー氏、故ピーター・ヘネレ氏、故ネタン・ケラ師、デビッド・ケラ師、故イカン・ロヴェ卿をはじめとする大勢のみなさまに心よりの感謝を申し上げる。

末筆ながら、私が締切を守れず、校正になってから多数の修正をお願いするなど多大なご負担をかけてしまったにもかかわらず、すばらしい本に仕上げて下さった京都大学学術出版会の皆様、特に大橋裕和氏にお礼を申しあげる。

参考文献

秋道智彌（一九九五）『海洋民族学』東京大学出版会
石井明・二瓶直子・佐々学（二〇〇二）「ソロモン諸島のマラリア」『南太平洋地域調査研究報告』36、五五―六五頁
石森大知（二〇〇一）「カストムとファッシン：ソロモン諸島ヴァングヌ島における過去と現在をめぐる認識論的連関」『民族学研究』66、二二一―二三九頁
石森大知（二〇〇四）「森林伐採の受容にみる「伝統」と「近代」の葛藤」大塚柳太郎編『ソロモン諸島：最後の熱帯林』、八五―一一四頁
石森大知（二〇一〇）「グローバル化の波に消えゆく森――ソロモン諸島における森林伐採の展開および転換」塩田光喜編『グローバル化のオセアニア』アジア経済研究所、三六―五三頁。
石森大知（二〇一一）『生ける神の創造力――ソロモン諸島クリスチャン・フェローシップ教会の民族誌』世界思想社
石森大知（二〇一九）「民族性から土着性へ」『国際文化学研究』53、一―二七頁
稲岡司（二〇〇九）「生活習慣病と倹約遺伝子」吉岡政徳監、遠藤央・印東道子・梅﨑昌裕・中澤港・窪田幸子・風間計博編『オセアニア学』京都大学学術出版会、二二七―二三七頁
井上真（二〇〇一）「自然資源の共同管理制度としてのコモンズ」井上真・宮内泰介編『コモンズの社会学――森・川・海の資源共同管理を考える』新曜社、一―二八頁
印東道子（二〇一七）『島に住む人類――オセアニアの楽園創世紀』臨川書店
小谷真吾（二〇二〇）「生業：パプアニューギニアの「焼かな焼畑」」梅﨑昌裕・風間計博編『オセアニアで学ぶ人類学』昭和堂、六五―八〇頁
掛谷誠（一九九四）「焼畑農耕社会と平準化機構」大塚柳太郎編『講座地球に生きる3　資源への文化適応』雄山閣、一二一―一四六頁
風間健太郎（二〇一五）「鳥類がもたらす生態系サービス――概説」『日本鳥学会誌』64（1）、三―二三頁
後藤明（二〇〇二）「技術における選択と意志決定――ソロモン諸島における貝ビーズ工芸の事例から」『国立民族学博物館研究報告』27（2）、三一五―三五九頁

小峰隆夫（二〇一六）「人口オーナス下の労働を考える」『日本労働研究雑誌』674、四―一五頁
里見龍樹（二〇一七）『「海に住まうこと」の民族誌――ソロモン諸島マライタ島北部における社会的動態と自然環境』風響社
篠原徹（二〇〇四）「エコ・コモンズと在地リスク回避」大塚柳太郎・篠原徹・松井健編『生活世界からみる新たな人間―環境系』東京大学出版会、三九―六〇頁
ジャレド・ダイアモンド（楡井浩一訳）（二〇〇五）『文明崩壊』草思社
ジョン・マッキノン（田井竜一訳）（一九九六）「一六世紀以降」秋道智彌・関根久雄・田井竜一編『ソロモン諸島の生活誌――文化・歴史・社会』明石書店
菅豊（二〇〇五）「在地社会における資源をめぐる安全管理――過去から未来へ向けて」松永澄夫編『環境――安全という価値は……』東信堂、六九―一〇〇頁
鈴木進吾・牧紀男・古澤拓郎・林春男・河田恵昭（二〇〇七）「2007年4月ソロモン諸島地震・津波災害とその対応の社会的側面」『自然災害科学』26（2）、二〇三―二一四頁
須藤健一（二〇〇四）「国家政策に抗する森林開発」大塚柳太郎編『ソロモン諸島――最後の熱帯林』東京大学出版会
関根久雄（二〇一五）『地域的近代を生きるソロモン諸島――紛争・開発・「自律的依存」』筑波大学出版会
武田淳・川端眞人・松尾敏明（二〇〇〇）「ソロモン諸島ガダルカナル島タラウラ村における有用動植物資源と伝統的な利用技術」『佐賀大学農学部彙報』85、一九―四三頁
竹門康弘（二〇一八）「京の川の恵みを活かす会の取り組み」『燈火――日本水産資源保護協会季報』11（3）、三―八頁
田中求（二〇〇四）「商業的伐採にともなう森林利用の混乱と再構築」大塚柳太郎編『ソロモン諸島――最後の熱帯林』東京大学出版会
中本敦・佐久川香・金城和三・伊澤雅子（二〇〇五）「沖縄島におけるオリイオオコウモリの種子散布者としての役割の評価」『第52回日本生態学会大会講演要旨集』
熱帯植物研究会（一九八四）『熱帯植物要覧熱帯植物要覧』養賢堂
深田淳太郎（二〇一四）「貝殻交易ネットワークの地域史――ビスマルク諸島とソロモン諸島地域間におけるムシロガイ交易の歴史的変遷と現状」『国立民族学博物館研究報告』38（3）、三七七―四二〇頁
藤井真一（二〇一八）「ソロモン諸島における真実委員会と在来の紛争処理」『文化人類学』82（4）、五〇九―五二五頁

古澤拓郎（二〇〇四）「民俗知識に基づく人間・植物・動物の関係」大塚柳太郎編『ソロモン諸島――最後の熱帯林』東京大学出版会、五五―八一頁
古澤拓郎（二〇〇九）「ソロモン諸島ロヴィアナ地域における開発に伴う村間・村内の生業格差の社会的背景」『応用社会学研究』51、六五―七八頁
古澤拓郎（二〇〇九）「開発と環境保護」吉岡政徳監、遠藤央・印東道子・梅﨑昌裕・中澤港・窪田幸子・風間計博編『オセアニア学』京都大学学術出版会、一四九―一六二頁
古澤拓郎（二〇一六）「地域研究におけるカルチュラル・コンセンサス分析の有用性とその限界」『アジア・アフリカ地域研究』15（2）、二五七―二七七頁
古澤拓郎（二〇一七）「東南アジア島嶼部の生態史」井上真編『東南アジア地域研究入門――1環境』慶應義塾大学出版会、四五―七〇頁
古澤拓郎（二〇一九）『ホモ・サピエンスの15万年――連続体の人類生態史』ミネルヴァ書房
古澤拓郎（二〇二〇）「環境：オセアニアにおける植物利用の民族学」梅﨑昌裕・風間計博編『オセアニアで学ぶ人類学』昭和堂、四九―六三頁
ベルトラン・シュナイダー（田草井弘・日比野正明訳）（一九九六）『国際援助の限界』朝日新聞社
宮内泰介（二〇〇一）「住民の生活戦略とコモンズ――ソロモン諸島の事例から」井上真・宮内泰介編『コモンズの社会学』新曜社
八木幸二（一九九六）「伝統的なすまい」秋道智彌・関根久雄・田井竜一編『ソロモン諸島の生活誌――文化・歴史・社会』明石書店、一〇五―一一八頁
山内太郎（二〇〇四）「ライフスタイルの変容と栄養・健康」大塚柳太郎編『ソロモン諸島――最後の熱帯林』東京大学出版会、一一三―一三四頁
山内太郎・大塚柳太郎（二〇〇〇）「基本的ヒューマンニーズ論」『アジア・太平洋の環境・開発・文化』1、一五―一七頁
山口徹（二〇〇九）「「高い島」と「低い島」歴史生態学の観点から」吉岡政徳監、遠藤央・印東道子・梅﨑昌裕・中澤港・窪田幸子・風間計博編『オセアニア学』京都大学学術出版会、一一七―一三二頁
吉村友希・大山修一（二〇一六）「平準化機構の功罪――ザンビア・ベンバ社会のピースワーク」重田眞義・伊谷樹一編『ア

フリカ潜在力4　争わないための生業実践――生態資源と人びとの関わり』京都大学学術出版会
林野庁（二〇一七）「森林資源の現況（平成29年3月31日現在）」URL：https://www.rinya.maff.go.jp/j/keikaku/genkyou/h29/index.html

Aswani, Shankar. 1998. Patterns of marine harvest effort in southwestern New Georgia, Solomon Islands: resource management or optimal foraging? *Ocean & Coastal Management* 40(2-3): 207-235.

Aswani, Shankar. 2000. Changing identities: The ethnohistory of Roviana predatory head-hunting. *Journal of the Polynesian Society* 109 (1): 39-70.

Aswani, Shankar. 2002. Assessing the Effects of Changing Demographic and Consumption Patterns on Sea Tenure Regimes in the Roviana Lagoon, Solomon Islands. *Ambio* 31(4): 272-284.

Aswani, Shankar, and Peter Sheppard. 2003. The archaeology and ethnohistory of exchange in precolonial and colonial Roviana: gifts, commodities, and inalienable possessions. *Current Anthropology* 44(S5): S51-S78.

Atran, Scott, Douglas Medin, Norbert Ross, Elizabeth Lynch, John Coley, Edilberto Ucan Ek, and Valentina Vapnarsky. 1999. Folk ecology and commons management in the Maya Lowlands. *Proceedings of the National Academy of Sciences of the United States of America* 96(13): 7598-7603.

Balick, Michael J, and Collaborators. 2009. *Ethnobotany of Pohnpei: Plants, People, and Island Culture*. Honolulu: University of Hawai'i Press.

Bayliss-Smith, Tim. 1974. Constraints on population growth: The case of the Polynesian outlier atolls in the precontact period. *Human Ecology* 2(4): 259-295.

Bayliss-Smith, Tim. 1997. From taro garden to golf course? Alternative futures for agricultural capital in the Pacific Islands. In *Environment and Development in the Pacific Islands*, edited by B. Burt and C. Clerk. Port Moresby: Australian National University and University of Papua New Guinea Press.

Bayliss-Smith, Tim. 2006. Fertility and the depopulation of Melanesia: Childlessness, abortion and introduced disease in Simbo and Ontong Java, Solomon Islands. In *Population, Reproduction and Fertility in Melanesia*, edited by S. J. Ulijaszek. New York:

Berghahn Books.

Bayliss-Smith, Tim, Edvard Hviding, and Timothy Charles Whitmore. 2003. Rainforest composition and histories of human disturbance in Solomon Islands. *Ambio* 32(5): 346-353.

Bayliss-Smith, Tim P, and Edvard Hviding. 2015. Landesque capital as an alternative to food storage in Melanesia: Irrigated taro terraces in New Georgia, Solomon Islands. *Environmental Archaeology* 20(4): 425-436.

Bennett, John W. 1976. *The Ecological Transition: Cultural Anthropology and Human Adaptation*. London: Routledge.

Blaikie, Piers M., and Harold C. Brookfield. 1987. *Land Degradation and Society*. North Yorkshire: Methuen & Co.

Boserup, Ester. 1965. *The Conditions of Agricultural Growth: The Economics of Agrarian Change under Population Pressure*. London: Allen and Unwin.

Brookfield, Harold C. 1984. Intensification revisited. *Pacific Viewpoint* 25(1): 15-44.

Burslem, David FRP, and Timothy Charles Whitmore. 1996. *Silvics and Wood Properties of the Common Timber Tree Species on Kolombangara*. Oxford: Oxford Forestry Institute, University of Oxford.

Care, Jennifer Corrin. 2001. Customary law in conflict: The status of customary law and introduced law in post-colonial Solomon Islands. *Commonwealth Law Bulletin* 27(2): 1290-1303.

Convention on Biological Diversity 2019. *Solomon Islands - Main Details*. Available from https://www.cbd.int/countries/profile/?country=sb.

Dignan, C.A., B.A. Burlingame, J.M. Arthur, R.J. Quigley, and G.C. Milligan. 1994. *The Pacific Islands Food Consumption Tables*. Palmeston North: New Zealand Insitute for Crop and Food Research.

Doughty, C, N. Day, and A. Plant. 1999. *Birds of the Solomon Islands, Vanuatu & New Caledonia*. London: Christopher Helm.

Eason, Robert. J, James Pada, R. Wallace, A. Henry. 1987. Changing patterns of hypertension, diabetes, obesity and diet among Melanesians and Micronesians in the Solomon Islands. *Medical Journal of Australia* 146: 465-9.

Firth, Raymond. 1939. *Primitive Polynesian Economy*. London: Routledge.

Filho, Walter Leal, Michael Otoara Ha'apio, Johannes M. Lütz, and Chunlan Li. 2020. Climate change adaptation as a development challenge to small island states: A case study from the Solomon Islands. Environmental Science & Policy, 107: 179-187.

Foale, Simon. 2001. 'Where's our development?' Landowner aspirations and environmentalist agendas in Western Solomon Islands. *The*

Asia Pacific Journal of Anthropology 2(2): 44-67.

Food and Agriculture Organization of the United Nations. *Fisheries and Aquaculture Country Profile* 2017. Available from http://www.fao.org/fishery/countryprofiles/search/en.

Food and Agriculture Organization/World Health Organization/United Nations University. 2004. Human Energy Requirements: Report of a Joint FAO/WHO/United Nations University Expert Consultation, FAO food and nutrition technical report series 1. Rome: Food and Agriculture Organization.

Furusawa, Takuro. 2009. Changing ethnobotanical knowledge of the Roviana people, Solomon Islands: Quantitative approaches of its correlation with modernization. Human Ecology, 37(2):147-159.

Furusawa, Takuro. 2016. *Living with Biodiversity in an Island Ecosystem: Cultural Adaptation in the Solomon Islands*. Singapore: Springer.

Furusawa, Takuro and Ryutaro Ohtsuka. 2009. The role of barrier islands in subsistence of the inhabitants of Roviana Lagoon, Solomon Islands. *Human Ecology*, 37(5): 629-642.

Furusawa, Takuro, Hana Furusawa, Ricky Eddie, Makiva Tuni, Freda Pitakaka, and Shankar Aswani. 2011. Communicable and non-communicable diseases in the Solomon Islands villages during recovery from a massive earthquake in April 2007. *New Zealand Medical Journal* 124(1333): 17-28.

Furusawa, Takuro, Izumi Naka, Taro Yamauchi, Kazumi Natsuhara, Ryosuke Kimura, Minato Nakazawa, Takafumi Ishida, Tsukasa Inaoka, Yasuhiro Matsumura, Yuji Ataka, Nao Nishida, Naoyuki Tsuchiya, Ryutaro Ohtsuka, and Jun Ohashi. 2010. The Q223R polymorphism in LEPR is associated with obesity in Pacific Islanders. *Human Genetics* 127(3): 287-294.

Furusawa, Takuro, Izumi Naka, Taro Yamauchi, Kazumi Natsuhara, Ryosuke Kimura, Minato Nakazawa, Takafumi Ishida, Nao Nishida, Ricky Eddie, Ryutaro Ohtsuka, and Jun Ohashi. 2011. The serum leptin level and body mass index in Melanesian and Micronesian Solomon Islanders: focus on genetic factors and urbanization. *American Journal of Human Biology* 23(4): 435-44.

Furusawa, Takuro, Krishna Pahari, Masahiro Umezaki, and Ryutaro Ohtsuka. 2004. Impacts of selective logging on New Georgia Island, Solomon Islands evaluated using very-high-resolution satellite (IKONOS) data. *Environmental Conservation* 31(4): 349-355.

Furusawa, Takuro, Norio Maki, and Shingo Suzuki. 2008. Bacterial contamination of drinking water and nutritional quality of diet in the April 2, 2007, earthquake/tsunami devastated areas of the Western Solomon Islands. *Tropical Medicine and Health* 36(2): 65-74.

Furusawa, Takuro, Myknee Qusa Sirikolo, Masatoshi Sasaoka, and Ryutaro Ohtsuka. 2014. Interaction between forest biodiversity and people's use of forest resources in Roviana, Solomon Islands: Implications for biocultural conservation under socioeconomic changes. *Journal of Ethnobiology and Ethnomedicine* 2014, 10:e10. http://www.ethnobiomed.com/content/10/1/10

Gordon, Raymond G. 2005. *Ethnologue: Languages of the world*. Dallas: SIL International Dallas, TX.

Håkansson, N Thomas, and Mats Widgren. 2016. *Landesque Capital: The Historical Ecology of Enduring Landscape Modifications*. London: Routledge.

Hancock, IR, and CP Henderson. 1988. *Flora of the Solomon Islands*. Honiara: Ministry of Agriculture and Lands.

Hviding, E. 1996. *Guardians of Marovo Lagoon: Practice, Place, and Politics in Maritime Melanesia*. Honolulu: University of Hawaii Press.

Hviding, Edvard, and Tim Bayliss-Smith. 2000. *Islands of Rainforest: Agroforestry, Logging and Eco-tourism in Solomon Islands*. Farnham: Ashgate.

Jacobs, Denise I, Wim Snoeijer, Didier Hallard, and Robert Verpoorte. 2004. The Catharanthus alkaloids: Pharmacognosy and biotechnology. *Current Medicinal Chemistry* 11(5): 607-628.

Kabutaulaka, Tarcius T. 2001. *Paths in the Jungle: Land owners and the Struggle for Control of Solomon Islands' Logging Industry*. PhD. Thesis, Australian National University.

Lauer, Matthew, and Shankar Aswani. 2008. Integrating indigenous ecological knowledge and multi-spectral image classification for marine habitat mapping in Oceania. *Ocean & Coastal Management* 51(6): 495-504.

Lavery, Tyrone H, and Hikuna Judge. 2017. A new species of giant rat (Muridae, Uromys) from Vangunu, Solomon Islands. *Journal of Mammalogy* 98(6): 1518-1530.

Millennium Ecosystem Assessment Panel. 2005. *Ecosystems and Human Well-being: Synthesis*. Washington DC: Island Press.

Morrison, Kathleen D. 2014. Capital-esque landscapes: long-term histories of enduring landscape modifications. In *Landesque Capital: The Historical Ecology of Enduring Landscape Modifications*, edited by N. T. Håkansson and M. Widgren. New York: Routledge.

Myers, Norman, Russell A Mittermeier, Cristina G Mittermeier, Gustavo AB Da Fonseca, and Jennifer Kent. 2000. Biodiversity hotspots for conservation priorities. *Nature* 403(6772): 853-858.

Nagaoka, Takuya. 1999. *Hope Pukerane: A Study of Religious Sites in Roviana, New Georgia, Solomon Islands*. Department of Anthropology, University of Auckland, Auckland.

Nakazawa, Minato, Taro Yamauchi, Motomu Tanaka, Daichi Ishimori, Takuro Furusawa, Taishi Midorikawa, and Ryutaro Ohtsuka. 2002. Community health assessment by urine dipstick screening in relation to the variety of lifestyles in the Solomon Islands. *People and Culture in Oceania* 18: 35-44.

NCD Risk Factor Collaboration. 2016. Trends in adult body-mass index in 200 countries from 1975 to 2014: a pooled analysis of 1698 population-based measurement studies with 19· 2 million participants. *The Lancet* 387(10026): 1377-1396.

NCD Risk Factor Collaboration. 2019. Rising rural body-mass index is the main driver of the global obesity epidemic in adults. *Nature* 569(7755): 260-264.

Ohtsuka, R., T. Inaoka, M. Umezaki, N. Nakada, and T. Abe. 1995. Long-term subsistence adaptation to the diversified Papua New Guinea environment: Human ecological assessments and prospects. *Global Environmental Change* 5(4): 347-353.

Ohtsuka, Ryutaro. 1983. *Oriomo Papuans: Ecology of Sago-eaters in Lowland Papua*. Tokyo: University of Tokyo Press.

Ohtsuka, Ryutaro. 1986. Low rate of population increase of the Gidra papuans in the Past: A genealogical-demographic analysis. *American Journal of Physical Anthropology* 71(1): 13-23.

Page, Lot B, Albert Damon, and Robert C Moellering Jr. 1974. Antecedents of cardiovascular disease in six Solomon Islands societies. *Circulation* 49(6): 1132-1146.

Pauku, Richard L. 2009. *Solomon Islands Forestry Outlook Study, Asia-Pacific Forestry Sector Outlook Study II, Working Paper No. APFSOS II/WP/2009/31*. Bangkok: Food and Agriculture Organization of the United Nations, Regional Office for Asia and the Pacific.

Pikacha, Patrick. 2008. *Wild West: Rainforests of Western Solomon Islands*. Honiara: Melanesian Geo Publications.

Puwastien, P., B. Burlingame, M. Raroengwichit, and P. Sungpung. 2000. *ASEAN Food Composition Tables*. Nakorm Pathomi: Institute of Nutrition, Mahidol University.

Rappaport, R. A. 1984. *Pigs for the Ancestors: Ritual in the Ecology of a New Guinea People*. New Haven and London: Yale University Press.

Rolett, Barry, and Jared Diamond. 2004. Environmental predictors of pre-European deforestation on Pacific islands. *Nature* 431(7007):

443-446.

Schneider, Gerhard. 1998. Reinventing identities: Redefining cultural concepts in the struggle between villagers in Munda, Roviana Lagoon, New Georgia Island, Solomon Islands, for the control of land. In *Pacific Answers to Western Hegemony: Cultural Practices of Identity Construction*, edited by J. Wassmann. Oxford and New York: Berg.

Sen, Amartya K. 1959. The choice of agricultural techniques in underdeveloped countries. *Economic Development and Cultural Change* 7 (3, Part 1): 279-285.

Sheehan, Oliver, Joseph Watts, Russell D Gray, and Quentin D Atkinson. 2018. Coevolution of landesque capital intensive agriculture and sociopolitical hierarchy. *Proceedings of the National Academy of Sciences of the United States of America* 115(14): 3628-3633.

Sheppard, Peter J, Scarlett Chiu, and Richard Walter. 2015. Re-dating Lapita movement into remote Oceania. *Journal of Pacific Archaeology* 6(1): 26-36.

Sheppard, Peter, Richard Walter, and Shankar Aswani. 2004. Oral tradition and the creation of late prehistory in Roviana Lagoon, Solomon Islands. *Records of the Australian Museum, Supplement*: 123-132.

Smith, Eric Alden, and Mark Wishnie. 2000. Conservation and subsistence in small-scale societies. *Annual Review of Anthropology* 29 (1): 493-524.

Solomon Islands National Statistics Office. 2020. Provisional Count 2019 National Population and Housing Census. Press Release on 16 November 2020.

Solomon Islands Statistics Office. 1997. Village Resources Survey 1995/96: Statistical Bulletin No. 10/97. Honiara: Ministry of Finance.

Sugiyama, Anna, Liza S Comita, Takashi Masaki, Richard Condit, and Stephen P Hubbell. 2018. Resolving the paradox of clumped seed dispersal: positive density and distance dependence in a bat-dispersed species. *Ecology* 99(11): 2583-2591.

Takekawa, Daisuke. 1995. Ecological knowledge of Fanalei villagers about dolphins: dolphin hunting in the Solomon Islands 1. *Senri Ethnological Studies* 42: 55-65.

Tedder, M.M. 1976. Old Kusaghe, with additional fied notes by Susan Barrus. *Journal of the Cultural Association of the Solomon Islands* 4: 41-95.

Tsuchiya, Chihiro, Samo Tagini, Donald Cafa, and Minato Nakazawa. 2017. Socio-environmental and behavioral risk factors associated with obesity in the capital (Honiara), the Solomon Islands; case-control study. *Obesity Medicine* 7: 34-42.

Tyrone Lavery, Patrick Pikacha, and Diana Fisher. 2016. *Solomon Islands Forest Life: Information on Biology and Management of Forest Resources*. Brisbane: The University of Queensland.

Wairiu, Morgan. 2007. History of the forestry industry in Solomon Islands: The case of Guadalcanal. *Journal of Pacific History* 42, 233-246.

Wall, JRD. and JRF Hansell. 1975. Land Resources of the Solomon Islands Volume 4: New Georgia Group and the Russell Islands. Ministry of Overseas Development.

Waterhouse, J.H.L. 1928. *A Roviana and English dictionary: with English-Roviana Index and List of Natural History Objects*. Guadalcanal: Melanesian Mission Press.

Western Province Government. 1991. Na Buka Vivinei Malivi pa Zinama Roviana (Roviana Custom Stories Book). Gizo: Cultural Affairs Office.

Whitmore, Timothy Charles. 1966. *Guide to the forests of the British Solomon Islands*. Oxford: Oxford University Press.

Whitmore, Timothy Charles. 1990. *An Introduction to Tropical Rain Forests*. Oxford: Clarendon Press.

Widgren, Mats. 2007. Pre-colonial landesque capital: a global perspective. In *Rethinking Environmental History: World-system History and Global Environmental Change*, edited by A. Hornborg, J. R. McNeill and J. M. Alier. Rowman: Altamira.

World Bank. 2011. Data by Country: Solomon Islands.

World Bank. 2019. World Development Indicators.

World Health Organization. 1998. *Medicinal Plants in the South Pacific: Information on 102 Commonly Used Medicinal Plants in the South Pacific, WHO Regional Publications Western Pacific Series*. Manila: World Health Organization, Regional Office for the Western Pacific.

【ま】

【や】

【ら】

動物名索引

【た】

【な】

【は】

【か】

【さ】

植物名索引

【は】

【ま】

【た】

【な】

【さ】

事項索引

【あ】

【か】

著者紹介

古澤 拓郎（ふるさわ たくろう）

京都大学大学院アジア・アフリカ地域研究研究科教授、東京大学大学院理学系研究科教授（兼任）。東京大学大学院医学系研究科修了、博士（保健学）。専門は、地域研究、人類生態学。主な著作に、『ホモ・サピエンスの15万年——連続体の人類生態史』（ミネルヴァ書房、2019年）、*Living with Biodiversity in an Island Ecosystem: Cultural Adaptation in the Solomon Islands.* Springer. 2016.などがある。

生態人類学は挑む　MONOGRAPH 2
ウェルビーイングを植える島——ソロモン諸島の「生態系ボーナス」

2021 年 4 月 30 日　初版第一刷発行

著　者　古 澤 拓 郎
発行人　末 原 達 郎

京都大学学術出版会
京都市左京区吉田近衛町69番地
京都大学吉田南構内（〒606-8315）
電　話（075）761-6182
FAX（075）761-6190
Home page http://www.kyoto-up.or.jp
振　替　01000-8-64677

ISBN978-4-8140-0340-2
Printed in Japan

ブックデザイン　森　華
印刷・製本　亜細亜印刷株式会社
定価はカバーに表示してあります